物流公共信息平台理论与实践

冯耕中　吴勇　赵绍辉　著

国家科技支撑计划项目(课题编号：2012BAH21F01)
国家自然科学基金项目(课题编号：71390331，71390333)
资助

科学出版社
北京

内 容 简 介

建设物流公共信息平台已成为推动我国现代物流业发展的重要手段之一，受到各级政府部门和社会各界的广泛重视。本书从企业运营和管理的角度出发，全面分析物流公共信息平台商业模式、开发技术，系统性地阐述物流公共信息平台建设的相关理论、技术和方法。首先对物流公共信息平台概念、分类等进行阐述，提出物流公共信息平台商业模式理论分析框架，在此基础上总结了物流公共信息平台的多种典型商业模式，提出物流公共信息平台规划建设、体系结构、运营管理等方面的系统性解决方案；其次选取代表四种不同商业模式的物流公共信息平台典型案例进行了详细介绍和分析；最后对物流公共信息平台的未来发展趋势进行了展望和预测。

本书适合于物流与信息管理领域的企事业单位管理人员、科研机构研究人员、高等院校师生和各级政府部门决策人员阅读。

图书在版编目(CIP)数据

物流公共信息平台理论与实践 / 冯耕中，吴勇，赵绍辉著. —北京：科学出版社，2014

ISBN 978-7-03-042773-1

Ⅰ.①物… Ⅱ.①冯… ②吴… ③赵… Ⅲ.①物流－管理信息系统－研究 Ⅳ.①F252-39

中国版本图书馆 CIP 数据核字(2014)第 294437 号

责任编辑：马 跃 徐 倩 / 责任校对：王 双
责任印制：张 伟 / 封面设计：无极书装

科学出版社 出版
北京东黄城根北街 16 号
邮政编码：100717
http://www.sciencep.com
涿州市般润文化传播有限公司 印刷
科学出版社发行 各地新华书店经销

*

2014 年 12 月第 一 版 开本：720×1000 1/16
2023 年 7 月第五次印刷 印张：15 3/4
字数：319 000

定价：72.00 元

（如有印装质量问题，我社负责调换）

前言

物流（logistics）公共信息平台是指基于计算机通信网络技术，提供物流信息、技术、设备等资源共享服务的信息平台。物流公共信息平台运用现代信息技术、计算机技术、通信技术，整合行业内外、区域的信息资源，系统地采集、加工、传送、存储、交换企业内外的物流信息，从而达到整个社会物流信息的高效传递与共享。物流公共信息平台可以为不同规模物流企业的物流业务管理提供信息化支持，为政府相关部门提供物流信息沟通渠道和宏观决策支持。

为促进现代服务业发展和全面提高自主创新能力，科技部确立了“十二五”现代服务业领域专项规划，其目标是在生产性服务业、新兴服务业、科技服务业等重点领域，创新一批商业模式和系统集成方案，突破一批共性关键技术与服务集成技术，建立一批技术平台与制定一些标准规范，形成现代服务业技术支撑体系，提高服务技术自给率，其中设立了“现代物流”专项。根据规划安排，国家科技支撑计划项目“物流信息服务平台研发与应用示范”（项目编号：2012BAH21F00）通过了科技部的评审和立项。该项目设立了六个课题，由全国五个省份的六家单位联合承担。其中，课题一“物流信息服务平台架构技术与服务构件研发”（课题编号：2012BAH21F01）由西安交通大学承担；课题二“航空物流信息服务平台研发与应用”（课题编号：2012BAH21F02）由中国民航信息网络股份有限公司承担；课题三“港务区物流综合信息服务平台研发与应用”（课题编号：2012BAH21F03）由西安国际陆港投资发展有限公司承担；课题四“农产品区域物流信息服务平台研发与应用”（课题编号：2012BAH21F04）由南威软件股份有限公司承担；课题五“口岸现代物流综合服务平台研发与应用”（课题编号：2012BAH21F05）由新疆虹联信息技术有限责任公司承担；课题六“商贸供应链信息服务平台研发与应用”（课题编号：2012BAH21F06）由上海美华系统有限公司承担。该项目起止时间为2012年1月1日至2014年12月31日。我们有幸承担了课题一的研究工作，希望通过对物流信息服务平台商业模式研究、数据质量管理研究、平台架构技术与服务构件技术研发，为我国航空、港务区、农产品、口岸和商贸区域物流信息服务平台建设，提供商业运营模式、数据质量管理策略和共性开发技术基础，降低运营风险、开发风险和开发成本。

在课题研究中，我们明显看到，物流公共信息平台在我国发展已有十余年，在此期间大批民营建设主体纷纷涌入这一领域。2009年，国务院在“物流业调整和振兴规划”中将物流公共信息平台作为重点建设的九大工程之一，之后各地政府也纷纷开始建设物流公共信息平台以促进当地物流业发展。但是，无论是民营资本还是国有资本，无论是小规模试探还是大规模投入，我国物流公共信息平台仍处在缓慢的探索阶段，仍未找到合适的商业模式。因此，如何建设、如何运营、如何实现平台的持续健康发展，仍然是国内大多数物流公共信息平台目前所面临的共同问题。

一个企业成功的关键是商业模式。只有在科学合理的商业模式指导下研发的物流公共信息平台系统，才能真正为应用企业带来成效。作为经营成本和维护成本都很高昂的互联网时代新型经济业态，物流公共信息平台必须寻找到独特的盈利模式，拥有持续稳定的盈利来源，才能使物流公共信息平台拥有自我造血功能，实现可持续发展。根据项目课题工作安排，我们组织力量开展了物流公共信息平台商业模式的研究。首先分析不同区域下的航空、港务区、农产品、口岸和商贸物流业务管理及信息服务需求特点；其次基于不同业务的需求研究，对不同区域内的航空、港务区、农产品、口岸和商贸物流信息服务行业，进行经营对象、经营方式、实现收益等一系列商业模式的基础研究，建立适合不同区域下的航空、港务区、农产品、口岸和商贸物流信息服务模型，分区域、分行业构建具有持久生命力的物流信息服务行业的商业模式。在此研究的基础上，我们完成了本书的写作任务。

根据我国物流公共信息平台的建设实践，本书定位于从平台企业运营的角度提供物流公共信息平台商业模式、开发技术等多方面的指导，而不仅仅是只侧重于开发技术的阐述。结合我国发展需要，本书对近年来国内外物流公共信息平台的理论与实践进行了归纳总结，系统地阐述了物流公共信息平台建设的基础知识和相关理论，较为详细地介绍了物流公共信息平台的建设实践和发展趋势。

本书主要满足物流相关专业研究生和本科生的学习需求，也可为物流公共信息平台领域的相关管理人员和技术人员提供很好的参考。在本项研究和书稿的写作过程中，我国著名管理学家、中国工程院院士、西安交通大学管理学院名誉院长汪应洛教授，中国科学院数学与系统科学研究院的汪寿阳教授，工业和信息化部的董宝青副司长，中国物流与采购联合会的何黎明会长，中国物流与采购联合会的贺登才副会长，中国物流与采购联合会副会长和全国物流标准化技术委员会副主任委员戴定一研究员，以及管理学界和物流领域的许多前辈和专家，给予笔者极大的支持并提出许多指导性的意见，在此表示衷心的感谢。本书的编写得到国家科技支撑计划项目（课题编号：2012BAH21F01）和国家自然科学基金项目（课题编号：71390331，71390333）的资助，在此表示诚挚的谢意。科学出版社为本书的写作提供了多方面的支持，马跃编辑对本书的编写提供了极大的帮助，在此对他们表示真诚的感谢。在本书的写作过程中，时力永联科技有限公司和深圳市易流科技有限公司给予了大力支持，同时笔者参考了国内外同行的许多著作和文献，引用了部分资料，特向这些公司和作者表示感谢。

物流公共信息平台建设是一个崭新而富有挑战的研究领域，各种新生的问题不断涌现。由于研究资料、数据和时间的限制，以及研究视角的选取等原因，书中难免存在不足之处，敬请各位读者批评且不吝赐教！

冯耕中　吴勇　赵绍辉

2014 年 9 月 10 日

目　录

第 1 章

绪　论

1.1　物流公共信息平台的兴起

物流(logistics)一词最早出现于第二次世界大战期间美国军方的战争物资供应活动中，也被称作“后勤”，是指将战时物资生产、采购运输、配给等活动作为一个整体进行统一布置，以求战略物资补给的费用更低、速度更快、服务更好。中国早期的物流概念来自日本，“物流”一词是从日文资料引进来的外来词，源于日文资料中对“logistics”一词的翻译“物の流”。中华人民共和国国家标准《物流术语》(GB/T18354—2006)将物流定义为：物品从供应地向接收地的实体流动过程中，根据实际需要，将运输、储存、装卸、搬运、包装、流通加工、配送、信息处理等功能有机结合起来满足用户要求的过程。物流业被誉为继资源领域、人力领域之后的21世纪“第三利润源泉”。

国家标准《物流公共信息平台应用开发指南 第1部分：基础术语》(GB/T 22263.1—2008)中把物流公共信息平台定义为：基于计算机通信网络技术，提供物流信息、技术、设备等资源共享服务的信息平台。物流公共信息平台的出现是物流业从微观走向宏观、从局部走向整体、从单一企业走向行业供应链、从单一服务走向集成服务、从单一信息走向集成信息的必然发展结果，在物流业发展较快的国家和地区，优秀的物流公共信息平台不断涌现。

20世纪80年代，英国、新加坡、德国、澳大利亚、中国香港等国家和地区纷纷建立起以港口社区系统为特色的物流公共信息平台，对当地物流业的发展起到了极大的推动作用。国外具有代表性的物流公共信息平台有新加坡的Portnet平台、荷兰鹿特丹港口的W@VE网络、英国费利克斯托港的费利克斯托货物处理系统(Felixstowe cargo processing system，FCPS)、德国汉堡港的DAKOSY数据通信系统、澳大利亚的 Tradegate 网络、香港的航空货运管理系统(community systems for air cargo，COSAC)、欧洲多式联运实时信息平台(intermodal transport real time information platform，INTRARTIP)、韩国的综合物流信息系统及美国纽约新泽西港的实时货运信息系统(freight information real-time system for transport，FIRST)等。这些平台虽各有特点，但都以当地物流需求为导向，以物流业务流程和业务链条为纽带，通过信息交换、信息集成、信息共享等技术的应用，全面整合所在国家或区域的物流业务和物流服务，最终达到提高物流作业效率、降低物流业务成本、提升物流业服务质量(quality fo service，QoS)的目的。

自改革开放以来，我国现代物流行业及物流信息化建设从无到有，发展迅速，取得了巨大的进步，主要表现在：政府部门加大了对物流信息化的推进力度；信息化平台建设有所突破；物流信息技术与国际差距在逐渐缩小；物流信息系统的标准化工作进展较快；企业对信息化的应用水平在提高。特别是自 2004 年，我国向外资全面开放包括物流行业在内的服务业以后，物流行业竞争加剧，发展步伐进一步加大。随着我国经济结构的调整和经济形势的转变，生产流通企业逐步认识到物流作为“第三利润源泉”的重要性，对物流的重视程度普遍提高，加大了对物流基础设施建设、物流业务流程梳理、物流人才建设和物流信息化的投入和支持。2000 年以后，我国电子商务的迅猛发展，也为物流业带来了前所未有的发展机遇和挑战。

我国市场经济的快速发展和生产流通企业对物流整合服务的迫切需求，加速了我国物流公共信息平台的兴起，政府的物流中长期规划为物流公共信息平台的建设提供了政策环境和政策保障，信息技术的发展为物流公共信息平台的建设提供了技术手段。

物流业作为综合性现代服务业，其物流活动的参与主体有很多，主要可分为政府宏观管理部门、物流服务供需双方企业、政府职能部门和相关支持机构三类。不同的物流活动参与主体，在物流系统中对物流信息有着各自不同的业务需求和关注重点。

作为物流行业的管理者，政府宏观管理部门需要收集物流基础数据，把握和分析物流发展的总体情况，利用数据进行科学的预测、分析和规划，进而制定相关政策，促进物流业发展。但是物流基础数据大多分散在不同的企业中，各个企业的物流信息系统的数据结构、存储形式和接口协议都不一样，这些都对政府收集数据、整合物流资源带来了困难。除此之外，目前市场上缺乏权威有效的物流信息发布和传播渠道，使得政府宏观管理部门制定出的物流业发展总体规划、行业规范、宏观管理与决策研究等信息无法及时传达给市场和企业。

作为物流行业的主体，有关物流活动的企业业务涉及运输、储存、装卸、搬运、包装、流通加工、配送、信息处理等环节，这些环节都与当前市场信息、货物信息、资金信息和单证凭据信息等信息相关。物流、商流、资金流与信息流四流合一，是企业快速发展和有效经营的需要。其中，物流企业主要需要物流公共基础设施资源信息、车辆和驾驶员信息、物流市场需求信息、物流业务运作信息和其他物流咨询服务等信息。生产贸易企业主要需要物流服务商资料、物流业务交易管理、货物跟踪及其他增值服务等信息。企业对公共物流基础设施、交通运输网络等外部公共信息具有很大的依赖性，但是目前物流信息存在严重的不对称，缺乏有效的信息共享手段，从而导致企业间的业务衔接不顺畅。

作为物流行业的支持机构，政府职能部门和相关支持机构为物流运作提供业务支持，包括海关、工商税务、交通部门、航空港口、银行保险等。政府职能部门需要获得诸如企业信息、需求总量、供给能力、运营状况等信息，及时预测今后的发展方向，为政府管理部门的宏观决策提供依据；需要发布行业管理政策，为企业提供信息服务；需要使各职能部门的业务子系统能够进行互联，实现系统的集成与共享，加强部门间的协调与合作，简化相关审核手续，提高管理部门的智能化办公效率。但是目前我国的物流信息化，大多只发展到企业物流信息系统的应用层次上，很多企业对其特定用户是按封闭系统运行的，因此，物流企业内部信息与政府职能部门等外部共享范畴十分有限。银行保险等机构需要与物流企业实现业务和系统对接，为客户提供更好的集成化服务。

另外，不同的参与者对数据的时效性有明显不同的需求，目前市场上还很缺乏能够同时满足各方不同层次数据需求的服务手段和方式。例如，政府决策支持系统需要大量的历史数据，而车辆调度系统需要实时的车辆数据。政府主管部门和物流企业对数据内容的侧重点和程度也不同。

在没有物流公共信息平台的情况下，如果各个物流企业、政府部门之间直接相连，系统共用数据就缺乏明确的维护责任，数据统一性难以保证，接口设计受其他子系统功能要求的牵制。这就需要通过建设物流公共信息平台，提高物流信息的易获得性，减少信息成本，综合不同参与者对信息的不同需求，为数据的交换提供统一的、顺畅的接口，实现对物流行业高速发展的支撑。

信息技术的不断发展和成熟，为物流信息化和物流公共信息平台的建设提供了重要的技术手段、技术工具、技术支撑和技术保障。互联网、移动互联网、物联网、电子商务、大规模应用软件平台开发、大数据、云计算(cloud computing)、地理信息系统(geographic information system，GIS)、全球卫星定位系统(global positioning system，GPS)、通信网络、网络安全、条形码识别、射频识别(radio frequency identification，RFID)技术、数据库、电子数据交换(electronic data interchange，EDI)、信息安全等技术已经广泛应用在物流业务的各个环节中。

政府政策方面，“十二五”规划中明确提出将加快建立社会化、专业化、信息化的现代物流服务体系，大力发展第三方物流，优先整合和利用现有物流资源，加强物流基础设施的建设和衔接，提高物流效率，降低物流成本。2009 年国务院通过《物流业调整和振兴规划》，将建设物流公共信息平台作为我国物流业未来重点发展的九大工程之一，文件中明确提出要加快建设有利于信息资源共享的行业和区域物流公共信息平台项目，重点建设电子口岸、综合运输信息平台、物流资源交易平台和大宗商品交易平台。鼓励企业开展信息发布和信息系统外包等服务业务，建设面向中小企业的物流信息服务平台。可以看出，建设物流公共信息平台已成为我国推进现代物流业发展的重要手段之一，且已成为政府部门非常重视的事情。

2014 年 6 月 11 日召开的国务院常务会议通过《物流业发展中长期规划》，提出到 2020 年基本建立现代物流服务体系，提升物流业标准化、信息化、智能化、集约化水平，提高经济整体运行效率和效益。会议指出，物流业是融合运输、仓储、货代、信息等产业的复合型服务业，是市场经济发展的必要条件，具有基础性、战略性作用。《物流业发展中长期规划》的发布将我国物流行业提升到前所未有的高度，为我国物流业的发展明确了目标和方向，指明了道路；为我国物流公共信息平台的建设提供了政策引导、支持和保障。

1.2 物流公共信息平台的概念与分类

1.2.1 物流公共信息平台概念

物流公共信息平台是指基于计算机通信网络技术，提供物流信息、技术、设备等资源共享服务的信息平台。具体来说，物流公共信息平台是运用现代的信息技术、计算机技术、通信技术，整合物流行业相关的信息资源，系统地采集、加工、传送、存储、交换企业内外的物流信息，从而达到整个社会物流信息的高效传递与共享。物流公共信息平台为中小型企业功能性物流管理提供信息化支持，为政府相关部门的信息沟通提供信息枢纽和宏观决策支持。物流公共信息平台的高级应用是对行业供应链的计划、协同、执行、监控实施有效的同步管理。

物流公共信息平台从字面上看，由物流、公共、信息、平台四个词语组合而成，这四个词语恰好代表了物流公共信息平台的四个重要属性和特点。

物流即物品的流动，是物流公共信息平台产生的原因，是平台需求的来源，是平台业务的主体，是平台服务的内容，是平台存在的核心，是平台发展的抓手，本质上是要降低物品流动过程中的时间成本和空间成本。

公共是指公有的、公用的、大家的，公共是物流公共信息平台的定位、平台的特质及平台的服务对象和服务范围，公共充分体现了平台的中立性、第三方属性、公益性属性，平台需坚持公开、公平、公正、诚实信用的原则，平台的公共性与互联网的免费、平等、开放、分享理念充分一致，区别于一般的企业级物流系统。

信息是指音讯、消息，在一切通信和控制系统中，信息是一种普遍联系的形式。信息论之父香农指出"信息是用来消除随机不定性的东西"，并发明了香农公式来度量信息量的大小。信息是物流公共信息平台的技术手段，是平台服务的载体，是构成平台的 DNA，是平台的本质，是平台的灵魂，平台所有有形的产品和无形的服务都是信息的物化，拥有了信息，就拥有了平台的生命。信息蕴含了平台建设、运营的方法论，信息技术是平台建设、运营所用到的全部科学技术的总称。信息是平台得以诞生、成长、进化、衰退、消亡的基础。

平台是一类特殊的系统，这里是指计算机硬件或软件的操作环境，也泛指进行某项工作所需要的环境或条件。物流公共信息平台是提供物流公共服务的核心运营支撑系统，是平台战略的具体实例，是平台经济的一种典型形态。平台的本质是其所提供的物流公共信息服务的全部商业模式、服务模式、盈利模式等创新商业思想的具体化。物流公共信息平台实质上是一种存在于互联网虚拟网络空间的物流服务交易空间或场所，与存在于现实世界的物流服务交易空间或场所相配合。该空间引导或促成双方或多方客户之间的物流交易，并且通过收取恰当的费用而努力吸引交易各方使用该空间或场所，最终追求收益最大化。平台是发展战略，是发展模式，是发展路径，是存在形态，是存在结果，是发展的未来，是企业生态圈和生态体系。平台会按照生物的诞生、成长、进化、衰退、消亡的轨迹发展。

建设物流公共信息平台是为了充分发挥物流系统功效，实现物流合理化、物流网络通达化、物流流动一体化及物流信息电子化。物流公共信息平台为了实现物流系统运行高效化，需要进行整体规划设计、组织实施和运行管理。这是一个集合性的概念，通过运用系统工程技术、信息技术、管理科学技术，以物流信息为中心，以市场为导向，以通信网络为依托，以资产为纽带，以实现最佳的功能结构和体系架构为目的构筑而成。物流公共信息平台不是一个全新的概念，也不是一种全新的信息技术应用形态，而是基于现有的、跨组织的、信息技术应用的一种拓展。

物流公共信息平台的定义应该包含以下几层含义。

(1)物流公共信息平台必须面向供应链物流过程。物流是供应链流程的一部分，物流公共信息平台是供应链成员共同使用的公共品，只有真正融入它们的管理和协调体系中，才能发挥价值。

(2)物流公共信息平台是一种基于信息技术的协调架构。物流服务价值链基于供应链的基本原理构建而成，物流公共信息平台的协调作用是平台建立的首要目的。供应链上下游成员通过平台实现信息共享和紧密集成，共同为顾客传递价值。物流公共信息平台也是一种面向客户的多层次电子化协调架构。所谓电子化协调，是指通过信息技术和信息系统，实现物流服务的交易协调、政府管理活动的协调及物流服务价值链的内部协调。

(3)物流公共信息平台以提供服务为生存条件。作为一种公共的、开放性的、新型的信息技术应用形态，物流公共信息平台的价值取决于为用户所创造的价值和其所拥有的用户数量。物流公共信息平台的服务模式，即它的用户价值创造模式，直接影响到用户加入平台所能获得的收益。提供有特色的、优质的、多样的服务是物流公共信息平台生存的必要条件。

(4)物流公共信息平台以物流信息系统的广泛应用为基础。物流信息系统是人、设备和过程的交互结构，为物流管理者提供用于计划、实施和控制的相关信息，它的应用反映了组织面向物流管理和操作效率的信息价值观。当前，我们面对的商业环境具有越来越多的不确定性，面向柔性的信息技术应用——跨组织间集成成为组织信息价值观的重要内容。而物流公共信息平台是物流服务价值链中各个组织间信息交换和集成的媒介，通过跨组织的信息系统连接供应链上的企业物流信息系统，使它们紧密集成、系统运行。

(5)物流公共信息平台与企业物流信息系统既有区别又有联系。区别主要体现在两者的定位不同。企业物流信息系统的主要定位方式是根据用户对物流信息化的需求，提高物流运作效率，降低物流运行成本，节约物流运作时间，以及为用户提供特定的物流需求。而物流公共信息平台的定位主要是提高社会整个物流系统的效率，降低经济运行总成本，促使物流业更好地为经济发展服务。联系主要体现在物流公共信息平台是以企业物流信息系统的广泛应用为基础的。物流公共信息平台的应用不能脱离企业物流信息系统而孤立存在，企业是物流公共信息平台上最重要的需求来源和资源来源，要使物流公共信息平台能够满足企业的信息服务需求，就需要与企业物流信息系统相连接。物流公共信息平台“公共”属性的具体体现就是作为物流服务价值链中的信息交换和集成媒介，将链上的企业信息系统连接起来，使它们紧密集成在物流公共信息平台周围运行。

(6)物流公共信息平台是一系列硬件、软件、网络、数据和应用的集合。物流公共信息平台是构建在国家信息基础结构之上的，信息基础结构解决的是针对物流领域专业化业务应用的基础结构问题，而物流公共信息平台解决的是不同组织间物流业务逻辑(business logic)相连的问题。其逻辑形态表现为一系列物流标准和信息技术标准，是标准化的物流过程及接口和标准化的物流信息视图的集合；物流形态上则表现为一系列硬件、软件、网络、数据和应用的集合，其中数据和应用是其核心内容。

(7)物流公共信息平台具有开放性和中立性。物流公共信息平台连接了行业物流服务价值链的各种角色，组织间关系是集聚依赖性、顺序依赖性和交互依赖性的集合，从而呈现出共生网络形态。而对于共生网络来说，开放性和中立性是其吸引各种角色参与的关键资本。除此之外，物流公共信息平台还扮演着第三方公证服务中心的角色，物流公共信息平台具有 EDI 信息存证、举证、交易撮合、安全认证等功能，因此有第三方公证属性。

物流公共信息平台建设的目标决定了其具有多重的定义维度，在充分认识平台定义各个维度的基础上，根据平台建设的目标在不同的建设阶段采取不同的运营方式，才能使平台顺利建成并且成功地发挥作用。

1.2.2　物流公共信息平台分类

物流公共信息平台是近些年的新生事物，目前国内外还缺乏统一的分类标准，大体可以按照物流公共信息平台的服务区域和服务范围、商业模式和服务功能、服务行业和服务对象、投资主体和运营主体的不同，分成四种分类方式，不同的分类方式之间存在一定的交叉重叠关系。

1. 按服务区域和服务范围分类

物流公共信息平台按照服务区域和服务范围不同，可分为宏观、中观和微观层面物流公共信息平台，具体对应为国家级物流公共信息平台、区域级物流公共信息平台和园区级物流公共信息平台。物流公共信息平台的金字塔结构如图 1-1 所示。

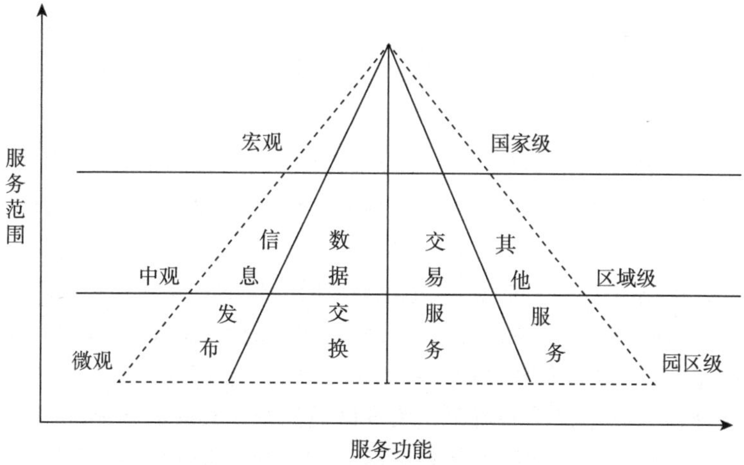

图 1-1　物流公共信息平台金字塔结构

1)国家级物流公共信息平台

国家级物流公共信息平台通常由国家物流主管部门或全国性的大企业主导建设，着眼于全国物流行业及全国物流相关部门的合作协调，为全国物流行业的发展提供覆盖全国范围的全面支持，并且平台相关数据的集成和统计也可以对政府物流行业的决策部门提供支持，帮助政府进行宏观调控。

例如，国家交通运输物流公共信息平台又称物流电子枢纽，是由交通运输部和浙江省人民政府牵头，管理部门、行业协会、软件开发商、物流供应商多方参与共建的一个开放与共享的物流单据和服务电子交换基础网络；浙江省交通运输厅牵头成立运行中心，负责国家交通运输物流公共信息平台的建设和运维。国家交通运输物流公共信息平台亦代表中方参加东北亚物流信息服务网络(Northeast Asia logistics information service network，NEAL-NET)建设。

中国智能物流骨干网由菜鸟网络科技有限公司(简称菜鸟网络)投资建设，菜鸟网络是国内知名企业阿里巴巴集团联合银泰集团、复星集团、富春集团、顺丰集团、三通一达(申通、圆通、中通、韵达)，以及相关金融机构等共同组建的，其目标是通过5～8年的努力，打造一个开放的社会化物流大平台，在全国任意一个地区做到货物的24小时送达。

另外，发啦网中国物流公共信息平台、中国物通网等平台，其用户遍布全国各地，也是当前知名的全国性物流公共信息平台。发啦网服务对象包括全国各级政府交通运输部门、商务部门、物流行业协会、农业部门、物流园区、广大物流企业和货运司机。中国物通网整合了物流公司、运输车辆、国际海运空运、快递、搬家等物流资源，把物流企业的“接发货网点”搬上网络，让车找货和货找车更轻松、更省钱，解决了“物流信息不对称”的历史瓶颈问题。

2)区域级物流公共信息平台

区域级物流公共信息平台是面向区域层面的物流活动，基于某个区域的特色而建立的区域宏观或中观物流管理服务平台，包括省、市及特定区域物流公共信息平台。

区域层面的物流是指以特定的行政区域为活动范围并与外界其他区域发生各种联系的物流活动。区域层面的物流活动是一个宏观的物流范畴，它以单个企业物流活动为基础，是在更大的社会范围内进行运作；区域内或者跨区域的多个企业通过相互合作、相互作用，共同完成大范围或者综合性的物流活动；区域层面的物流可以实现区域内社会物流资源的合理化；区域层面的物流不仅是区域经济结构化的主要支撑产业之一，也是衡量区域经济竞争优势的重要标准。

区域级物流公共信息平台着眼于为本区域的企业和政府职能部门提供服务和支持，其定位应该是为区域物流行业综合信息服务、监管服务、异构数据交换、行业应用托管服务及物流业务交易提供支持。

区域级物流公共信息平台可以由单个企业建设，也可以由政府部门建设，甚至可以由政企合建。通过综合信息服务、异构数据交换、物流业务交易支持、货物跟踪和行业应用托管服务，区域级物流公共信息平台为区域内的物流活动提供支持。区域级物流公共信息平台的快速发展有利于使该区域成为重要的物流枢纽中心，为建立联合区域物流公共信息平台打好了坚实的基础。

省级物流公共信息平台主要面向全省物流资源的调配，向省内各大物流园区、港口枢纽和大型物流公司辐射，实现平台向企业、货代、车主、司机等对象服务的目标；省级平台与市级平台和园区平台之间通过统一规范的接口进行数据交换，实现互联互通，在政府的监管下为各层次的区域平台提供相应服务，为本省内各个市级及外省的用户提供服务。

例如，湖南省物流公共信息平台为湖南省内外大型生产物流企业、第三方物流企业、园区企业，提供企业自主建站、综合配货系统、短信平台、定位系统、集成平台、数据交换系统等10多种服务，为物流企业降低成本、节约信息技术投入、提高物流业运转效率，为客户提供优质、安全的物流信息服务。

市级物流公共信息平台以满足本市范围内的城市配送需求为主要目的，如广州物流公共信息平台、宁波物流网等。广州物流公共信息平台由广州市交通委员会主办，为辖区内的政府部门、企业、车辆和个人，提供价格指数、政策法规、行业动态、通知公告、物流信息、快递查询、邮政信息、实时路况等丰富的物流信息服务。

特定区域物流公共信息平台是指以满足某些跨省或跨市的特殊地理区域物流需求为主要目的而建设的物流公共信息平台。特定区域是指由于某些外在因素而联系在一起的区域，特定区域可以横跨几个省份，也可以横跨几个城市，甚至可以是市县的互联。不同区域需要不同类型的物流服务。例如，港口需要保税、仓储、加工、航运等物流服务，而内陆需要铁路运输、汽车运输及转关等物流服务。又如，一些区域需要粮食、煤炭等大宗商品物流服务，而另一些区域需要水果、鲜花等短生命周期产品深加工物流服务。适当缩小物流公共信息平台的服务区域，明确定位服务的区域特色，可以使平台服务更加具有针对性，也有利于获取区域物流相关用户，服务地方经济发展。

因此，特定区域物流公共信息平台定位要满足本区域内物流企业、物流相关政府职能部门、物流区域管理委员会、物流需求企业及公共服务机构等物流信息服务的需求。特定区域物流公共信息平台应该依靠区域产业经济特色，巩固区域阵地，抓住区域物流价值链中的关键环节，这样才能吸引用户，才能实现自身的价值。特定区域的物流公共信息平台在满足本区域的物流需求之外，还应该为区域外的物流需求提供服务，集中本区域的优势资源为本区域和其他区域提供服务。

典型的特定区域物流公共信息平台有长江物流网等。

3)园区级物流公共信息平台

园区级物流公共信息平台通常依托一个成功的物流园区企业或者园区内的物流企业建设运营，属于微观层面的物流公共信息平台，建设主体是微观经营主体，主要支持和解决园区内第三方物流企业及接受服务的客户所需要的供应链物流各类信息功能。园区级物流公共信息平台通过对物流公共数据的采集、处理和交换，为园区内物流企业信息系统完成各类功能提供有效的支撑。例如，传化物流平台就是典型的园区级物流公共信息平台，相关案例介绍参见本书第 6 章。

区域级物流公共信息平台与园区级物流公共信息平台的差异点主要体现在功能定位上。园区级物流公共信息平台建设主体主要是微观企业，建设的目的主要是解决和支持企业自身物流和企业的客户对物流服务各类信息功能的需求。而区域级物流公共信息平台主要是解决和支持基于省市级物流园区、物流基地及物流中心等多企业的供应链物流运作与社会资源的整合。区域级物流公共信息平台除了具有与园区级物流公共信息平台相同的运作机制、功能结构外，还具有区域物流信息标准化及推广、监管市场和整合资源的功能。

目前，面向不同服务区域和服务范围的区域物流公共信息平台正在如火如荼地建设中，呈现出以下几个发展趋势。

(1)全国性数据交换网络建立势在必行。在物流信息平台的建设过程中，信息资源共享是必然，数据交换是核心。构建全国性的数据交换网络，提供一个整合与数据交换的场所，能够保证各类型的物流信息在各个系统之间有序、顺畅地流通，也能够保证全国物流信息平台发挥综合服务优势，提升总体服务效果。

(2)省级平台应用系统建设步伐加快。省级物流信息平台建设不再局限于数据交换这一项基本功能，其他应用系统的建设工作也陆续展开。依托省级物流信息平台电子政务系统和电子商务系统的构建，面向用户的各类信息服务、政务服务和交易服务也不断推出。因此，在开展全国性数据交换网络建设的基础上，省级物流信息平台需要着眼于应用系统的建设并加快其建设步伐。

省级物流信息平台提供的服务应用一般可分为必要性应用和推荐性应用两大类。政府部门需要对省级平台中一部分具有共性的应用系统，特别是必要性应用系统进行统一的规划和指导，保障各地平台应用系统的开发标准性、业务协同性和需求适应性，从而达到规范物流信息平台整体发展的目的。

(3)政务服务功能进一步完善和加强。政务信息服务是物流信息平台公共性、开放性的主要体现。目前，平台政务服务功能仍然存在信息开放力度不够、现有政务相关系统还未完全接入平台等不足，与物流市场对政务信息服务的需求相比还存在一定差距，需要进一步完善和加强，拓展平台政务信息服务的内容和范围。

(4)跨省共建模式需进一步地深化和落实。随着物流信息平台的全面建设，各省平台应进一步加强交流合作，并继续深化和落实跨省共建工作，共同推进平台建设，保障物流公共信息平台能够顺利实现运行和应用。

2. 按商业模式和服务功能分类

物流公共信息平台按不同的商业模式和服务功能可以分为信息服务型物流公共信息平台、数据交换型物流公共信息平台、物流资源交易型物流公共信息平台、物流业务流程管理型物流公共信息平台、物流信息技术服务外包型物流公共信息平台、物流金融型物流公共信息平台、指数交易型物流公共信息平台、社交网络(社区)型物流公共信息平台、混合服务型物流公共信息平台，具体介绍请见第 2 章第 3 节。

1)信息服务型物流公共信息平台

信息服务型物流公共信息平台主要向相关物流企业、工商企业、政府管理部门及政府职能部门提供相关的物流信息服务，收取相应的信息服务中介费。信息服务平台通过对相关数据的采集和处理，为服务企业的决策提供充分的支持，为日常物流活动的良好运作提供信息交换和系统支持，有效地解决企业内部和企业之间的有效共享问题。

2)数据交换型物流公共信息平台

数据交换型物流公共信息平台可以实现不同物流信息系统和物流公共信息平台之间的数据标准化和规范化，确保与促进平台之间的连接和沟通，为企业提供更加便捷的数据传输和共享服务。

3)物流资源交易型物流公共信息平台

物流资源交易型物流公共信息平台可以实现物流资源供需双方的在线交易。物流资源包括运力资源和仓储能力资源等。平台为交易双方提供交易平台和担保，确保交易的安全性和不可抵赖性。

4)物流业务流程管理型物流公共信息平台

物流业务流程管理型物流公共信息平台是企业物流业务流程管理系统的延伸，通常选择物流活动中的一个或几个重要环节，提供流程化的管理，满足各方的需求。典型的这类平台包括货物跟踪平台、网上报关平台、网上保险平台、网上交税平台、网上出入境商品检验检疫平台等。

5)物流信息技术服务外包型物流公共信息平台(云物流)

随着云计算技术的成熟和普及，应用服务提供商的升级版软件即服务(Software-as-a-Service，SaaS)模式大量涌现，提供物流 SaaS 服务的云物流平台应运而生。通过云物流平台，中小物流企业不需自建，就能方便地应用所需的物流管理信息系统，实现仓储、运输、调度、客户、财务等作业管理与日常管理的信息化，让客户享受云物流带来的便捷服务。

6)物流金融型物流公共信息平台

物流金融型物流公共信息平台以物流活动中的物流金融或供应链金融业务为

主要服务内容，为广大中小企业提供物流金融服务。

7)指数交易型物流公共信息平台

指数交易型物流公共信息平台以物流运价指数为交易标的，提供运价指数在线交易服务，具备物流资源交易与金融衍生品交易的双重属性，属于一种较特殊的物流公共信息平台形式。在争夺国际定价权这场没有硝烟的战争中，运价指数交易占有重要的地位。

8)社交网络(社区)型物流公共信息平台

社交网络(社区)型物流公共信息平台参考国内外知名社交网络(social networking services，SNS)网站，如脸书(facebook)、推特(twitter)、新浪微博、微信等，推出物流人的社交网络服务。

9)混合服务型物流公共信息平台

混合服务型物流公共信息平台混合了上述八种类型中的两种或多种，为用户提供更加丰富的物流服务，盈利模式也更加多样。市场上的大多数物流公共信息平台都属于混合服务型物流公共信息平台。

3. 按服务行业和服务对象分类

物流公共信息平台按服务行业和服务对象的不同又可以分为多种不同类型，即政府服务型、综合服务型、运输服务型、港口服务型、配送服务型、仓储服务型等。运输服务型按照具体交通工具又可分为公路、铁路、航空、水运、管道和多式联运型。其中，公路甩挂运输是一种先进的道路货运组织方式，是道路运输发展的必然选择，代表着现代物流业的发展方向。通过市场细分，可以大大提高物流交易的效率，降低交易成本，把信息流与物流有效地结合起来，在通关、质检、结算等诸多环节利用信息网络优势，缩短物流时间和降低物流费用。

物流公共信息平台按服务的货物类型可分为：面向消费品等生活资料的平台；面向大宗商品、工业品等生产资料的平台；面向危险品、应急物资等特殊商品的特殊平台。例如，菜鸟物流网是全国性的消费品物流公共信息平台。大宗商品包括钢铁、煤炭、石油、化工、农产品等；工业品包括电子设备、五金机电等。

下面重点介绍运输型、大宗商品型、港口型、危险品型四种典型的行业性物流公共信息平台。

1)甩挂运输物流公共信息平台

甩挂运输物流公共信息平台是针对目前甩挂运输业务所存在的问题，通过整合现代物流全程监控管理技术来开展甩挂运输流程可视化运营服务，以实现甩挂运输全流程的状态监控、车辆调度、货物定位跟踪等功能，最终提高甩挂运输整体物流服务水平和效率。

甩挂运输物流公共信息平台可以优化运输组织，促进甩挂运输车辆、站场、货源、信息等运输要素的有效整合和集约配置，提高运营组织的信息化水平，支持甩挂运输发展。

2)大宗商品物流公共信息平台

大宗商品对物流服务的需求较大，而且要求物流具有稳定性、时效性、规范性、安全性及针对性，这主要是因为大宗商品电子交易具有以下特点：①参与双方都是企业，分布相对集中；②购买频率较低但是订单量大、金额大；③需要商业洽谈，按照固定的合同条款和商业规则进行交易。

大宗商品物流公共信息平台是物流服务和电子交易集成化平台，使物流配送与电子交易相结合，实现了物流、交易一体化管理，从而使平台上的交易双方集中精力进行交易而不用担心交易之后的物流环节，实现了大宗商品整个流通环节的集成高效管理。

大宗商品物流公共信息平台可以将交易双方的交易过程与物流过程无缝对接，能够为参与交易的企业提供便捷、高效的服务。其定位是与行业电子商务平台无缝对接，提供“一站式全程在线物流服务”，是一个专业权威的物流公共信息平台。

3)港口物流公共信息平台

港口物流公共信息平台是以区域港口信息资源为基础，运用先进的信息技术和现代物流技术，充分利用整合港口信息资源建立的公共信息服务平台，是连接政府部门(如海关、税收、检验检疫、海事局、外汇管理、交通局等)、社会金融服务机构(如银行、保险公司等)、物流企业(如生产企业、贸易企业)的信息系统。其通过充分利用各种信息资源，开发各种电子商务功能，从而使各个部门提供信息共享和个性化服务，提高港口信息服务水平、港口服务质量和辐射范围，同时与区域内相关的电子口岸进行有效衔接，拓宽贸易市场。

港口物流公共信息平台提供了信息交换、传递、储存等服务，实现了高效的监管和服务，开展了标准化、电子化的区域贸易和电子商务，从而实现了减少操作流程、提高通关效率、降低交易成本、增加贸易机会、增强港口服务的目的。港口物流公共信息平台为港口相关管理部门提供了一个统一的信息发布平台，通过互联网与相关部门的信息系统连接，实现信息交换与共享；港口物流公共信息平台为物流企业提供了一个即时的业务信息查询平台，通过 GPS、全球移动通信系统(global system for mobile communication，GSM)和 GIS 等技术可以对运输车辆和货物进行实时动态跟踪，并通过 GIS 实现车辆线路导航等功能；企业和客户可以利用港口物流公共信息平台，通过基于互联网的 EDI 系统实现与海关、检验检疫、银行、港口等机构的信息交换和信息传递，可以在信息平台的 Web 站点进行信息查询、在线交易，从而提高物流效率。

4)危险品物流公共信息平台

我国石油和化工等产业的快速发展，造就了越来越多的危化品品种和数量。根据有关部门的统计，我国石油和化工产品品种达 42 000 多个，其中 80%以上是危险品。这些巨量的危险品在从工厂生产到用户消费的产业链条中，都必须靠物流环节完成。据了解，我国目前从事危险品物流的企业过万家，已经成为一个非常巨大的行业。只有提高危险品物流的规模化、协同化、标准化水平，才能促进危险品物流的健康蓬勃发展。

危险品物流公共信息平台可以实时监控危险品的运输过程，嵌入式车在监控录像机监控系统中可实现多信息的实时监控，车载行驶记录终端按照预设时间间隔连续上报车辆的行驶状态和实时位置等信息，平台自动对信息进行处理和存储，能够实时了解危险品运输车辆的行驶状态和运行环境，从而及时发现环境或者人为问题，包括随意停车、无关搭乘等。危险品物流公共信息平台可以实现运输过程信息查询、紧急事件的应急启动、运输借宿后的信息处理、运输全程定位监控及报警功能等。

4. 按投资主体和运营主体分类

物流公共信息平台按照投资主体和运营主体的性质不同，可以分为政府独资运营、政府控股委托运营、社会资本控股运营、社会资本独资运营、混合运营等类型，也可以简化为政府主导型物流公共信息平台、民营主导型物流公共信息平台及政府民营混合型物流公共信息平台。

政府主导型物流公共信息平台由于有政府背景，通常资金和资源雄厚，更容易快速形成规模，缺点是市场化程度较低，内部激励机制较僵化，很容易演化成行政命令式的执行，造血能力和生存能力弱；民营主导型物流公共信息平台对市场需求把握更敏锐，内部机制灵活，缺点是由于盈利压力大，通常缺乏较长远的规划；政府民营混合型物流公共信息平台在某些方面拥有独特的优势，但是如果处理不好政府和民营之间的关系，很容易陷入股东纠纷中，影响平台的发展。

例如，国家交通运输物流公共信息平台是交通运输部和浙江省人民政府牵头建设的政府主导型物流公共信息平台，拥有得天独厚的政府资源优势；菜鸟物流网是阿里巴巴牵头建设的民营主导型物流公共信息平台，有着天然的市场优势；上海航运运价交易平台是上海航运交易所和民营物流企业合资建设的，属于混合型物流公共信息平台，既有政府主导型物流公共信息平台的政策优势，又有民营主导型物流公共信息平台的市场优势，并且其作为全球首个航运运价第三方集中交易平台，填补了我国航运运价衍生品市场的空白。

1.3 物流公共信息平台的作用和意义

近些年，随着制造业的飞速发展，我国已经成为世界上重要的制造业大国，再加上国内需求不断扩大，零售业得到迅猛发展，这些因素使得我国物流业得到了空前的发展，但也在质量上对集约化的物流提出了更高、更紧迫的要求。因此，作为物流信息现代化的重要组成部分，物流公共信息平台的建设就显得尤为必要。建设物流公共信息平台，不仅是为了更好地服务于制造业，也是为了培育物流业新的经济增长点，适应经济发展方式的转变及产业结构升级所需要的多样化物流服务的需求，这是产销衔接、两化融合的内在需求。总体上讲，物流公共信息平台建设的作用和意义具体表现在以下几个方面。

1. 优化现有物流信息，消除信息冗余、信息孤岛

我国现有物流信息中许多是零散的、没有整体规划的，这使物流信息系统注定是不全面、不客观和不科学的。很多研究机构研发的物流信息管理系统功能重复、数据模式不标准化、不具有互操作性，这浪费了大量的资源。设立物流管理系统，整体规划物流公共信息平台，使已有的各种各样的物流信息资讯结合起来，有利于物流系统优势效果的发挥，联系强化各方面的力量，破除分裂的地方局域的物流管理模式，为物流的迅速发展保驾护航。

因此，通过构建物流公共信息平台，物流相关企业可以实现异构数据格式的转换，实现信息共享，避免重复劳动，节约社会资源；可以通过平台实现信息发布、查询，缩短物流信息流转环节，降低运营费用。此外，物流公共信息平台还可以实现与信息化程度高的大企业内部系统的集成，不具备全面开展信息化的中小企业通过会员的方式加入平台，从而能够以较低成本共享物流业内信息，拓宽业务范围。

2. 丰富物流服务内容，降低物流服务成本

首先，通过物流公共信息，物流企业可以发布信息、查询信息、交换信息，使物流各个运作点的透明度大大提高，减少了信息交换部分，缩短了物流周期，极大地提高了物流节点、物流效率和业绩。其次，物流公共信息平台有助于规模经济的实现，同时也有助于中小物流公司的联网，以及信息现代化建设的顺利过渡。最后，物流公共信息平台降低了物流成本，实现管理和决策优化，达到有限资源的最佳使用和最少消耗。

3. 促进物流相关政府机构相互协调

建立物流公共信息平台有助于推动政府功能的转型，即有助于政府功能由管理向服务与管理并存的方向转型，从而使政府能够为企业的经济活动和社会公众提供更多更有价值的服务。目前，设立的物流流程服务机制牵涉多个机构之间的协作。但现实是这些政府机构信息不共享，甚至存在冲突和矛盾，导致行政效能很低，这与适用一体化物流运作是不一致的。利用物流公共信息平台可以实现信息共享和交流，协调不同政府部门的职能，有助于电子政务的推广，促使政府与政府之间的职责优化，并设立协调工作制度，从而使社会物流系统高效运作。

4. 协助政府宏观经济管理部门规划物流产业的发展

有关政府部门通过对宏观决策的科学分析和规划，在行业的管理中通过物流公共信息平台获得企业总需求、供给能力、经营状况的信息，从而制定相关政策。行业的监管要注重时间、运输方式，在政府各机构之间能够有效协作。

5. 促进供应链优化整合，保证物流企业物流流程信息畅通

未来企业间的竞争是供应链与供应链之间的竞争。物流公共信息平台有助于促进整个供应链的优化整合，提升供应链的整体运行效率，降低运行成本，从而提高供应链体系内企业的物流效率，降低物流成本，打造新的物流生态圈。平台为物流企业向信息化、网络化、现代化发展提供有效的技术途径，保证物流企业的物流流程信息畅通。物流企业的竞争已经从对物流信息管理水平的关注转向对服务水平的关注，因此，提高信息技术水平，必须努力推进物流过程的信息化，建设物流公共信息平台，提高物流服务水平。

6. 完善物流信息系统的支撑体系

通过采用物流公共信息平台的方式对系统中的共用信息进行管理、中转，承担数据采集的各子系统按一定规则将共用数据发送给物流公共信息平台。由物流公共信息平台进行规范化处理后加以存储，再根据各个子系统的请求，采用规范的格式将数据发送出去。因此，物流公共信息平台是完善孤立的企业物流信息系统的重要支撑体系。

7. 促进交通管理的业务升级换代

业务重点由单纯的运输管理向集约化的物流管理方向转型，现代化的物流管理必然是以交通运输管理为核心，与银行、保险公司、仓储系统、贸易公司等紧密结合，从而为社会提供集金融服务、保险服务、仓储管理、采购为一体的集约

化物流服务，只有通过这样的转型，交通运输系统才能为社会提供更多的服务。

8. 推动区域成为经济与物流中心

物流水平，特别是物流信息水平的低下，很大程度上制约了国际采购在我国的发展。高水平、集约化的物流系统对推动出口、引进外资和企业的国际化具有十分重大的意义，这点已经被上海和深圳的实践所证明。

1.4　国外物流公共信息平台发展分析及其启示

在国外的实践和理论研究中，并没有和国内物流公共信息平台直接对等的概念，但信息通信技术在跨组织物流运作领域的应用研究和实践却很多，这些应用可以说是国外物流公共信息平台的代表。国外物流公共信息平台大多是一个集合的应用，应用形态多种多样，既包括典型的 EDI 应用，也包括基于流程的跨组织信息系统，或共享的数据库，以及面向物流服务交易的电子市场等。因此从本质上来说，物流公共信息平台不是一种全新的信息技术应用形态，而是基于现有的跨组织信息技术应用的一种拓展。目前，国外先进的物流公共信息平台正朝着标准化、信息化、智能化和集约化的方向发展，大型物流公共信息平台兼并收购中小型物流公共信息平台的趋势也在不断扩大。

1.4.1　国外典型物流公共信息平台分析

下面对国外典型物流公共信息平台的情况作简要介绍。

1. 美国纽约新泽西港实时货运信息系统

美国纽约新泽西港实时货运信息系统是一个物流配送信息服务平台，它是由美国纽约市与新泽西州联合建立的系统，是通过将智能交通系统(intelligent transport system，ITS)技术和信息技术集成，为所服务的港口区域建立一个“一站直通”式的物流信息服务平台。美国纽约新泽西港实时货运信息系统是以 Web 技术为基础，同时支持 EDI 信息交换，以加快信息传递速度。通过美国纽约新泽西港实时货运信息系统将货物配送过程中的信息，如货物跟踪情况、交通运输情况信息、火车或船只到达信息、实时监控与终端网关信息、船只交通服务信息及海运相关信息，汇集在美国纽约新泽西港实时货运信息系统的官方网站(First-nynj. com)上。用户可以通过美国纽约新泽西港实时货运信息系统官方网站查询货物配送的相关信息。美国纽约新泽西港实时货运信息系统可以将配送过程集合成视频呈现给需要查看的用户，还可以把相关业务信息，如装载单状态变化情况等以公告的形式发布。美国纽约新泽西港实时货运信息系统能快速方便地提供信息，同时能够将信息集成，让用户一目了然。

美国纽约新泽西港实时货运信息系统的主要功能如图 1-2 所示。

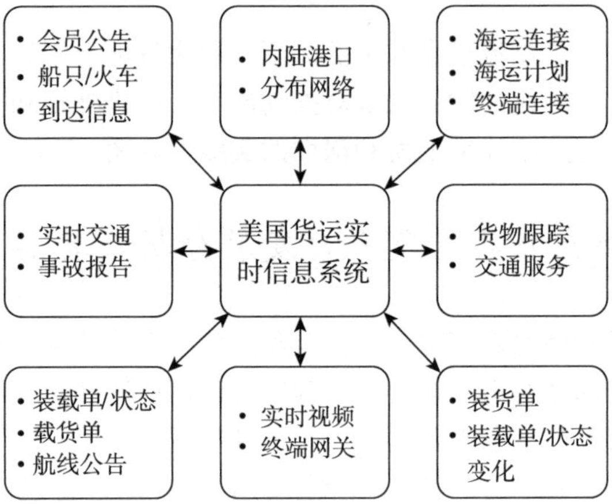

图 1-2　美国纽约新泽西港实时货运信息系统主要功能图

2. 韩国综合物流信息系统

韩国综合物流信息系统是由韩国物流业、制造业联合参与建设并使用的物流信息系统，它涉及海路、公路、铁路和空运四种运输业务，并且包含相关通关与贸易业务服务的综合性物流公共信息平台。韩国综合物流信息系统的主要服务是：提供货物多种运输方式信息及多式联运服务信息；通过网络传输具有法律效力的电子文件；为用户远程处理各种物流业务报表；申请许可等。韩国综合物流信息系统的信息服务主要是发布一些相关信息公告和商业信息，对国内外相关的物流信息进行分析与处理后将有一定价值的信息提供给平台用户。此外，韩国综合物流信息系统还整合运用 GPS、智能交通系统等外部信息来源，为用户提供如运输伙伴选择、运输路径优化、GPS 车辆跟踪、危险品车辆运输管理等服务。并且通过这些技术的应用，系统实现了对货物、车辆的实时跟踪管理，提高了对车辆的管理效率和运营效率。

韩国综合物流信息系统由物流商业服务、物流行政服务、物流信息服务和运输体系服务四个部分构成，如图 1-3 所示。

(1)物流行政服务主要处理进出港口政务服务、进出口通关服务、出入境管理，以及提供进出口货物检验检疫等过程中的相关信息。

(2)物流信息服务主要提供会员、货物、贸易及设备使用等信息，通过数据库管理系统(database management system，DBMS)分析加工，提供实时有效的信息；提供船期及物流设施设备等相关信息。

(3)物流商业服务主要是各种方式的货物运输服务，平台为海陆空运输提供

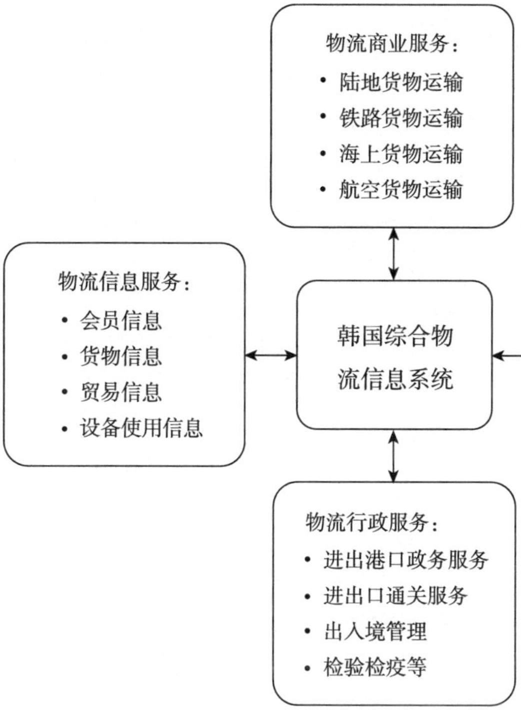

图 1-3　韩国综合物流信息系统主要功能图

电子文件、物流报告及申请许可等业务服务，以及与各种物流活动有关的装卸、运输、搬运、到达等电子文件的传送服务。

(4)运输体系服务利用智能交通系统和 GPS 提供确认货物车辆位置、构筑 GIS、进行货物车辆管理和进行危险品车辆运输管理等服务，从而提高货物运输过程中的管理效率和运营效率。

3. 英国 FCPS

英国 FCPS 主要服务于港口的进出口贸易及物流配送，如图 1-4 所示。

英国 FCPS 的主要功能有进行进出口货物处理、危险品处理、货物转运和海运业数据统计等。

英国 FCPS 将信息通过互联网和 EDI 网关传输给全球访问者，同时授权用户、本地用户、其他用户、船运代理、用户代理和相关公司都可以通过英国 FCPS 了解货物运输情况和仓储情况。船只组织、实时管理与操作、船运计划和海运情况通过停靠控制系统平台将相关信息传输给英国 FCPS 以及互联网和 EDI 网关。这样一个体系结构通过使用 EDI，无论何时何地都可以将货物运输信息传输给想要查询货物的客户。其主要目的在于实现无纸化作业，提高货物处理效率

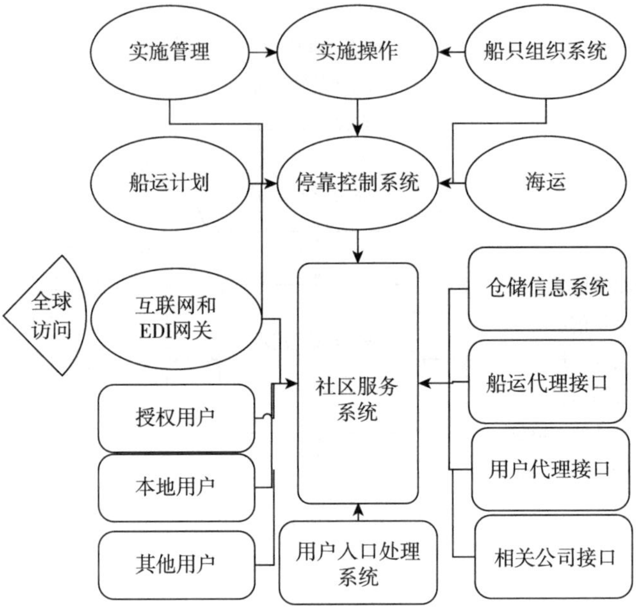

图 1-4 英国 FCPS 的主要功能图

和管理效率。

英国 FCPS 也不需要通过货物通关代理商，客户只要凭集装箱的进出口预定编号等信息就可以查询到货物所处的状态信息。英国 FCPS 处理进口货物的信息流线过程为：首先，利用 EDI 技术通过航线系统(shipping line systems)将进口货物信息传输给英国 FCPS，储存在中央数据库里；其次，将进口货物信息在线传输给相关的货物装卸区运营器，从而构成集装箱处理系统的基础信息数据，同时进口货物信息也传输给海关部门，以便让其对进口货物进行核查认证。

4. 德国汉堡货运中心物流公共信息平台

德国汉堡货运中心是一个大型物流园区，它是以提高区域物流经济性、合理性及发展综合交通物流体系为主要目的而规划建设的。德国汉堡货运中心物流公共信息平台通过使用无线通信、异步传输模式(asynchronous transfer mode, ATM)、空间定位技术、EDI、地理信息技术等实现对物流过程的全程实时监控，其仓储可视化系统运用条码识别技术、自动化控制技术，使用户可以实时详细了解库存状况，运输可视化系统可以让用户及时了解货运过程中物流状态发生事件的情况，并智能规划、选择运输线路，节省运输费用。德国汉堡货运中心物流公共信息平台作为欧洲最大的港口数据交换平台和通关中心，其现状是已经有超过两千家公司和十几个与汉堡港有关的政府部门通过特定的接口连接到其上进行数据交换和行政管理。

5. 新加坡 Trade Net 电子大通关系统

凭借独特优越的地理位置，新加坡一直是亚洲乃至世界性的区域物流中心。为了推动本国的信息化建设，1988年新加坡以国家政策为支持，利用其物流管理技术方面的优势，投资并建设了世界上首个电子通关系统——Trade Net，此后在此基础上将其发展建设为全方位、多领域的物流信息转换平台——Trade Palette。Trade Net 系统将新加坡国内25个贸易管理机构进行连接，可以在线完成进出口商所需要办理的所有进出口手续，并可以向新加坡政府各个相关部门申办所有必要的手续、许可证等材料，系统每年处理的通关单数量过千万。迄今为止，Trade Net 已帮助新加坡商贸界节省了大约10亿美元。

1.4.2 国外物流公共信息平台发展经验启示

国外先进的物流公共信息平台已经在运输、国际贸易等对业务时效性和行业整合度要求较高的行业中率先投入使用，其功能与服务进一步向物流上下游协同整合方向拓展。一些国家政府从国家层面对物流信息平台的发展给予支持，反过来物流信息平台的发展也对区域经济和国家发展产生了积极影响。

这些物流发达的国家和地区从实际物流需求出发，对物流信息系统模型、物流服务安全模型和技术、物流商务模型和物流信息服务平台关键技术等方面进行了广泛深入的理论和应用研究，并通过统一的信息平台，把采购商、供应商、物流服务商、承运人、海关、金融服务等机构都放到上面，为用户提供一体化的物流信息服务和咨询。

发达国家的经验表明，建设适合自身特点的物流公共信息平台，能够提高区域内物流相关企业和社会的运行效率，节约社会资源，提升行业发展水平，促进区域经济发展，成为区域内物流业集中化、集成化、集约化发展的有利工具和抓手。物流公共信息平台是物流业和物流信息化发展的必然选择和有效经济形态，是带动区域乃至国家物流业发展的关键环节，其经验值得我国物流业学习借鉴。

1.5 我国物流公共信息平台的发展历程与现状

1.5.1 我国物流公共信息平台的发展历程

我国物流公共信息平台的发展最早从公路货运开始，逐渐扩展到铁路、港口、航空等其他运输方式，并初步形成综合性的物流公共信息平台服务网络。总体而言，我国物流公共信息平台的发展历程可归结为货代运营、货运市场、货运信息平台、物流公共信息平台四个发展阶段，如图 1-5 所示。

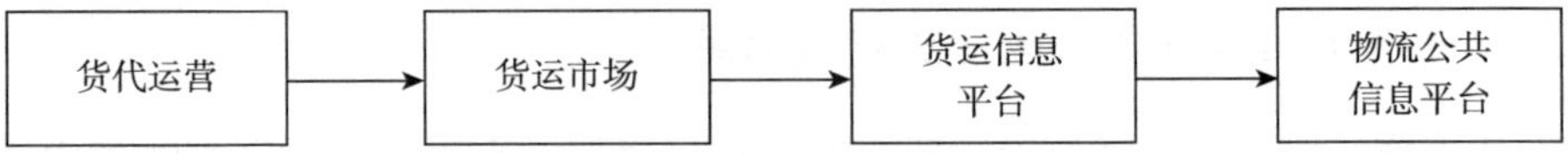

图 1-5 物流公共信息平台的发展阶段

1. 货代运营——吴敏现象

“吴敏现象”实际上是一个人所代表的一种行业现象。20 世纪 80 年代末，一位叫吴敏的美术老师在一次贩运货物的过程中突然发现，他所做的努力更多的是让当地的运输公司赚了钱——除去高昂的货物运输成本，他自己能够赚到的钱寥寥无几，而随意贴了一个纸条居然让他找到了十分便宜的返程车，从而小赚了一笔。这个偶然的发现促使他转了行，即开始从事朦胧状态的物流货运配载工作。

这种生意在当时的中国绝无仅有，这种经营模式被称为“投机倒把”，曾经引起过激烈的争论。这种现象实际上就是利用行业信息的不对称来赚取差价，是物流货代运营的初级模式。

2. 货运市场

货运市场是伴随着市场经济的发展而逐步演变形成的一个服务性市场。像其他市场一样，货运市场包括相当数量的运输服务需求方，从市场交易的角度其被称为货物托运人，是生产企业、商业企业或个人等货物运输需求的市场表达。对货运需求的满足有两种形式，即外包货物运输服务和自我服务，从而构成货运服务供给方，包括专业汽车承运人、生产企业的自有车队和转运人。

货运市场的形成就相当于无数个“吴敏现象”的集聚效应。用经济学的理论讲，有利可图驱使人们涌入这个市场，从而货运市场自发地逐步形成。货运市场是在物流公共信息平台产生以前出现的初级信息交易模式。

3. 货运信息平台

20 世纪末，货运市场这些“地面”编织起来的运输网络无法解决交通运输中信息流对物流的巨大制约。正如有的专家认为的那样，虽然“空车配货”确实是个回报率极高的大市场，但真要开发这个大市场却并不容易，因为解决“空车配货”的关键环节在于首先要打通信息阻塞的瓶颈障碍，彻底打破行政区划的壁垒，这客观上就需要建立一个全国性的“信息发布中心”；其次，它还需要全国各地有关部门的密切配合；最后，它还需要有切实可行的保险机构和结算方法。这些挑战是“地面网络”远不能应对的，好在互联网的风行为此提供了无穷的可能。在此条件下，货运信息平台及铁路、港口、航空等其他运输方式的信息平台开始出现。

货运信息平台实际上就是互联网上的货运市场，或者说是一个“信息大集市”。这种系统一般具有以下三项主要功能。

(1)货运信息发布。用户可以借助系统提供的多种媒介，将货源信息和运力信息发布到平台上，并就货运信息进行交易。用户可拨打本地货运信息热线电话，通过接线人员人工或通过自动电话语音模式输入要发布的货运信息，也可访问货运信息互联网站，通过网页提交的方式或通过货运信息服务场所，由服务人员在计算机终端上通过客户端程序代为录入要发布的货运信息。

(2)货运信息查询。用户可通过呼叫中心、互联网站、信息服务场所终端委托服务人员通过各种查询方式，在全国性的货运信息交易平台上查询所需的货源信息和运力信息。

(3)货运信息处理。货运交易信息输入之后，数据应存储在本地数据库中，以便于进行数据的存储、检索、查询、修改、删除、统计、压缩、解压缩、加密、解密、导入、导出等处理。

货运信息平台应该说是物流公共信息平台的雏形，在一定程度上满足了货运市场的发展需求，因此一直到现在，许多所谓的物流网站和物流信息平台其实仍在重复这种模式进行运营。

4. 物流公共信息平台

随着物流产业的快速发展，在公路货运方面，简单的空车配货模式已经不能适应物流领域日益增强的市场竞争压力，使用物流信息平台的用户，特别是中小企业用户，不仅需要车源、货源信息，还需要在仓储、装卸、配送等物流环节获得信息化服务，及时掌握行业发展动态，自主开展客户挖掘，实时掌握货物和车辆的运输动态，以提高其内部运营管理水平，为客户提供增值服务。其他运输方式也存在着同样的需求，如港口需要借助信息平台来提高信息服务水平、服务质量和辐射范围，同时与国家电子口岸进行有效的衔接，广泛拓宽国际贸易市场。在铁路货运方面，需要结合铁路集装箱物流运输与电子商务应用，衔接海铁联运服务等。针对这些需求，货运信息平台开始向真正意义上的物流公共信息平台转变。

物流公共信息平台是围绕从生产要素到消费者之间时间和空间上的需求，来处理制造、运输、装卸、包装、仓储、加工、拆并、配送等各个环节中产生的各种信息，使信息能够通过平台快速准确地传递到物流供应链上所有相关的企业、物流公司、政府部门及客户或代理公司。

相对于货运信息平台，物流公共信息平台有以下质的转变。

(1)物流公共信息平台是一个物流公共服务平台，即其通过对物流信息的分类发布，帮助用户实现对车源、货源及物流企业等信息的查询；根据用户的业务请求，提供决策工具进行决策分析，自动将满足要求的决策方案输出给用户。

(2)物流公共信息平台是一个物流协同管理平台。物流协同管理平台就是通过内部协同和外部协同来实现资源的优化利用，也就是其既可以通过对物流过程的运输、库存、配送等流程的优化控制实现企业的内部协同，又可以采用以需求为驱动的方案来实现不同区域、不同企业之间的协同，即外部协同。

(3)物流公共信息平台是一个物流可视化流程管理平台，即其以运输、库存、流通、加工、包装、装卸搬运、配送等物流过程为对象，通过掌上电脑(personal digital assistant，PDA)、数据库技术、网络技术、无线通信技术，对物流业务过程进行计算机管理，从而能够为用户提供实时、准确、动态的可视化物流业务，并对其进行查询、统计、分析和数据显示。

(4)物流公共信息平台是一个供应链管理(supply chain management，SCM)平台。这是第三方物流企业利用其在信息收集和获取方面的优势为供应链上所有企业建立的电子商务平台。其一方面实现了供应链信息共享，降低了交易成本；另一方面，针对交易活动产生的历史数据进行分析挖掘，创造更高的信息附加价值。

1.5.2 我国物流公共信息平台发展现状

随着国务院《物流业调整与振兴规划》的出台，国家各部委和地方政府开始逐步重视和规划物流公共信息平台的建设，相继制定了物流公共信息平台建设规划。

例如，2013年科技部通过了《交通运输物流公共信息平台标准化建设方案(2013—2015年)》，进一步加强标准化管理，完善交通运输标准体系。此外，科技部组织开发了“交通运输标准服务平台”，积极推进行业标准的建立。

2012年，由国家发展和改革委员会支持的“物流信息平台试点工程”项目，以内蒙古红山物流有限责任公司为依托，实施了覆盖红山物流园区的电子商务、电子物流和园区管理的信息化工程；建成的以计算机信息系统为支撑的信息化工程，实现了电子商务平台、物流公共信息平台、无线物流信息发布系统(短信平台)、具有证书授权(certificate athority，CA)数字身份认证的办公自动化(office automation，OA)系统、三维数字展示系统及GPS定位系统，拓展了呼叫中心的功能和座席，实现了物流园区管理和服务的现代化。

一些行业型物流公共信息平台也开始崭露头角。例如，2009年国家发展和改革委员会验收了重点项目《基于RFID技术区域粮食流通管理》，该项目实现了区域粮食物流公共信息平台示范系统的建设。该项目建成的系统目前运行良好，取得了较好的社会效益和经济效益，为改善粮食流通管理、保障国家粮食安全、促进农民增收提供了技术支持，积累了运营经验，开创了RFID技术应用新领域。

地方政府也在大力支持当地物流公共信息平台的发展。例如，2010 年江西物流公共信息平台正式启动，平台目标是整合信息资源，充分发挥平台作用，提升江西省物流水平，降低运输成本，努力把江西省物流公共信息平台打造成物流电子政务平台、物流电子商务平台、物流电子监管平台。

有些省市也开始联合共建省级物流公共平台。例如，2009 年浙江、上海、江苏、山东、黑龙江、安徽、福建、青海、四川、内蒙古、宁夏 11 省(自治区、直辖市)的道路运输部门负责人在杭州签订《省际物流公共信息平台共建协议》，旨在以物流信息化为抓手，促进全国各区域物流信息的互通、互联、共享，避免重复开发建设，逐步消除信息技术标准差异、信息平台功能不足、区域信息孤岛化等障碍，推动交通物流信息化建设，促进传统货物运输转型升级。《省际物流公共信息平台共建协议》的主要内容包括：①统一信息系统建设中的标准(代码)；②共同推动一批物流业务标准化软件的使用；③共同构建互相联通的数据交换平台，实现各省(自治区、直辖市)企业间信息资源共享和信息系统互联，为各省物流企业及供应链间信息的互联提供服务；④共同建设、扶持、推广一批基于统一标准和框架下的物流公共应用平台。

但是相对于发达国家或地区的物流公共信息平台而言，目前我国的物流公共信息平台尚处于起步阶段，基础设施陈旧、服务模式单一、业务规模不大、地方保护严重、物流标准不统一等都是物流公共信息平台亟须解决的问题。其中最关键的问题是物流公共信息平台的商业模式问题，正如中国物流学会常务副会长戴定一所说，“物流公共信息平台的发展瓶颈不是在技术上而是在商业模式上”。无论是民营资本的小本经营，还是国有资本的重金投入，国内物流公共信息平台仍未找到合适的商业运营模式，如何实现物流公共信息平台的持续健康运转仍然是目前国内大多数物流公共信息平台运营者共同面临的难题。

交通部科学研究院现代物流研发中心主任赖平仲认为，纵观我国目前存在的物流公共信息平台，均只能算是“初级形式”，其在很大程度上能够缓解初期货运市场信息不对称的矛盾，并产生了一定的社会效益，但是和真正意义上的物流公共信息平台相比还存在很大差距。也正是因为如此，这些物流公共信息平台功能过于单一和雷同，在近似于白热化的低端竞争中，竞争者很难找到独特的赢利点。

总而言之，我国物流公共信息平台的发展水平目前还处在一个比较低的阶段，但是物流公共信息平台对我国现代物流的发展有着重要的作用，在物流公共信息平台的发展中有很多问题需要解决，商业模式是尤其需要重点解决的问题。这就需要各个方面的通力合作，政府要继续制定相关政策促进物流公共信息平台的发展；企业要提高物流信息化意识，建立适合经济发展需要的物流公共信息平台。

1.6 本章小结

本章首先介绍了国内外物流公共信息平台兴起的原因；其次介绍了物流公共信息平台的概念和分类，将现有的物流公共信息平台按照服务区域和服务范围、商业模式和服务功能、服务行业和服务对象、投资主体和运营主体的不同进行分类；再次分析了物流公共信息平台的作用和意义；最后简单梳理了我国物流公共信息平台的发展历程和现状，总结了现有物流公共信息平台的优点和不足，并简要地介绍了国外典型物流公共信息平台的建设情况，从而为我国今后物流公共信息平台的发展提供借鉴。

第 2 章

物流公共信息平台商业模式分析

物流公共信息平台以提供物流公共信息服务为核心存在价值，因此，其建设和运营的核心问题是如何找到物流公共信息平台的核心客户，挖掘核心客户的核心需求，设计核心服务产品，满足客户的核心需求，获得物流公共信息平台的核心价值。

这就需要深入研究国内外物流公共信息平台的商业模式，建立科学的方法论和理论体系，通过对成功案例的商业模式进行研究得出有用的结论，用于指导物流公共信息平台的商业实践。本章在总结物流公共信息平台商业模式理论分析框架的基础上，对物流公共信息平台商业模式的核心构成要素进行了分析研究，为后文案例的研究提供了理论框架依据。

2.1 商业模式理论分析框架

我们所存在的世界就是一个由不同模式构成的世界：建筑师有建筑模式，依据它，古希腊的建筑师建造了伟大的“帕特农神庙”；作曲家有作曲模式，依据它，贝多芬创作了不朽的古典名曲《命运交响曲》；画家有绘画模式，依据它，梵高画出后印象派巨作《星空》；软件设计师有软件设计模式，依据它，张小龙设计出划时代的移动社交工具“微信”；企业家们有商业模式，依据它，李彦宏、马云、马化腾打造出百度、阿里巴巴和腾讯的(baidu alibaba tecent，BAT)互联网企业神话，如图 2-1 所示。

商业模式一词最早出现在 20 世纪 70 年代中期，著名管理大师彼得·德鲁克曾经说过，“当今企业之间的竞争，不是产品之间的竞争，而是商业模式之间的竞争”。尽管商业模式在国内外的企业界和学术界受到广泛的关注，但迄今为止，企业界和学术界尚未形成一个统一权威的商业模式定义。

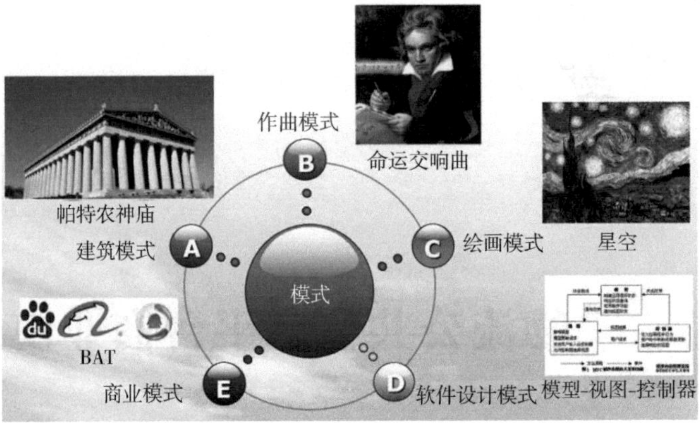

图 2-1　世界上存在的各种不同模式

商业模式作为一个抽象的理论工具，包含大量的商业元素及它们之间的关系。商业模式所揭示的不只是企业运营的一个或几个方面，而且涉及客户、产品及它们之间价值传送等复杂关系的整体运作逻辑。商业模式是多个相互关联、相互影响的要素构成的整体结构，企业正是依靠这样的整体结构来实现盈利的。

一个完整的商业模式需要回答以下几个核心问题：我是谁？我的客户是谁？我的客户需要什么？我能够为客户提供什么产品或服务？我通过什么样的方式提供这些产品或服务？我如何实现盈利？我拥有哪些核心资源和核心能力？这些问题可以用服务对象、服务内容和盈利模式三个内容来概括，如图 2-2 所示。

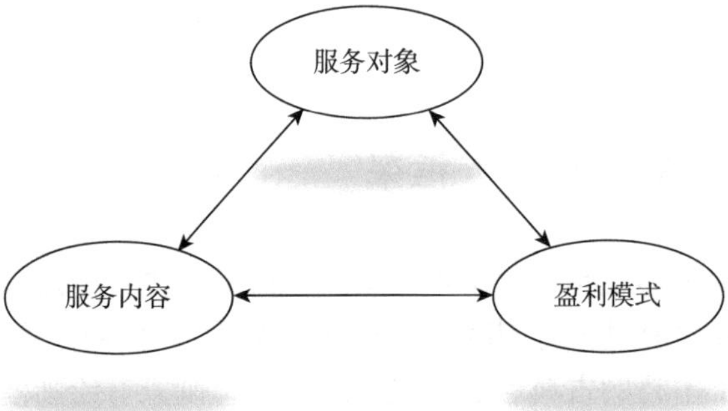

图 2-2　商业模式三要素

2.2　物流公共信息平台商业模式理论分析框架

商业模式研究的本质是以价值为核心，研究客户、企业、产品及伙伴之间的关系。客户和平台是物流公共信息平台商业体系的两大主体，平台实现自身价值的前提是为客户实现价值，为其提供满意的产品、服务及附加值。

物流公共信息平台是平台经济的一种典型形态，具备平台经济这种特定商业模式的普遍性特点。物流公共信息平台实质上是一种存在于互联网虚拟网络空间的物流服务交易空间或场所，与存在于现实世界的物流服务交易空间或场所相配合。该空间引导或促成双方或多方客户之间的物流交易，并且通过收取恰当的费用而努力吸引交易各方使用该空间或场所，最终追求收益最大化。

物流公共信息平台作为复杂的信息系统工程，其建设和运营需要多个学科领域理论的支撑，如现代物流、供应链管理、电子商务、大宗商品、平台经济、产业经济、金融学、国际贸易、市场营销、期货、法律法规、信息技术等，因此是一项综合性很强的工程。本书在综合现有各种理论的基础上，建立起初步的物流公共信息平台商业模式理论分析框架，如图 2-3 所示。

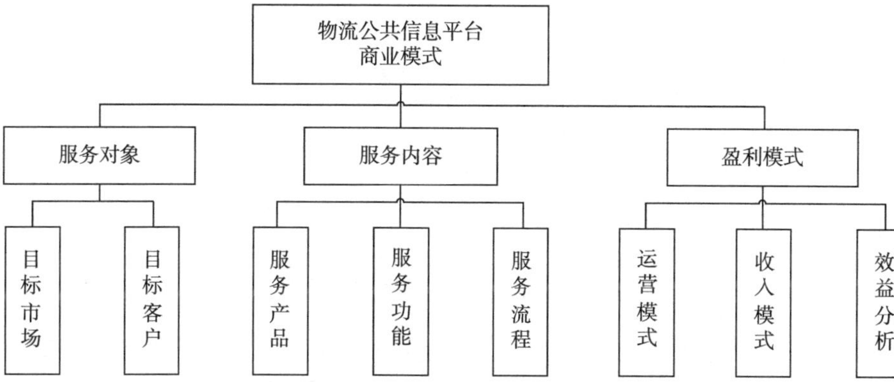

图 2-3　初步的物流公共信息平台商业模式理论分析框架

物流公共信息平台商业模式的核心要素包括服务对象、服务内容和盈利模式。其中，服务对象包括目标市场和目标客户；服务内容包括服务产品、服务功能和服务流程；盈利模式包括运营模式、收入模式和效益分析。

1. 服务对象

物流公共信息平台的服务对象包括目标市场和目标客户。目标市场包括平台类型、平台定位、服务行业和细分市场，不同区域、不同类型的物流公共信息平台的目标市场不尽相同，但作为物流高级应用系统和社会公共基础设施，大多数物流公共信息平台的目标客户存在共性。由于物流业是融合运输、仓储、货代、信息等产业的复合型服务业，是市场经济发展的必要条件，具有基础性、战略性作用，几乎贯穿了整个国民经济的全过程，因此，物流公共信息平台的目标客户范围也非常广泛，包括非常多的市场主体，如图 2-4 所示。

物流公共信息平台的目标客户包括政府管理部门、物流企业、生产制造企业、贸易企业、金融机构等。物流公共信息平台要满足不同用户的信息需求和功

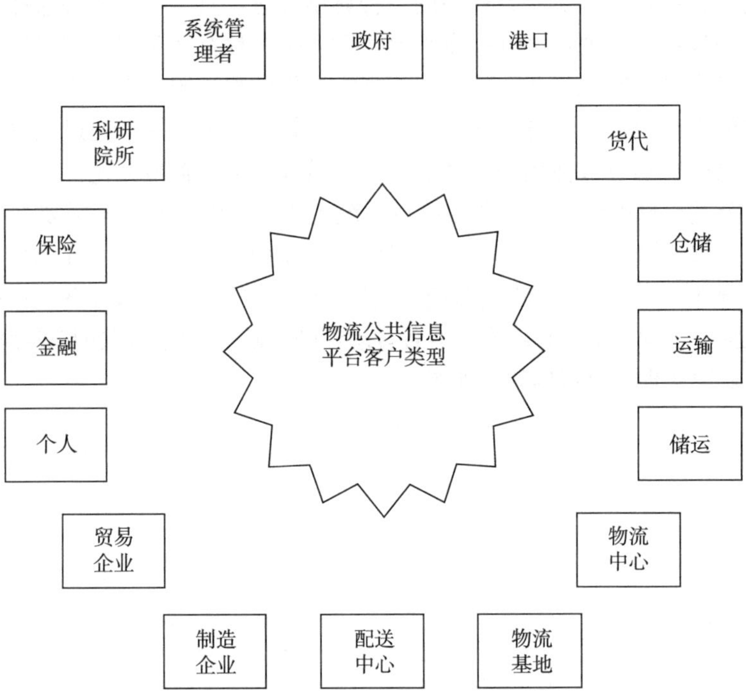

图 2-4　物流公共信息平台市场主体

能需求，通过对物流公共数据的采集、处理和公共信息交换，为政府的宏观规划与决策提供信息支持；对政府相关职能部门的行业管理和信息沟通起到信息枢纽的作用；为物流企业完成各类物流业务提供支撑。物流公共信息平台为政府相关职能部门公共信息的流动提供支撑环境；为企业提供单个企业无法完成的基础资料收集，并对其进行加工处理。一个信息和服务有效集成的物流公共信息平台能够为政府相关部门、物流企业、生产制造企业、贸易企业和金融机构等提供一个统一高效的沟通平台；为企业客户提供基于供应链的综合性解决方案。

总结而言，物流公共信息平台的目标客户包括四类：①行业监管类用户，主要是政府相关部门及系统管理者。②物流服务提供方用户，主要包括物流企业和物流节点经营者，物流企业包括储运公司、专业运输公司、仓储企业、港口企业、货代公司等；物流节点经营者主要是指物流中心、物流基地、货运站场、配送中心、铁路站场、航空港等物流服务经营者。③物流服务需求方用户，主要包括生产企业、贸易企业及货代公司、少量的个人用户等。为了生产经营或者生活消费需要，物流服务需求方用户通过物流公共信息平台获取相关信息，能够有效降低物流交易成本。④物流服务支持方用户，主要包括政府相关部门、金融机构、保险公司及科研院所等。

2. 服务内容

物流公共信息平台的服务产品主要包括信息服务、数据交换及运力资源交易等。

每种服务产品由具体的服务功能组成。例如，信息服务功能包括信息采集、信息加工、信息发布；数据交换功能包括数据传输、数据翻译、数据转换、数据导入和数据导出功能；运力交易功能包括在线交易、订单管理、订单追踪、电子订舱、合同管理、在线支付与结算、网上报关、网上通关、网上报税交税及网上保险等。

服务流程是物流公共信息平台所提供的服务功能的业务流程，如用户注册流程、信息服务流程、运力交易流程、货物跟踪业务流程、仓储业务流程、运输业务流程、物流金融融资业务流程、社区圈子服务流程等。

3. 盈利模式

物流公共信息平台的盈利模式由运营模式、收入模式和效益分析三部分构成。运营模式主要包括政府独资运营型模式、政府控股委托运营型模式、社会资本控股运营型模式、社会资本独资运营型模式四种类型。收入模式主要包括会员制模式、广告推广收入模式、软件租赁收入模式、交易费用模式四种。效益分析包括社会效益分析、经济效益分析和成本管理。

除了上述物流公共信息平台商业模式理论分析框架中的构成要素外，在商业模式的战略分析方面，互联网文明时代很多新的通用性战略分析方法也适用于平台的战略分析，如《世界是平的》、《蓝海战略》、《平台战略：正在席卷全球的商业模式革命》、《平台经济》、《长尾理论》、《未来是湿的——无组织的组织力量》等。

互联网文明时代是指我们所处的时代是人类社会继农业革命、工业革命之后的信息革命时代，是农耕文明、商业文明之后又一新的文明形态，其具备很多新的、颠覆性的特点和规则，铁器、蒸汽机和以互联网为代表的互联网信息技术，是推动人类文明跨越时代发展的伟大发明，我们正处在商业文明与互联网文明的交汇处，这是物流公共信息平台建设的大时代背景。

《世界是平的》为物流公共信息平台建设提供全球经济一体化的宏观经济背景，互联网本身又是无国界的，基于互联网的物流公共信息平台，不管其服务区域是国家级、区域级还是园区级，全世界任何一个角落都能够访问到，从这个意义上说，物流公共信息平台都是全球性的。

《蓝海战略》、《平台战略：正在席卷全球的商业模式革命》和《平台经济》指出，平台这种经济形态本身就可以是一种国家或企业发展战略，是实现“蓝海战略”的一种具体路径。打造一个可运行的平台，就是打造一个生态体系，生态体系中的群体能够从企业级的“红海”搏杀中脱离出来，从规则的遵循者，变为规则的制定者、实施者和维护者，享受平台带来的超级红利。物流公共信息平台目前仍是一片广阔的“蓝海”，等待勇敢者去探索、去征服。

“长尾理论”是由美国《连线》杂志主编克里斯·安德森于2004年提出的，是在网络时代兴起的一种新理论。“长尾理论”提出，由于成本和效率的因素，当商品储存流通展示的场地和渠道足够宽广时，商品生产成本急剧下降以至于个人都可以进行生产，并且商品的销售成本急剧降低时，几乎任何以前看似需求极低的产品，只要有人卖，都会有人买。这些需求和销量不高的产品所占据的共同市场份额可以和主流产品的市场份额相比，甚至比主流产品的市场份额更大。“长尾理论”是商业文明时代传统卖方市场、大规模、标准化生产的稀缺型经济，向互联网文明时代买方市场、小规模、个性化定制的丰饶型经济转变后，出现的新的经济规则，是对传统“二八原则”的颠覆。在稀缺型经济时代，资源、产品、销售、消费都围绕20%的“大热门”进行，剩余80%的隐性需求受到文化、地域、成本的压抑，被忽略掉了；在丰饶型经济时代，除了大热门，剩余的80%“冷门”需求，借助互联网和平台技术手段，能够以几乎可以忽略不计的成本得到极大的满足，这部分市场就是“利基市场”。例如，王府井百货满足的是传统“二八原则”的大热门产品销售；淘宝网满足的是全国广大中小型卖家和低端买家的长尾需求。2013年11月11日，“双十一”这一天，天猫淘宝最终销售额达到350亿元，相当于王府井百货2013年三个季度销售额的2.4倍，相当于沃尔玛在中国半年的销售额，相当于国庆黄金周期间北京110家重点商企销售额的5.3倍，相当于广州9大商场销售额的46倍，相当于成都9大商场销售额的近116倍。这就是鲜活的“长尾理论”表现出巨大威力的商业案例，以如此具备戏剧性、颠覆性和冲击力的方式，表现了平台经济对传统“二八原则”的颠覆。

《未来是湿的——无组织的组织力量》指出，人类历史上第一次出现支持群体对话与群体行动的交流工具——互联网。以往，聚集一群人并使之行动，对资源有极高的要求，使得全世界范围内的群体努力都被置于一种制度的垄断之下。今天，全球分享与合作的工具终于交到个体公民的手中。原来的世界是工业时代被各种组织和纪律约束的“刚性”世界，随着互联网自组织、自媒体时代的发展，组织的界限变得模糊，人和人之间的“黏性”变得更大，相比工业时代机器带来的“冰冷”，互联网使世界变得更“湿润”。如何增强平台的“黏性”，使得平台的用户能够自我组织、自我生产、自我服务，是每个平台需要认真考虑的问题。在这方面，豆瓣网提供了没有美国版原型的中国原创性模式案例。

2.3　物流公共信息平台服务对象

2.3.1　目标市场

物流公共信息平台面向巨大的社会物流需求，其目标市场按服务范围，可以划分为全国性市场、区域性市场、园区性市场三类。按服务货物种类，可以划分为消费品类、大宗商品类、危险品类等。其中，消费品可以进一步细分为 3C 类、图书类、服装类、快消类、生鲜类等；大宗商品类可以进一步细分为钢铁类、煤炭类、石油化工类、农产品类、冷链类等。按运送物品的生产环节，又可分为原材料、半成品和成品；按物品的价值可分为低值物品和贵重物品；按物品的储藏性质可分为常规物品和易腐物品等。按服务行业，可以划分为仓储类、公路运输类、海运类、港口服务类等。

面对复杂的市场需求，物流公共信息平台只有明确了所服务的目标市场，形成明确的市场定位，才能确保可持续发展。一味追求大而全，不仅浪费平台资源，也很容易使平台因缺乏自身特色而遭淘汰。因此，平台在设计、建设、运营时应按照不同的分类方式进行精准化定位，如定位于大宗商品物流公共信息平台、危险品物流公共信息平台、港口物流公共信息平台或甩挂运输物流公共信息平台等。

物流公共信息平台所服务的区域范围、货物种类、服务行业确定后，还需要确定所服务用户主体的企业规模。通常，平台用户按企业规模又可分为大型企业、中型企业和小型企业。不同规模的企业，对平台的需求层次和需求重点是不同的。大中型企业更加注重平台对供应链的整体集成化服务能力和资源整合能力，能够应对复杂的供应链协同，优化整个供应链效率，降低物流成本。小型企业更加注重平台服务的便利性和经济性，投入尽量少的成本，获得尽可能多的功能和效益。因此，平台所服务的用户主体规模不同，平台的设计、建设和运营思路也存在很大不同。

当然，也可以根据平台的不同发展阶段，在建设初期，将主要力量集中在满足某一区域内的中小型制造企业、商业企业和提供相应运输服务的物流企业，为他们提供标准化的初级服务；经过一段时间的发展，平台积累了一定的经验后，继续开发针对复杂需求的大中型企业的服务项目，为其提供全方位的整体物流信息服务。

大中型生产制造和商业批发企业对物流服务的要求通常较高，个体货运人员和小型货运企业很难满足，因此较难找到合适的物流合作伙伴，客观上需要通过物流公共信息平台作为市场中介，为其提供所需的物流信息服务。大型物流企业由于实力雄厚、技术先进，对客户的物流需求规模和收益回报也存在较高要求，需要利用物流公共信息平台的市场优势，扩大企业影响力，扩展销售渠道，扩大销售规模和服务规模，从而获得较高的规模化效益。因此，为大中型物流企业、大中型生产制造和商业批发企业提供服务的物流公共信息平台，提高了自己的竞争门槛，在竞争中常处于比较有优势的地位。

与大中型物流企业相比，我国的中小第三方物流企业虽然规模小，但是数量巨大。将这些基数庞大的中小第三方物流企业聚集到一起，为他们提供优质的服务，能够使物流公共信息平台获得互联网“长尾理论”带来的经济效益，其总规模不小于甚至超越大中型物流企业的规模。中小企业所面对的最大困难就是信息不对称、渠道不畅通。物流信息的畅通流动，对提高物流运作效率至关重要。通过加入公开、公平、公正的第三方物流公共信息服务平台，中小企业可以打通信息渠道，获得多赢。而且中小企业机制灵活、反应迅速、容易接受新生事物，非常适合开展基于互联网的物流信息化业务。因此，利用互联网经济的“长尾理论”，开发中小物流企业服务市场，拓展他们的利润空间，并以此提高平台覆盖率，达到平台的规模效应，这也是很多物流公共信息平台建设运营的现实路径。

2.3.2 目标客户

物流公共信息平台的目标客户包括以下四类。

1. 行业监管类用户

行业监管类用户是指系统管理者及相关政府管理部门。其中，系统管理者的主要工作就是对平台的软硬件、客户等进行日常管理。相关政府管理部门主要管理和监督物流公共信息平台上的用户活动及用户交易，主要管理工作是通过平台发布物流行业数据、物流企业信息、物流需求信息收集统计、行业法律法规，以及根据收集到的数据对区域内物流进行分析预测，以便合理规划物流布局。相关政府管理部门主要的监督工作是记录物流公共信息平台上相关物流企业的纳税情况、违法记录和资产信誉等，以及通过平台进行征税等。

1)行业监管类用户需求的信息

作为行业的监督和管理部门，政府管理部门对物流公共信息平台信息服务的需求主要涉及物流业总体发展的宏观信息。信息服务内容的需求主要体现在以下四个方面。

(1)物流业发展总体概况。其主要包括物流业整体运作情况、物流市场的供给结构、不同规模企业市场份额、物流基础设施建设使用及分布情况、物流市场的发展瓶颈、政府出台的关于促进物流业发展的其他政策信息。

(2)物流活动要素的监管。其主要包括相关政府部门对企业的管理和许可信息，如交通主管部门对驾驶证、从业人员资格证、车辆营运证等要素信息的监管，工商部门对企业的营业执照、税务登记要素信息、海关的关税、物品通关单证等要素信息的监管。相关政府部门对这些物流要素进行监管，有助于提升自身的透明度。

(3)物流规划支持信息。其主要包括物流系统的统计、物流基础设施布局辅助分析、内外部物流资源整合、物流与经济发展的协调分析、物流系统发展预测及规划等。

(4)其他相关的基本数据。其主要包括物流市场的需求信息、货运量、物流成交额、仓储量等。

2)行业监管类用户提供的信息

由于部分政务信息的内容具有全社会共同所有的公共属性，政府管理部门作为物流市场的引导和监督者，有义务将影响物流交易活动和物流出行的相关信息通过信息平台向社会开放。一方面，将物流业相关法律法规、部门规章及地方性文件等信息资源通过信息平台向社会开放，有助于降低政府的管理成本，提高市场的透明度；另一方面，政府管理部门也需要通过信息平台掌握辖区物流业运行的总体情况，以提高对宏观物流市场的调控能力。

物流公共信息平台的电子政务系统信息来源主要基于政府相关部门，涉及物流企业、车辆船舶、从业人员和物流基础设施等政务信息。电子政务系统的主要职能在于通过平台整合政府相关部门掌握的信息资源，向相关部门提供权威政务信息，协助物流管理。对于整合资源的内容选择，应当以是否影响物流交易及物流服务过程为标准。如果政府某部门掌握的信息影响物流交易及物流服务过程，则此类资源应当纳入信息系统整合的范围，反之则不予整合。根据这一标准，我们可以将平台政务系统提供的信息分为两大类：一类是物流服务供需双方身份认证信息；另一类是政府公共服务职能相关信息。

(1)物流服务供需双方身份认证信息内容。在物流服务供需双方的比较中，由于需求方范围更广、资源整合难度更大，因此应该先完成物流服务需求方的身份认证。认证的内容主要包括物流服务需求方企业的经营执照、法人代表及身份认证等信息，以确保其唯一性。

对于物流服务供给方相关信息资源的整合，可以从物流企业的基本情况和信用评价两个方面来进行。物流企业的基本情况包括企业的法人代表及身份认证、经营资质、认证等级、经营范围、物流设施设备拥有量、人才结构等内容；而关于信用评价方面，则可以根据交通运输部的《道路运输企业质量信誉考核办法》，将企业在考核年度内的安全生产、经营行为、服务质量、管理水平和履行社会责任等方面进行综合评价。评价指标包括：经营行为指标，如经营违章率；服务质量指标，如社会投诉率；社会责任指标，如国家规费交纳情况、政府指令性运输任务完成情况等；运输安全指标，如交通责任事故率、违章次数等；企业管理指标，如质量信誉档案建立情况、企业运行情况、企业形象、科技设备应用情况、所获荣誉等。

(2)政府公共服务职能相关信息。其包括物流业相关的法律法规、行业标准规范、发展规划和物流出行服务相关信息。在出行信息服务内容方面，如何制定备选路径、选择最优路线，对于降低物流成本、节约运输时间十分重要。由于运输时间、地点、货物种类的差异，以及物流企业往往需要在全国范围内运输货物，因此需要综合考虑在途时间、行驶里程、通行费用等诸多问题，及时掌握这些信息才能优化选择，保证按时到达目的地。同时，驾驶员还需要实时获取运输路径沿途的气象、路况信息，以及停车场、加油站、维修站、宾馆饭店、救援机构等服务设施信息。

例如，公路运输相关信息包括公路基本信息、服务设施基本信息及附加信息等。其中，公路基本信息包括公路的等级、编号、起止点、途经城市、里程、主要技术指标(车道数、路面类型、限速、限高)及急救电话等；服务设施基本信息包括立交桥、隧道、桥梁、收费站、出入口、加油站、维修站、服务区、停车场等的名称和位置信息；附加信息包括动态路况信息查询，如交通气象服务、路况播报服务、路况电子地图服务等。

2. 物流服务提供方用户

物流相关企业作为物流服务的供给方，主要包括物流企业和物流节点经营者。其中，物流企业包括储运公司、专业运输公司、仓储企业、港口企业、货代公司等；物流节点经营者主要是指物流中心、物流基地、货运站场、配送中心、铁路站场、航空港等物流服务经营者。

物流服务提供商用户主要关注的是物流服务的需求情况、物流基础设施配套情况、物流相关的政策法规及物流标准等。在平台的运用中，物流服务提供商希望从平台获取有用的信息，使企业本身能持续运营下去。物流服务提供商所需的信息主要包括物流市场需求信息、物流基础设施信息、物流咨询服务信息及其他信息等。

(1)物流市场需求信息包括对物流服务的内容和质量的具体要求，以及物流服务招投标信息。

(2)物流基础设施信息包括交通运输网络信息、物流节点网络信息等。

(3)物流咨询服务信息包括物流行业相关的法律法规、标准规范、地方性文件、发展规划及货运价格指数等。

(4)其他信息包括交通气象信息、维修站信息、检验检疫信息、路况信息、休息区信息等。

3. 物流服务需求方用户

物流服务需求方的范围较广，包括生产企业、贸易企业、货代公司、少量的个人用户等。为了生产经营或者生活消费需要，物流服务需求方用户通过物流公共信息平台获取相关信息，能够有效降低物流交易成本。

物流服务需求方用户希望物流公共信息平台能透明地提供物流服务商的各种信息，包括物流公司的资质、信誉、主要运力情况、运输价格、服务水平、网点分布等，并能通过平台实时查询货物运输信息，从而通过对以上各种信息的查询，选择自己满意的物流服务供应商来完成物流服务。

物流服务需求方用户对物流公共信息平台提供的信息需求可概括为物流服务供应商的基本资料、业务相关信息及其他增值服务等，具体包括以下几个方面。

(1)相关物流企业的基本信息。其主要包括物流企业资质认证、信用水平、业务水平及价格等基本信息。

(2)法律和业务咨询信息。其主要包括相关法律法规、物流知识、政策指导、物流合同公证、执行跟踪、违约赔偿及事后处理。

(3)车辆和货物信息查询及其他增值服务信息等。

4. 物流服务支持方用户

物流服务支持方用户主要包括政府相关部门、金融保险部门及科研院所等。政府相关部门通过收集物流行业的第一手资料，来分析行业走势、预测行业未来走向并结合现实经济水平制定政策法规；金融保险部门为物流公共信息平台的物流供需用户提供相应的支持性服务来确保物流业的健康发展，包括物流金融、网上贷款、网上保险等服务；科研院所通过对平台相关物流用户或者区域内整体物流运行水平进行分析研究，为物流业的健康发展提出建设性的意见和建议，提高物流业的运行水平。

物流服务支持方为物流业务提供支持，其需求信息可以概括为物流服务支持方基础信息和其他增值服务信息等。从各个支持主体来看，不同的服务支持用户提供物流业务相关的方方面面的信息。银行作为融资主体，主要提供业务中资金交易信息及融资信息等；证券公司主要提供股票市场信息；保险公司提供货物保险信息；外汇部门提供利率波动信息；科研院校则通过最新的科研成果为物流服务提供先进的理念及物流技术等；媒体和法律部门提供行业信息及物流服务相关的法律信息等。

在上述的四种物流公共信息平台用户中，行业监管类用户和物流服务支持方用户的作用是保障平台能够正常稳定运营，是物流公共信息平台各项功能提供的维护方，真正使用物流公共信息平台各种功能的是物流服务的供需双方。在物流公共信息平台的实际运营中，其潜在用户的类型、产品种类、规模大小及业务范围等都存在差别，物流公共信息平台想要为全部用户提供全部的服务是不现实的，也是不经济的。因此，物流公共信息平台在选择其消费者目标群体时，应根据物流公共信息平台所服务的区域范围、拥有的内部资源、竞争对手的核心能力，选择合适的细分市场，这是比较经济可行的方法。

通过以上的分析可以总结出，物流公共信息平台的不同用户具有不同的信息需求，只有清晰地识别出各个用户的信息需求才能充分发挥物流公共信息平台的功能。我们将这些信息汇总，如表 2-1 所示。

表 2-1 物流公共信息平台需求供给信息汇总

用户		信息需求	提供信息
政府职能部门	交通部门		法律法规、交通建设
	交管部门		交通管理信息
	工商行政部门		法律法规
	税务部门		税务管理
	商贸部门		贸易信息、诚信信息
	海关部门		电子通关
	检验检疫部门		检验检疫法规、管理
	统计部门		各类物流统计信息
港口机场、货运站、物流中心		可用载运工具	集装箱信息(种类、数量)
		货物信息	码头/机场现场监控
		联运货物信息	危险货物信息
		各运输公司运载工具到达信息	运载工具到达信息
			自身堆场、仓库管理信息
货主企业		可用车、船信息	货物信息
		载运工具到达信息	
		交通状况信息	
		堆场、仓库内货物信息	
		载运工具上货物信息	
		托运价格	
		仓储信息、价格(非托运)	
		运输单证信息	
		市场、行业统计信息	
		各类法律法规、政策	
		金融信息	
		天气状况	

续表

用户		信息需求	提供信息
物流企业	运输公司	托运货物信息	可用运载工具信息
		集装箱信息	托运价格
		实时货物信息	运输单证信息
		交通路况信息	
		电子报关	
		市场、行业统计信息	
		各类法律法规、政策	
		金融信息	
		天气状况	
	仓储企业	货源信息	保管货物信息
		市场、行业统计信息	仓储价格、仓库信息
		各类法律法规、政策	仓库现场监控
		金融信息	作业设备信息
货代公司		运载工具信息	货主信息
		货主信息	价格信息
		实时货物信息	
		电子报关	
		市场、行业统计信息	
		各类法律法规、政策	
		金融信息	
		天气状况	
金融机构	银行		交易信息记录、信用证信息、转账记录
	保险		货物托运保险
	证券		股票信息
	外汇		外汇牌价
其他	法律部门		法律援助信息
	媒体		物流行业信息

2.4 物流公共信息平台服务内容

2.4.1 服务产品

物流公共信息平台的服务产品包括信息服务、数据交换、运力交易、货物跟踪、云物流(SaaS 服务)、物流金融、运价指数交易、货运人社区及其他服务，分别对应八种主要的物流公共信息平台商业模式。

2.4.2 服务功能

物流公共信息平台的价值主要体现在为不同层次的参与者提供的各种服务上，物流公共信息平台的每种服务产品由具体的服务功能组成，具体描述如下。

1. 信息服务

信息服务平台连接了物流公共信息平台应用范围内的相关物流企业、生产企业、贸易企业、政府管理部门及政府职能部门的信息系统，是区域内物流信息资源集中汇集和处理的中心，也是区域内外了解本区域物流资源的窗口。信息服务功能包括信息采集、信息发布、信息查询、增值信息服务等。

(1)信息发布功能。不同层次的平台参与者可以根据自己的权限在不同栏目内发布相关信息，可以发布政府和企业公用的信息以支持政府和企业、企业和企业及政府部门间的沟通协调。公用信息主要包括物流公共基础设施信息、物流供求信息、企业资源信息及物流行业信息等，如表 2-2 所示。

表 2-2 物流公共信息平台信息分类

项目	信息类别	信息内容
物流公共基础设施信息	公路货运信息	车辆信息、货运单价、车辆租用、道路收费等信息
	铁路信息	车次、线路、标准运价、运输里程、车站货场等信息
	港口航运信息	航班、航线、集装箱标准运价、港口堆场与仓储等信息
	航空信息	航班、航线、标准运价、机场货场等信息
	仓储设施信息	仓储地区、面积、类别、标准单价、保税仓储等信息
	多式联运信息	智能多式联线路建议方案、智能报价等信息
物流供求信息	市场需求信息	运输、仓储、加工、装卸搬运等物流功能需求，第三方物流服务需求，客户物流系统和网络发展规划设计需求，物流代理与发包需求等信息
	市场供应信息	运输、仓储、配送、货代、报关、流通加工等功能物流服务，以及综合物流服务、物流系统规划、设计服务等供应信息
企业资源信息	物流企业资源	物流企业名录、企业基本信息、物流服务范围及特色服务、物流资源及规模功能、企业资信、物流服务报价等信息
	工商企业资源	物流市场动态、物流行业新闻等信息
物流行业信息	行业政策法规信息	政府对物流行业的政策，对物流基础设施如铁路、公路、航港、物流园区等的政策，物流行业标准及法律法规信息，以及国外引导物流产业发展的最新信息等
	行业人才供求信息	物流及相关专业人才供需信息

续表

项目	信息类别	信息内容
其他相关信息	环境、气象、路况信息	交通流、交通路线、布局(如城市/区域地图、公路布局图、铁路运行图、海运航线布局图、空运港线图等)
	政府职能部门信息	与物流业务有关的政府机构设置、办事程序等信息

(2)信息查询功能。信息服务平台汇集了物流活动相关的宏观和微观信息，信息量大，涉及面广，所以信息服务平台应该提供方便的查询功能让用户快速地查找、定位到所需的信息。

(3)增值信息服务。信息服务平台除了提供基本的信息发布和信息查询服务外，还可以为物流企业和公众提供其他增值信息服务，如企业宣传、市场调研、行业数据分析、广告业务、物流培训教育与咨询、行业联盟等。

2. 数据交换

数据交换是物流公共信息平台的核心功能之一，数据交换功能包括数据传输、数据翻译、数据转换、数据导入和数据导出等。数据交换平台实现对物流过程中的电子单证等电子数据的翻译、转换和通信，包括仓储、运输等物流作业环节的业务单证，网上报关、报检、许可证申请、结算、缴税、退税、客户与商家的业务往来等。所有需要传递数据的单位都与物流公共信息平台相连，需要传输的单证信息首先传递到物流公共信息平台，其次由物流公共信息平台根据电子单证中的接收方式转发到相应单位，接收单位将收到的电子单证信息经转换后送到内部系统处理。数据交换平台通过 EDI 系统及其接口应用技术或者基于互联网的数据交换技术，实现物流企业、货主企业，以及相关部门如金融、工商、税务、保险等不同性质和不同格式信息系统的数据传输和数据交换。

物流公共信息平台汇集了众多政府部门、物流企业及其他行业等信息系统的各类信息，也就是说物流公共信息平台的数据来源于相关政府部门的信息系统、相关企业物流信息系统、相关行业物流信息系统，以及其他区域物流公共信息平台。这些单位的信息系统往往是在不同时期采用不同的技术进行搭建的，所以在数据格式和系统结构上不尽相同。因此，物流公共信息平台就需要解决这些异构系统之间的数据交换和信息共享问题。数据交换平台需要提供物流公共信息平台中公共数据的采集、处理、存储、传输，以及不同用户之间数据交换的格式转换、规范化等功能。

各个部门的数据在向物流公共信息平台进行传输时，首先通过数据交换平台将这些相互不兼容的数据进行标准化、规范化处理，其次对这些数据按照不同的属性进行储存。常见的数据分类法是按照不同类型的数据库进行分类，如可以分为物流政策法规标准数据库、物流企业数据库、综合物流与区域经济数据库、公共物流设施数据库、物流活动数据库等。

上面这一环节只是解决了不同物流公共信息平台和各个物流信息系统之间的数据传输和储存问题，物流公共信息平台另一个重要的功能是提供异构系统和异构数据格式之间的数据转换和交换功能，实现区域内不同的物流信息系统之间的跨平台连接和交互，以解决不同地域、不同通信协议、不同数据库系统、不同数据格式之间的数据交换和传输问题。

互联网技术、可扩展标记语言(extensible markup language，XML)和Java的跨平台设计等技术的出现，为物流公共信息平台的数据交换功能提供了重要的技术保障。在具体的物流资源流程中产生的相关物流数据，首先在数据交换平台中加以标准化定义，其次转换为XML格式，最后根据接收方信息系统的数据格式进行格式转换。在此期间，用户无需理会具体的细节，因为数据交换平台能够根据历史记录，自动识别接收方信息系统使用的数据格式，并进行相应的格式转化，这样就解决了异构系统之间的数据交换和传输问题。

数据交换平台集物流信息系统中所有公用信息的采集、加工、中转、发送，以及不同用户之间信息交换的数据规范、格式转换等功能于一体，从而实现物流电子商务中交易双方的无缝对接，为物流企业提供信息系统支持服务，以及与其他物流公共信息平台的连接和数据交换。其中，信息安全基础设施和认证系统是数据交换中心可信、安全运行的保障系统，协议标准转换是平台技术服务能力的重要度量指标。具体来说，数据交换平台主要包括以下几项功能。

(1)数据格式转换功能。其是指通过数据规范化定义，支持各类不同格式和系统之间数据的转换与传输，实现各常见数据库、Web数据、文本、声音、图像等多种格式之间的自定义相互转换。

(2)物流电子商务无缝对接功能。该功能是指在交易双方进行询价报价、网上磋商、订单签订等活动中，传输和转换数据，并确保交换数据的可读性、可靠性和安全性。

(3)信息系统支持服务功能。作为云物流服务平台，通过采取完全托管或者部分托管的方式，实现物流应用的SaaS服务，并与物流企业的信息系统实现信息对接。

(4)物流公共信息平台之间的连接和数据交换功能。通过数据交换平台的网络互连和数据转换功能，建立与其他城市和地区物流公共信息平台的系统互联与信息共享。

3. 运力交易

运力交易平台主要支持物流系统参与各方的在线物流交易处理，主要功能包括在线交易、订单管理、订单追踪、电子订舱、合同管理、在线支付与结算、网上自助服务功能及安全认证支持功能。

(1)在线交易功能。运力交易平台为供需双方提供一个虚拟交易市场，双方可发布和查询供需信息，可通过即时聊天工具与自己感兴趣信息的发布者进行进一步洽谈。运力交易平台为买卖双方提供公开竞价、自由竞价及交易撮合的环境，包括询价议价功能、交易撮合功能、网上订单功能及电子签约功能等。

(2)订单管理功能。运力交易平台为每个参与交易的用户提供订单的生成、查询、修改、删除及评价等管理功能。

(3)订单追踪功能。运力交易平台为每个参与交易的用户提供订单追踪功能，实现跟踪订单各个环节的执行情况。

(4)电子订舱功能。用户企业根据运力交易平台规定的内容和格式，填写相关的货物订舱信息，包括货物描述、集装箱信息、航线信息及联系方式等，再将这些信息提交给运力交易平台，运力交易平台将这些信息整合后发给相关的船运公司，从而完成订舱服务。

(5)合同管理功能。运力交易平台为交易双方提供完善的合同管理功能，包括运费的询价议价、运费标准管理、合同谈判、合同签订、合同执行及合同反馈等。

(6)在线支付与结算功能。运力交易平台与银行、第三方支付等金融机构的系统连接，为交易双方提供第三方担保的在线支付与结算功能，实现类似支付宝一样的在线交易。

(7)网上自助服务功能。运力交易平台通过与海关、税务、检验检疫、保险等部门信息系统的互联，为平台的参与者提供如网上报关、网上通关、网上报税交税及网上保险等服务功能。

(8)安全认证支持功能。运力交易平台在双方完成交易时，利用数字安全证书等技术，对双方进行资质审查及身份确认，确保交易者及其信息的不可抵赖性和唯一性，以保障交易双方的利益，实现公平安全的交易过程。安全认证支持功能可通过与平台所处的区域 CA 认证中心或全国性 CA 认证中心的互联来实现。

4. 货物跟踪

随着互联网、移动通信技术的发展，GPS、GIS、GSM 及其替代技术 3G、4G 等技术得到广泛应用，物流企业和客户可以利用这些技术，通过局域网或互联网实时跟踪货物及运输车辆的状况，从而为物流企业的高效率管理及高质量的服务提供技术支持。货物跟踪平台的主要功能就是通过采用 GPS 对货物的状态和位置进行跟踪，并将相应的状态和位置数据存放在数据库中，用户可以通过呼叫中心或 Web 站点获得跟踪信息。

货物跟踪功能要求实时获取车辆和货物的动态信息，以 GPS 为信息采集手段，以 GSM、3G、4G 为通信手段，以 GIS 为信息表达手段，应用大数据技术对资源配置进行优化，对货物运输过程进行全程跟踪，以提高货物运输的安全性，提高运输效率和服务水平。

货物运输信息主要包括货物品种、货物数量、货物在途情况、交货日期、发货地和目的地、货主信息、送货车辆及人员信息等。货物跟踪平台将业务流程中的这些信息进行有效的组织，以支持用户对货物进行实时跟踪查询。为了实现货物跟踪和实时监控功能，一方面需要平台建立综合定期服务系统，对车辆和货物进行跟踪并收集相关信息，另一方面需要将采集的信息与货物跟踪平台进行实时交互。

货物跟踪平台的主要功能包括车辆基础数据管理、车辆状态控制、车辆定位查询等。

(1)车辆基础数据管理主要对挂靠平台车辆的基础数据进行统一定义和管理，以规范各类作业车辆的数据。车辆基础数据包括车型、长宽高、载重量、车辆状态、使用年限、其他参数等，通过对这些数据的采集和集中管理维护，完成对车辆资源的集中管理。

(2)车辆状态控制是指货物跟踪平台通过 GPS 设备对车辆运输信息和货物实时信息进行采集，将采集到的信息传输到平台中，以实现对车辆和货物的实时跟踪查询。对车辆和货物进行有效实时的掌控，有助于对作业流程的及时安排。运用 3G、4G 技术，可以实现对所有车辆的车速、停车、行程、路线、违章及油量等状态的实时监控。

(3)车辆定位查询是指货物跟踪平台可以根据多种条件的查询定位到车辆或者车辆群。可以按车查询、按状态查询，以实现对车辆资源状态的实时掌控，完成对车辆和货物的有限监控。

5. 云物流(SaaS 服务)

云物流即 SaaS 服务平台，也称应用托管平台，主要为中小物流企业的物流应用提供软硬件设施租赁服务，实现行业的应用托管。目前，很多中小型企业缺乏资金、人才等资源，无法自建和维护企业内部的物流信息系统，因此云物流提供商为中小型企业提供的租赁服务可以解决中小型企业的困境。通过应用托管平台，中小型物流企业可以较便捷地使用所需的、功能齐全的物流管理信息系统，以实现企业日常管理的信息化和物流相关作业管理的信息化，如仓储、运输、财务、客户管理、车辆管理等。云物流平台提供的主要功能包括以下几个方面。

(1)应用系统托管服务。其包括采购、运输、配送、仓储、加工、报关、货代、调度、结算等功能。支持物流企业以较低的成本外包其物流信息系统，这些信息系统包括互联网物流信息门户、物流管理信息系统、运输管理信息系统、仓库管理信息系统、企业资源计划(enterprise resource planning，ERP)系统、客户关系管理(customer relationship management，CRM)系统、进销存管理系统、办公自动化系统、GPS。

(2)互联网服务提供商(Internet service provider，ISP)服务。其包括为物流企业提供域名申请、虚拟主机、宽带连接、主机托管、网站建设与维护等服务。

(3)企业建站服务。其是指为物流企业提供网页个性化制作服务，包括行业新闻、市场动态、相关政策法规、友情链接、企业论坛、培训教育、企业名录及基础资源信息等。

云物流平台在提供服务时采用集中管理的软硬件设施和统一标准的物流应用模块，为物流企业提供物流应用的托管、租赁、部署、管理及访问等服务，使得物流企业不用再去管理软硬件平台，只需要与 SaaS 服务器进行连接就可以使用所需的软硬件，而把运行管理、数据备份、软硬件升级换代等操作交由 SaaS 服务商来处理。云物流平台作为物流公共信息平台的增值服务平台，是中小型物流企业信息化的新型运营模式，以标准化、集中式和一对多式的服务带来规模化和经济可行的物流信息化应用，弥补了中小型物流企业信息化中人才和资金方面的不足。

6. 物流金融

物流金融平台以物流活动中的物流金融或供应链金融业务为主要服务内容，为广大中小型企业提供物流金融服务。

(1)金融服务功能。在相关法律法规建立以及网络安全技术进一步完善后，物流信息平台可实现相关金融服务，提供供应链融资的全流程管理，包括贷前审核、贷款、还贷、对账等。物流金融平台模式包括在线仓单融资、在线订单融资、在线商业保理、在线物流保险等融资模式。

(2)物流企业信用服务。其包括物流企业信用评价评级，企业诚信记录，对企业用户证照核查，对司机用户身份证、驾驶证、运营证和行驶证的核查，以及建立物流企业征信平台。

7. 运价指数交易

运价指数交易平台是以物流运价指数为交易标的，提供运价指数在线交易服务。例如，上海航运运价交易平台为船公司、货主、货代、无船承运人、贸易商和投资人等进行航运运价交易活动提供服务，并开展出口集装箱、中国沿海干散货、国际远洋干散货等航运运价衍生品交易。

8. 货运人社区

货运人社区平台以社交网络的方式提供货运人的社交网络服务。货运人加入社区后，可以增加生意好友，建立生意圈子，添加“我的车队”、“我的专线”，以及查看货运信息。

(1)会员服务功能，为注册会员提供个性化的服务，主要包括会员单证管理、会员的货物状态、位置跟踪、交易跟踪、交易统计和会员资信评估等。

(2)社区管理，为社区成员提供管理服务，主要包括公告栏、招聘栏、提醒、邮箱等。通过信息发布服务和公告板功能，可以获取水陆运输价格、新闻和公告、政务指南、货源和运力、航班船期、空车配载、铁路车次、适箱货源、联盟会员、职业培训、政策法规等信息。

(3)圈子管理，建立生意圈子，添加“我的车队”、“我的专线”，查看货运信息。

9. 其他服务

(1)目录管理。目录管理是为了确保贸易团体之间的高度连通性，满足买卖双方灵活多变的业务需求，实现快速的应用与调节现有供应商的基础结构。其中，目录引擎能够为物流服务采购应用提供尽可能多样的目录，并提供基于市场集市的目录集合和搜索服务。目录精炼则可以向有需要的客户提供目录工厂方案功能。该方案能够迅速建立集合的目录并向客户提供单一的信息来源。而多样的数据源如目录、文档、等级表能组合在一起，从而提供唯一的、内容丰富的目录。

(2)整合呼叫中心功能。利用通信网和计算机网的多项功能集成，并与物流公共信息平台连为一体，形成一个完整的综合信息服务系统，有效地为客户提供高质量、高效率、全方位的服务。整合呼叫中心功能为平台内外部用户的管理、服务、调度、增值起到重要的统一协调作用。

(3)决策分析功能。其是指通过建立物流业务的数学模型和对已有数据的分析，帮助管理人员鉴别、评估和比较物流战略和策略上的可选方案。

(4)智能配送功能。其是指利用物流中心的运输资源、商家的供货信息和消费者的购物信息进行最优配送，从而使配送的成本最低。

(5)其他增值服务，如政府行业管理和服务、支付结算、物流保险、担保业务、进出口报关报检业务。

2.4.3 服务流程

物流公共信息平台提供多种服务产品和功能。不同的服务产品、不同的服务功能存在不同的服务流程，如用户注册流程、信息服务流程、运力交易流程、货物跟踪业务流程、仓储业务流程、运输业务流程、物流金融融资业务流程、社区圈子服务流程等。

下面以运力交易流程为例，介绍物流公共信息平台在运力交易功能方面的服务流程。首先需要了解我国的公路货运物流生态体系和宏观业务流程，如图 2-5 所示。

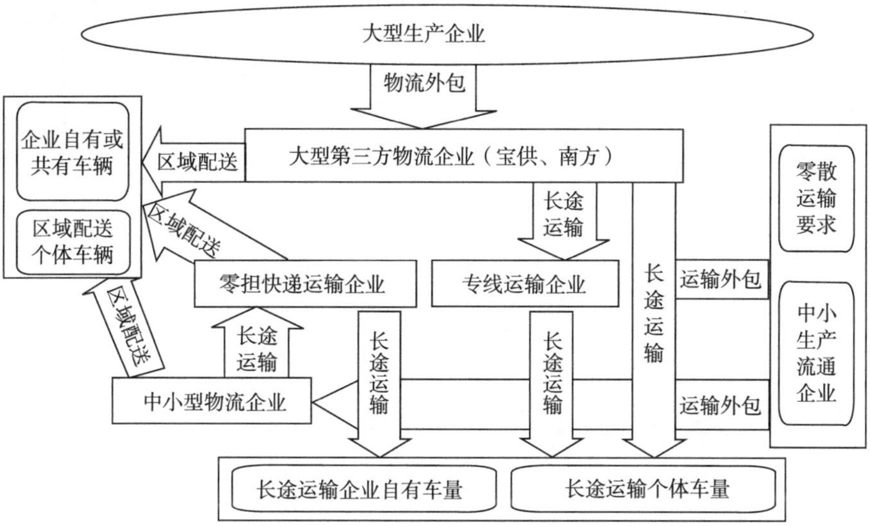

图 2-5　公路货运物流生态体系

其次，需要明确公路货运服务链，如图 2-6 所示。

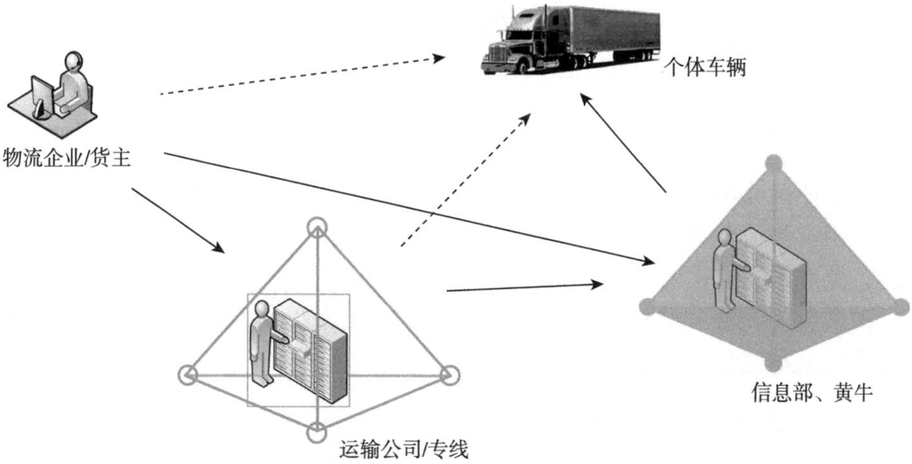

图 2-6　公路货运服务链

注：实线是传统的公路货运服务链，虚线是物流公共信息平台优化后的公路货物服务链

在此基础上，能够梳理出公路货运运力交易流程，如图 2-7 所示。

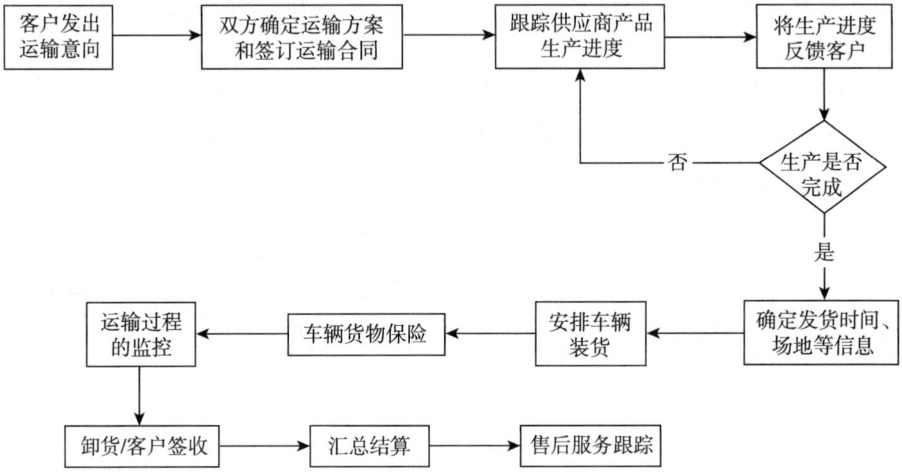

图 2-7 公路货运运力交易流程

2.5 物流公共信息平台盈利模式

2.5.1 运营模式

物流公共信息平台的运营模式主要考虑的是政府和市场在平台建设管理运营的过程中扮演怎样的角色和发挥怎样的作用。物流公共信息平台运营模式一般可分为四种，即政府独资运营型、政府控股委托运营型、社会资本控股运营型和社会资本独资运营型。

1. 政府独资运营型

在这种运营模式下，政府承担着物流公共信息平台所有建设、管理运营的投资费用，物流公共信息平台此时作为一种非营利性机构向全社会提供各种基础性、免费的物流信息。而物流公共信息平台建好后，政府部门或其下属的管理机构来负责物流公共信息平台的日常运营、数据更新、维护及管理等工作，政府部门是物流信息平台的管理主体。

2. 政府控股委托运营型

政府控股委托运营的模式与政府独资运营的模式不同，其运营费用由政府提供的公益性补贴，以及利用市场运作手段通过营利性组织或个人提供增值服务而获得的收益组成。该类型的物流公共信息平台，前期的建设和管理主要由政府承担，待物流公共信息平台发展日益成熟、服务模式日益完善、具备持续运营能力后，再由政府将物流公共信息平台的管理权转移给具有资质和技术能力的企业来运作。在这种模式下，该企业负责物流公共信息平台的日常管理运营，其性质仍是公益性为主、营利性为辅的物流公共信息平台。

3. 社会资本控股运营型

政府在社会资本控股运营型的物流公共信息平台建设过程起到引导社会资金投资的作用，只对平台建设提供指导性的意见，并不直接参与平台的建设、管理运营和服务过程，而平台建设和运营的资金主要依赖市场来筹集。在建设初期，政府部门通过强有力的协调和精心地组织，将有直接收益的物流应用系统项目与平台建设项目捆绑在一起，选择或者成立需求迫切、具备相应资质和技术能力的企业或者企业联盟，担任捆绑项目的建设主体。捆绑项目建设融资时应当充分考虑物流应用系统项目的性质，采用以社会融资为主、政府投资为辅的投融资方式，以物流应用系统项目的收益，带动和支持平台的前期建设。在物流公共信息平台逐渐步入正轨后，仍由该企业或企业联盟担任项目的管理运营主体，负责平台的日常运行、维护、数据的更新、管理，以及后续的功能完善工作。此时的运营经费主要由平台通过信息服务所获得的收入和其他收入自行承担。类似地，其日常运营管理所需费用也主要由两部分组成，即物流应用系统项目收益及提供增值服务所获得的收益。

4. 社会资本独资运营型

在此运营模式中，企业作为物流公共信息平台建设和管理运营的主体，承担信息平台所有的建设投资和管理运营的费用。平台建成后，企业也仍然为管理和运营的主体，负责平台的日常运行、维护、数据更新和管理等工作。这种类型的物流公共信息平台是一种营利性机构，通过向社会公众提供有偿的信息服务来实现盈利的。

四种运营模式的特点及其各自的优缺点如表 2-3 所示。

表 2-3　物流公共信息平台运营模式对比表

类型	特点	优点	缺点
政府独资运营型	政府独资、规划建设、管理运营，产权属于政府	协调成本低、建设速度快、高权威性、高公益性	由于没有市场化运作，建设、管理运营费用高，人员成本负担重，服务质量容易打折扣
政府控股委托运营型	政府控股社会资本参股，政府规划建设，委托企业管理运营，产权属于政府	协调成本低、管理运营效率较高	建设、管理运营费用高，企业不具有所有权，企业管理运营积极性得不到充分发挥

续表

类型	特点	优点	缺点
社会资本控股运营型	社会资本控股，政府参股，政府规划建设，委托企业管理运营，产权属于企业	协调成本低，管理运营效率较高，由于企业拥有所有权能进行市场化运作，服务质量较高	权威性低，企业追求商业利益可能降低物流信息化服务的公正性
社会资本独资运营型	按照政府政策方向，企业规划建设、管理运营，产权属于企业	政府不需要介入规划及管理运营，无需投入人员成本和建设资金，服务质量因市场化运作而较高	不具备权威性，企业追求商业利益可能降低物流信息化服务的公正性

2.5.2 收入模式

目前来看，我国现有的物流公共信息平台主要有以下几种收入模式。

1. 会员制模式

会员制模式是我国市场上的主要模式，也是物流公共信息平台的一种比较主要的收入渠道。物流公共信息平台主要通过吸纳会员并向会员收取一定的会费来获得收入，同时物流公共信息平台允许会员使用特定的平台功能，并向会员提供车货信息、物流服务招投标信息等信息撮合交易服务或者增值服务等多种服务。

目前使用这种模式的有亚之桥、华夏交通在线、京联物流、美国的Getloaded等。这种模式尽管应用普遍，但是也存在很大的问题。一方面，物流公共信息平台与现有市场无法完全匹配，难以吸引充足的会员，没有充足的车源、货源，同时用户忠诚度不高，流失现象严重。另一方面，物流公共信息平台不能保证企业的资质、信誉，难以对物流服务过程中的服务水平进行有效监督，为会员提供的信息质量也难以保证。

2. 广告推广收入模式

在广告推广收入模式下，物流公共信息平台的门户网站通过广告招商，在有价值位置投放企业广告，根据物流公共信息平台的日常访问流量、广告投放位置、广告投放时间制定不同的价格，向有意愿客户推广销售。目前，很多政府的物流公共信息平台就是采用此种方式来推动物流公共信息平台的发展。这类模式盈利的关键在于平台的知名度。如果知名度低就会导致平台日常访问量低，能够吸引的广告商和获得的广告收入也就难以维持平台的日常运营。尽管一些大规模的知名平台日访问量也相当高，但是仅仅靠广告收入来维持平台的运营压力也很大，因此对于广告增值型的模式，往往需要结合招商引资等方式来缓解政府型物流公共信息平台筹建信息平台的压力。

3. 软件租赁收入模式

软件租赁收入模式，即信息融合＋软件服务的模式。这种模式是通过向用户提供信息促进交易服务，向其中部分交易收取一定的中介费用，同时通过向用户提供多种软件的租赁也可以获得部分收入。这种模式对于部分交易免收交易费用，并且采用软件租赁的方式也能降低企业的费用，因此比较适合中小企业。美国的 TransCore 公司就是这一模式的典型代表，而在我国，也有很多物流公共信息平台借鉴了这一模式，如易通物流信息平台。

软件租赁收入模式是一种会员制和软件租赁制相结合的模式，对用户采用会员分级管理，提供相应的服务。对于免费的物流软件供用户向其提供免费的订单管理、运输管理、仓储管理、货代管理、配送管理等信息服务，对于需要的企业提供租赁软件的服务，可以增加平台用户数量，提高平台收入。

物流公共信息平台通过自身的资源优势，联合第三方软件开发企业提供软件租赁业务来实现收入。这种盈利方式虽然能够通过软件租赁增加平台的整体效应，为平台创造价值，但是由于中小企业规模小，需求多样化，差异化程度高，因此使软件的开发和维护面临很大的挑战，增加了平台开发、升级、维护的费用，专业的技术和管理人员的需求也会增加平台的运营成本。

4. 交易费用模式

交易费用模式在国外应用比较普遍，如美国的 Landstar，其主要针对钢铁、建材等大宗商品的运输服务，对其促成的每笔交易收取相当数额的费用，其每年的盈利达到 5 000 万美元。物流公共信息平台通过提供物流信息，撮合供需双方交易，并对每笔交易收取一定的费用来实现营收。但是就中国市场发展情况来看，国内物流公共信息平台仅仅做到了信息交换，离实现真正的在线交易还有一定的距离。现阶段，物流公共信息平台虽然能够收取交易费用，但是也需要承担一定的风险，并且目前的物流公共信息平台作为信息中介难以保证货物的安全性、运输的时效性等服务质量，因此，对于大宗商品交易来说，企业仍然倾向于付出更高的成本选择合适的物流企业来执行运输和仓储，而往往不依赖物流公共信息平台进行招标。然而通过信息交换促成交易，收取交易费用是物流公共信息平台走向盈利的关键，这种模式需要完善的社会信用体系作为支撑，只有市场诚信环境完善后，物流公共信息平台才能真正实现线上交易，充分发挥信息中介的作用。

5. 其他服务佣金模式

除了上述四种收入模式外，物流公共信息平台所提供的其他服务也往往以服务佣金的方式收取费用，构成其主要的收入来源。

2.5.3 效益分析

物流公共信息平台的社会效益和经济效益的产生和影响具有以下特点。

(1)广泛性。物流公共信息平台涉及区域内的各个层次、各种规模的企业及政府相关部门，物流公共信息平台建设所带来的经济效益广泛产生于整个区域内的企业。

(2)间接性和转移性。物流公共信息平台主要是通过对物流管理活动的支持来间接取得经济效益的，不像其他工程项目一样可直接体现经济效益，这就是间接性；同时，平台的投资主体是政府，但其效益却产生于区域内的生产和流通领域，这就是转移性。

(3)相关性。由于物流公共信息平台具有间接性和转移性的特点，该平台的经济效益一般都包含在区域内相关企业的效益中，也就是包含在整个区域经济增长中，它与其他因素，如技术创新或新的管理措施等所产生的经济效益有密切的联系，难以把该平台所产生的经济效益从中区别和分离出来。

(4)递进性和迟效性。物流公共信息平台往往是逐步建设、发展和成熟的，因此该平台的经济效益也将在一个较长时期内逐步显现，形成一个递进过程；此外，平台投入运行，需要全体有关人员的熟悉和适应，其经济效益在一段时间的试运行后才能逐步显现，这就是迟效性。

(5)无形性和难以估价。物流公共信息平台中很大一部分是无形效益，如经营决策水平的提高、市场竞争能力的增强等，这部分效益虽然客观存在，但难以通过货币价值直接度量和估计。

(6)不确定性。物流公共信息平台是由人和机器共同构成的复杂系统，它的建设、管理和维护都与人的因素密切相关。该平台运行的好坏不仅取决于自身性能是否良好，还与相关企业、政府相关部门的重视程度高低，以及平台使用和维护部门管理人员是否有较好的业务能力直接相关，这些因素都会导致物流公共信息平台效益的不确定性。

1. 社会效益分析

建设物流公共信息平台，将大力推进信息技术在物流领域的应用，提高物流效率，降低物流成本，提高物流信息化水平，推动经济增长和社会进步。

(1)降低物流交易费用。物流公共信息平台的应用可以减少人工信息处理的工作量，提高工作效率，从而精简人员，减少人工费用；同时，无纸化办公可以快速、准确查询，以及节省办公耗材的费用和管理数据材料的费用；使用远程管理、数据交换大大节省了差旅费用。

(2)提高整个区域库存的周转率，提高整个区域物流相关资金的利用率。物流公共信息平台的使用可以使相关企业在运输和仓储过程中节省对于运输工具和存储场所选择的时间，从而提高企业及整个区域库存的周转率，提高资金的使用效率。由于该平台的使用能够缩短企业在物流运作中的时间，因此，相关企业在库存管理中可以减少安全库存量、减少短缺货所造成的损失。

(3)加快整个区域经济周转量，提升区域经济运作质量。由于区域内物流运行的效果直接影响到区域经济周转的效果，且物流公共信息平台的使用可以使区域内企业在物流相关信息的查询、处理和使用中的效率更高，因此，物流信息平台能够提高整个区域物流流动的速度，加快整个区域的经济周转量。

(4)避免重复投资，提高物流公共信息平台的使用效率。由政府出面建立物流公共信息平台，能够有效整合既有资源，避免重复投资，提高物流公共信息平台的权威性和规模效益。

(5)促进国民经济增长，增强区域综合竞争力。物流公共信息平台的建设将增强物流业对国民经济的基础性、战略性作用，使之成为国家和区域现代服务业发展的重要突破口、国民经济新的增长点和增强创新优势的重要支撑；物流信息化的发展将促进物流产业的现代化，增强国家和区域的综合竞争力。

2. 经济效益分析

通过计算物流公共信息平台建设和运营的成本、收入和利润，以及计算平台的盈亏平衡点和投入产出比，分析平台所产生的经济价值。物流公共信息平台的财务评价依据，通常是按照国家发展和改革委员会、建设部的《关于印发建设项目经济评价方法与参数的通知》(发改投资〔2006〕825 号)文件规定，依据《建设项目经济评价方法与参数》(第三版)的有关要求进行财务评价，同时，参考财政部的《新企业准则》、国家税务总局的《企业所得税法》、中国人民银行发布的利率标准，以及相关部门颁发的财会、税收等方面的政策和规章制度等。

典型的物流公共信息平台设计阶段经济效益分析所需的财务报表包括：①平台建设运营效益估算表；②营业收入、营业税金及附加估算表；③总成本费用估算表；④固定资产折旧估算表；⑤无形资产及递延资产摊销估算表；⑥流动资金估算表；⑦融资及还本付息计划估算表；⑧利润及利润分配估算表；⑨项目投资现金流量估算表；⑩项目资本金现金流量估算表；⑪财务计划现金流量估算表；⑫资产负债表。

物流公共信息平台项目建设完成并顺利投产一段时间后，还需要按照项目后评价标准，对项目的目的、执行过程、效益、作用和影响，进行系统的、客观的分析和总结，完成《项目后评价报告》。

3. 成本管理

成本结构有两层含义：一是各种成本占总成本的比例，反映成本的经济用途及构成；二是总成本占销售收入的比例，反映资本的盈利能力。此处的成本结构包括物流公共信息平台的固定成本和流动成本，反映企业的经济投入，也能反映物流公共信息平台产品和服务的特点。

从物流公共信息平台运营的角度看，平台运营中的成本主要分为前期研发成本和后期运营维护成本。前期研发成本包括硬件建设成本、软件开发成本、市场推广成本等；后期运营维护成本包括设备维护更新成本、软件维护更新成本、运营管理成本等。

从成本结构的角度看，物流公共信息平台前期的投入，如软硬件投入和人力资源成本比例都不高，成本很大一部分在于平台的推广。因为物流公共信息平台需要供应链各节点的互相协调，实现企业间的信息共享，对于企业来说，信息共享意味着也要承担相应的风险，因此，推广这种合作的经营理念需要巨大的精力和资金的投入。如果政府此时能够充分扮演引导者的角色，就可以很大程度地降低资源浪费，推动企业物流公共信息平台经营模式的转变。物流公共信息平台的成本构成如图 2-8 所示。

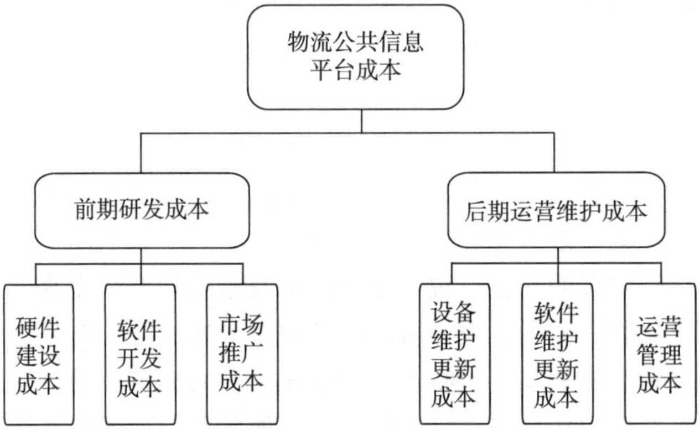

图 2-8　物流公共信息平台的成本构成

2.6　物流公共信息平台典型商业模式

按不同的商业模式和服务功能，物流公共信息平台可以分为信息资源共享模式、数据交换中心模式、物流资源交易模式、基于物流业务流程管理的供应链集成整合模式、云物流 SaaS 服务模式、物流金融模式、指数交易模式、社交网络模式、混合服务模式九种商业模式。

物流公共信息平台通过向客户提供有价值的服务来创造价值，因此应当从市场需求的角度出发，选择合适的商业模式，充分挖掘客户需求和内涵，并结合自身的资源优势，不断创新商业模式。只有这样才能不断提高服务质量，全面、系统、有效地满足客户需求，为客户创造价值，建立良好的客户关系，保证平台的可持续发展。

根据国内外物流公共信息平台的建设经验，以及我国物流公共信息平台的发展历程来看，物流公共信息平台的商业模式已经发生了显著的变化，从最初的“空车返程配货”单一商业模式发展到多种商业模式的共存，其价值主张也从为货车配货发展到“一站式”的集成物流服务。

1. 信息资源共享模式

物流公共信息平台的主要目的就是整合社会物流资源，提高物流运作效率，降低物流成本。信息资源共享模式通过减少物流供需双方的信息不对称问题来降低整个物流服务过程的成本，是物流公共信息平台中最基本的模式。

随着经济的不断发展和社会分工的日益专业化，许多企业逐渐将物流环节外包，将资源投资于核心竞争力。第三方物流企业向客户提供专业化、一体化的物流外包服务，提高了物流环节的效率，降低了企业的运营费用。但是，第三方物流的发展却存在两方面的问题：一方面，物流行业是中小企业占绝大多数，企业规模小，运输能力和服务水平低，出现了大量资源的浪费、成本高、盈利空间有限等问题；另一方面，对于企业来说，第三方物流企业的选择存在诸多困难，由于信息不对称的原因，需求方难以获得第三方物流的相关信息，如服务资质、信用水平、服务质量等，加之时间和空间的限制，往往难以在有效的范围内选择合适的外包服务商。

采用信息资源共享模式的物流公共信息平台正是为了减少信息不对称带来的资源浪费，整合物流环节的供求信息，并在用户中共享，实现信息的透明化，提高物流环节的运作效率。这种信息的共享不仅局限于对信息的发布，而且逐渐形成一个合作的网络，从而能够利用规模经济来降低成本，提高效率。这种信息资源共享的商业模式在初级阶段仍是一种典型的线下交易模式，扮演着信息中介的角色。

(1)服务对象。信息资源共享型物流公共信息平台的目标市场非常广泛，可以面对不同范围、不同行业、不同类型、不同物流业务环节、不同物流货物品种的物流市场，满足市场客户对各类物流信息的需求。这类物流公共信息平台的目标客户包括行业监管类用户、物流服务提供方用户、物流服务需求方用户、物流服务支持方用户等。通常，物流服务提供方用户是物流公共信息平台上物流信息的主要源头，为各方用户提供物流信息服务，具体服务对象包括政府、物流企业、生产企业、贸易企业、金融机构等。

(2)服务内容。信息资源共享型物流公共信息平台的服务内容主要包括信息发布、信息查询及增值信息服务。信息发布和信息查询主要是为物流公共信息平台用户提供与物流有关的信息发布与信息查询服务，如车辆信息、配货信息、基础设施信息、仓储信息等。增值信息服务主要包括企业宣传、市场调研、行业数据分析、广告业务、物流培训教育与咨询、行业联盟等。有些物流公共信息平台与相关物流企业、工商企业、政府管理部门及政府职能部门的信息系统实现连接，成为区域内物流信息资源的集中汇集和处理中心，以及成为区域内外了解本区域物流资源的信息窗口。

(3)盈利模式。信息资源共享型物流公共信息平台的主要收入来源是信息费和广告费。其中，信息费大多以信息会员费方式，按照月、季、年等一定时间段收取。信息资源共享型物流公共信息平台是物流公共信息平台的初始形态，在此基础上，逐步发展出更加复杂的服务模式和商业模式。这类平台面临的主要问题之一是，如何保证所提供信息的真实性和实时性，并让客户肯为这些信息付费。在免费盛行的互联网时代，付费的信息平台模式面临着巨大的挑战。

很多物流公共信息平台都属于信息资源共享模式。例如，发啦中国物流公共信息平台为全国各级政府交通运输部门、商务部门、物流行业协会、农业部门、物流园区、广大物流企业和货运司机，提供车源、货源、专线、招标、企业、资讯、会展、专家等信息，解决“物流信息不对称”的历史瓶颈问题。

2. 数据交换中心模式

数据交换中心模式主要实现不同物流信息平台之间与不同物流信息系统之间的数据传输、加工、转换和交换，将平台中的公共信息进行标准化和规范化，集中进行采集、处理、储存、共享，使得异构系统和异构数据格式之间可以互相转换和交换，以实现和促进连接平台的物流信息系统之间的连接和沟通，为企业提供“一站式”的数据接入服务。

(1)服务对象。服务对象包括政府、物流企业、生产企业、贸易企业、金融机构等。

(2)服务内容。数据交换功能是物流公共信息平台的核心功能，是指对电子单证的翻译、转换和通信，包括网上报关、报检、许可证申请、结算、缴税、退税、客户与商家的业务往来等。所有需要传递数据的单位都与物流公共信息平台相连，需要传输的单证信息首先传递到物流公共信息平台，其次由物流公共信息平台根据电子单证中的接收方式转发到相应单位，接收单位将收到的电子单证信息经转换后送到内部系统处理。

这一类平台以早期的EDI平台为鼻祖，逐步发展出基于互联网的开放式数据交换标准的数据交换平台。国内已制定部分相关国家标准，为这一类平台的建设和运营提供支持，如《运输与仓储业务数据交换应用规范(GB/T 26772—2011)》。

(3)盈利模式。数据交换中心型物流公共信息平台的主要收入来源是数据交换服务费。数据交换服务费的具体收取方式，可以是按时间包月、包季、包年制；也可以是按数据交换单据的数量、流量实时计费收取；还可以采用大客户打包一次性收取的方式。

由深圳市鹏海运电子数据交换有限公司负责建设与运营的深圳市交通运输EDI 信息网络中心属于典型的数据交换中心模式，是深圳市政府、深圳海关、深圳出入境检验检疫局、深圳海事局授权的，提供 EDI、传输和增值信息共享服务的机构，为物流链上相关企业提供高效、便捷的物流信息共享系统服务及信息交换等电子商务服务，平台集单证、操作、交易、金融、信息、关税服务为一体，为货主、货代、船公司、码头、堆场、拖车、报关行、船代、驳船等提供“一站式”的平台服务。

3. 物流资源交易模式

物流资源交易模式将物流的运力资源、仓储能力资源等作为交易标的，在网站上通过明码标价的方式挂牌或者招标、拍卖，实现物流服务提供方和物流服务使用方的在线交易，物流公共信息平台提供类似支付宝一样的支付中介担保服务，保证交易双方的正常履约。物流公共信息通过交易方式，形成最合理的物流服务价格，优化社会整体物流资源的配置，提高物流效率，降低物流成本。

(1)服务对象。服务对象包括物流仓储企业、物流运输企业、生产企业、贸易企业等。

(2)服务内容。服务内容是为物流资源供需双方提供在线交易、在线结算、服务交付管理、在线服务跟踪等功能。

(3)盈利模式。物流资源交易平台的主要收入来源是交易费用，即交易的手续费或交易佣金。交易手续费可以按照物流资源交易双方交易额的一定比例逐笔收取，也可以按照交易会员费的方式，根据不同时间段和不同等级定时收取。

路歌运输资源网是典型的物流资源交易平台。路歌运输资源网公司旗下拥有对货主的“路歌途视宝”、对物流公司的“路歌管车宝”、对卡车车主的“路歌配货宝”等多个品牌产品，服务对象包括整个物流产业链，客户遍布全国，有超过 3 万家物流企业和超过 150 万台重型卡车(占国内重卡比例 50%)为其提供车货配载的在线交易服务。

4. 基于物流业务流程管理的供应链集成整合模式

基于物流业务流程管理的供应链集成整合模式是物流公共信息平台商业模式的较高层次，适用于物流业务流程管理型平台，通过对供应链上下游企业物流业务流程的精细化管理，实现供应链上下游企业间资源整合、能力互补的柔性协作和供应链的整体优化。

(1)服务对象。服务对象是供应链上下游企业，包括物流仓储企业、物流运输企业、生产企业、贸易企业、政府服务部门、金融支持机构等。

(2)服务内容。供应链集成整合模式是企业物流业务流程管理系统的延伸，通常选择物流活动中的一个或几个重要环节，提供流程化的管理，满足各方的需求。典型的这类平台包括货物跟踪平台、网上报关平台、网上保险平台、网上交税平台、网上出入境商品检验检疫平台等。

(3)盈利模式。在供应链集成整合模式下，物流公共信息平台通过整合物流服务的供需信息，以及协调上下游企业的资源，构造完整的物流服务价值链，建立价值链上的核心竞争优势，参与价值链竞争，提供更高层次的物流服务。这种集成模式的优势在于建立网状的组织结构，打破企业边界和资源的限制，实现物流、资金流、信息流的快速流动与企业间的信息共享和运营协调，达到快速扩展企业核心竞争力的目的。基于物流业务流程管理的供应链集成整合模式的主要收入来源是供应链集成整合服务的服务费，通常会按照不同供应链集成整合的深度，以项目建设费的方式收取。

这种商业模式的核心是建立成本优势，目标市场以批量和整车货物运输为主，经营思路由客户开发转变为客户开发、资源整合，以建立分支机构和开发内部信息平台为手段，通过协议承包、代理、政府推动等方式，以强有力的经济和法律手段为依托，转变中小型企业信息部门职能，扮演货运代理人的角色，借此获取客户资源和运力资源。这种商业模式通过各区域代理，聚集运力资源，并提供运力信誉保证，利用各区域代理能力，首先发展关系型客户，其次随着物流服务不断深化，服务逐渐向综合型服务发展。此时，物流公共信息平台可以利用品牌价值，通过整合物流方案，整合物流资源和物流金融等增值服务等手段来吸引物流服务供需双方。这种模式通过客户与物流服务商进行分成来进行利润分配，能够创造较高的经济和社会价值。

这种商业模式可以从多个方面实现，首先，物流公共信息平台可以收集满足条件的合作企业信息，如企业认证、公司规模、企业信誉、核心优势等，并对全平台开放，使用户在选择物流企业时更加便捷和有效。其次，物流公共信息平台通过采用分级制度，将用户分成不同等级，不同等级被赋予相应的访问权限，建立对应的虚拟社区。物流公共信息平台则需要对这个社区进行管理，包括对申请会员用户的资质进行审查和认证，记录会员企业或个人的信息及其在社区的活动记录，允许会员访问使用平台上的服务信息(如需求信息查询、物流服务的招投标信息、对有业务往来企业信息的查询等)，而一般的用户则无权访问这些信息。

在这个过程中，一方面，物流公共信息平台对社区会员企业进行管理，持续记录其在价值链上的参与情况，并对其进行周期性的评价并公布其信誉情况，从而实现对会员行为的监督，激励会员之间的合作。另一方面，物流公共信息平台还扮演着虚拟社区中会员企业与非会员用户之间的中介角色，匹配双方需求，促进并监督二者的合作行为。同时，物流公共信息平台是会员和非会员的代言人，对虚拟企业来说，它代表用户对其信誉、资质进行查询认证，监督其在服务交易过程中各个阶段的行为来保护用户的利益；对用户来说，它又代表虚拟企业对用户提供持续有保证的服务来赢得用户对其的信任。这样，通过建立虚拟社区的方式，可以为物流服务价值链建立完善的市场环境，为价值链的集成提供健康的外部市场环境，保证物流公共信息平台的有序发展。

基于物流业务流程管理的供应链集成整合模式需要有较为发达的物流水平、雄厚的资金实力及政府部门的支持，才能有效地发展，如美国的 Landstar、日本的电子物流信息市场。传化物流平台开创的公路港模式属于这种模式。传化物流平台采用“鼠标加水泥”的运营模式，将互联网物流公共信息平台与传统的线下优势资源传化物流基地相结合，打造了一个以信息技术为核心支撑，集聚了各类管理服务资源、物流设备和设施资源、物流客户资源的资源优化整合平台，通过大型公路港平台集聚与整合物流资源，实现物流企业和社会车辆这两大物流主体在平台内“集约化经营、信息化管理”的目标，为相关企业提供信息、仓储、配送、停车、零担快运专线、餐饮住宿等配套服务，优化了供应链的物流环节。淮矿物流推出的“平台＋基地”全流程监管供应链管理模式，是这一模式的又一探索。该模式通过上海斯迪尔电子交易平台和货必达公共物流服务平台，结合淮矿物流的仓储基地，实现对钢铁等大宗商品从生产、销售、贸易到物流整个流程的供应链集成整合优化，从而提高大宗商品流通效率，降低整体社会流通成本。

5. 云物流 SaaS 服务模式

云物流 SaaS 服务模式基于云计算技术向服务提供商提供在线软件，允许企业直接利用接入网络的计算机来使用这些在线软件，同时物流公共信息平台承担相应的基础设施的维护、软件升级、软件使用培训等功能。物流企业不需要大量投资硬件基础设施及购买维护软件，从而大大降低了企业的资金压力。而更为重要的是，这种模式下的物流公共信息平台会保护客户信息的安全和隐私，解决企业的后顾之忧。可见，相比于企业自建物流信息系统、租赁软件，SaaS 有自身独特的优势。对于软件的使用者来说，其可以定制软件服务模块同时降低软件使用费用；不需要承担维护信息系统的责任，降低企业管理费用；无需更新软件，节约软件的升级成本。而对于平台来说，SaaS 模式能够使费用更低，能够吸引更多中小型企业，拥有更大的市场空间；同时营销成本低，可以对用户进行一对一的指导，为用户提供 7×24 小时的全方位服务，提高服务质量。

(1)服务对象。服务对象包括政府、物流企业、生产企业、贸易企业、金融机构等。

(2)服务内容。服务内容包括提供采购、运输、配送、仓储、加工、报关、货代、调度、结算等物流应用托管服务，即物流 SaaS 服务；为物流企业提供域名申请、虚拟主机、宽带连接、主机托管、网站建设与维护等互联网服务提供商服务，即基础设施即服务(Infrastructure as a Service，IaaS)；为物流企业提供企业建站服务等平台即服务(Platform as a Service，PaaS)服务。

(3)盈利模式。云物流 SaaS 服务模式的主要收入来源是软件租赁收入、平台租赁收入和信息技术基础设施租赁收入。

在全球的 SaaS 服务模式案例中，Salesforce 的 CRM 解决方案是最成功的案例之一。Salesforce 通过云计算技术向企业用户提供通过浏览器即可运行的销售、服务及全部业务所需的一切资源和服务，可以满足企业用户的包括销售与市场营销、活动管理、服务及支持等各种销售管理需求。基于 Salesforce 的实时、多租户体系结构和 CRM 应用程序，彻底变革了公司协作以及与客户之间的沟通方式。时至今日，Salesforce 已经为全世界大约 10 万家以上不同规模的公司管理客户信息。

国内的云物流 SaaS 服务模式尚处在起步阶段，深圳途鸽供应链管理有限公司开发的途鸽云物流服务平台做了有益的创新和尝试。途鸽云物流服务平台采用 SaaS 技术，集成车辆运输过程管理、车辆运输业务管理、车辆综合运营管理、汽车物联网等物流业务系统，使物流供应链上的各个参与方都可以按照预定的权限和流程在云物流服务平台上完成相关物流环节的工作，信息流无缝连接，既保持了相对独立又可以分工协作，表现为企业内的跨部门、跨区域协作和企业间的协作，衔接物流供应链上各个环节，业务上突破时间和空间的限制。

6. 物流金融模式

物流金融模式以物流活动中的物流金融或供应链金融业务为主要服务内容，为中小企业提供物流金融服务。

(1)服务对象。服务对象包括物流企业、生产企业、贸易企业、金融机构等。

(2)服务内容。服务内容是提供供应链融资的全流程管理，包括贷前审核、贷款、还贷、对账等，并且支持在线仓单融资、在线订单融资、在线商业保理、在线物流保险等融资模式。

(3)盈利模式。物流金融模式的主要收入来源是融资佣金和货物监管费。

平安银行推出的橙 e 网，其服务范围包括物流金融模式，体现了银行业向交易、物流行业延伸服务的趋势，提供供应链融资、在线支付和资金监管、投资理财、在线保险等服务，具体内容如下：①供应链融资。橙 e 网收录平安银行十多年积淀深厚的供应链融资产品和贷贷平安借贷合一服务，并开发出更适合中小企业供应链的“网链平安”融资解决方案。②在线支付和资金监管。“橙e付”提供电子账户＋网络支付功能，支持橙e网用户在线快捷、低成本支付结算。结合平安银行监管50多家电子交易市场交易资金结算的经验，可为其他电商平台提供在线支付和资金监管的综合解决方案。③投资理财。“金融商城”既提供银行理财、资产管理、黄金定投等产品，也提供平安寿险等较高回报的投资理财选择，覆盖不同风险、收益层次和不同期限，企业、机构和个人均可投资。④在线保险。面向货押授信客户的“在线保单”首期已经向汽车行业开放，在线核保和购买10分钟办妥。

7. 指数交易模式

指数交易模式以物流运价指数为交易标的，提供运价指数在线交易服务，具备物流资源交易与金融衍生品交易的双重属性，属于一种较特殊的物流公共信息平台形式。在争夺国际定价权这场没有硝烟的战争中，运价指数交易也占有重要的地位。

(1)服务对象。服务对象包括运输企业、金融机构等。

(2)服务内容。服务内容是提供物流运价指数交易、结算、服务交付、服务跟踪等功能。

(3)盈利模式。指数交易模式的主要收入来源是交易手续费。

上海航运运价交易有限公司是运价指数交易的典型平台，在国内外拥有广泛的影响力，作为全球首个航运运价第三方集中交易平台，填补了我国航运运价衍生品市场的空白。上海航运运价交易平台为船公司、货主、货代、无船承运人、贸易商和投资人等进行航运运价交易活动提供服务，开展出口集装箱、中国沿海干散货、国际远洋干散货等航运运价衍生品交易，为航运企业创造套期保值条件。

8. 社交网络模式

社交网络模式参考国内外知名社交网络网站如脸书、推特、新浪微博、微信等，推出物流人的社交网络服务。

(1)服务对象。服务对象包括物流企业等。

(2)服务内容。服务内容是建立物流人的社交网络，以社区形式提供各种专业服务。

(3)盈利模式。社交网络模式的主要收入来源是会员费、会展费、广告费等。

汇通天下的“货运人”社区属于社交网络模式，加入“货运人”社区后，可以增加生意好友，建立生意圈子，添加“我的车队”、“我的专线”，查看货运信息，在社交的过程中把生意做成。

9. 混合服务模式

以上八种物流公共信息平台的商业模式都是在实践探索中逐步发展形成的，各种商业模式之间在功能上往往相互重叠、互相融合，而并非相对独立、互不兼容。因此，在选择物流公共信息平台的商业模式时，应当充分认识市场需求及各种模式的核心价值，根据市场定位综合使用。

从目前知名物流公共信息平台提供的服务来看，很多都同时提供了物流信息共享、物流服务交易、供应链集成整合、云物流 SaaS 等多种服务，呈现出混合服务模式。一方面，多种商业模式整合的方式能够为用户提供多种的服务选择，以期吸引不同需求的用户；但另一方面，这种方式往往没有清晰明确的市场定位，宽泛的市场范围分散了自己有限的资源，难以形成核心优势赢得激烈的市场竞争。

从物流公共信息平台发展的实际来看，各种商业模式是利弊共存的，难以实现高市场占有率和高增长率的双赢，但同时也没有二者均低的情况，每种模式都是机遇与挑战共存。因此，在物流公共信息平台使用模式的选择上应充分综合考虑自身的资源，结合区域发展现状，合理地配置资源，选择一种或者两种商业模式作为自身的核心商业模式，明确市场定位，建立品牌优势，这样才能在激烈的市场竞争中脱颖而出。

国家交通运输物流公共信息平台是由交通运输部和浙江省人民政府牵头，管理部门、行业协会、软件开发商、物流供应商多方参与共建的一个开放的、共享的物流单据和服务电子交换基础网络。国家交通运输物流公共信息平台采用混合服务模式，平台总体建设目标是构建覆盖全国、辐射国际的物流信息基础交换网络和国家平台门户，实现“公共平台”与相关物流信息系统和平台之间可靠、安全、高效、顺畅的信息交换，实现行业内相关信息平台交换标准统一，提供公正、权威的物流相关公共信息服务，有效地促进物流产业链各环节信息互通与资源共享。

国家交通运输物流公共信息平台的主要服务内容包括基础交换服务和公共信息服务。基础交换服务主要解决跨国、跨行政区域、跨行业、跨部门的各类物流公共信息平台和物流产业链上下游企业之间，缺乏统一数据交换标准、信息孤岛、信息传递效率低、集成能力低、成本高等问题，具体功能包括物流业务数据交换、物流公共信息服务数据交换。公共信息服务功能主要解决国家层面物流公共信息服务资源零散、物流行业信息服务需求难以得到满足的问题。

国家交通运输物流公共信息平台将按照“统一标准、互联互通、共享服务”的理念，主要依托交通运输部及行业已有的相关政务系统，通过多种技术手段实现物流信息服务统一渠道提供，后台多个系统共同支撑。国家交通运输物流公共信息平台现阶段可提供的公共信息服务内容包括物流基础设施信息查询服务，物流政策法规信息查询服务，物流信用信息查询服务，以及国际及中国香港、中国澳门、中国台湾物流信息共享服务。

加盟国家交通运输物流公共信息平台的道路物流企业和合作伙伴，只要其应用软件或系统成功通过了平台的测试验证，就可以与平台连接并将此商标放在他们的名片、网站和市场营销工具上，以表示他们已经与国家交通运输物流公共信息平台连接，并能通过平台与他们的贸易伙伴交换电子文件。

2.7　本章小结

本章从通用性的商业模式理论分析框架开始，提出物流公共信息平台商业模式理论分析框架，依据此框架详细介绍了物流公共信息平台商业模式的三个核心构成要素，即服务对象、服务内容和盈利模式，然后对九种典型的物流公共信息平台商业模式进行了分析，为不同类型的物流公共信息平台选择合适的商业模式提供了借鉴参考。

第 3 章

物流公共信息平台规划与建设

3.1 物流公共信息平台规划

物流公共信息平台的建设是一项投资巨大、技术复杂、涉及面广、周期较长的社会化信息系统工程，因此，在开发初期对整个物流公共信息平台进行科学、完善、细致、合理的总体规划尤为重要。本节将重点介绍物流公共信息平台规划的有关内容。

物流公共信息平台规划是关于平台长远发展的战略计划，它以平台的商业模式为基础，结合物流信息化的实践及对信息技术发展趋势的把握，确定物流公共信息平台的愿景与目标。物流公共信息平台规划研究和制定应包括以下主要内容。

(1)物流公共信息平台建设的市场环境和条件等因素分析。需要研究和分析物流公共信息平台建设的外部市场环境、机会与风险等，如物流市场的发展状况、国家颁布的支持或限制物流组织的相关法规等；分析物流公共信息平台建设者内部的资源优势与限制条件等。

(2)物流公共信息平台的目标设计及发展战略。

(3)物流公共信息平台的商业模式设计。从多种典型的商业模式中，选择适合自身的商业模式，规划市场定位和潜在市场规模，明确平台的服务对象、服务内容和盈利模式。

(4)物流公共信息平台的总体技术方案，包括平台的总体技术路线、平台的总体结构、信息的主要类型和主要子系统构成等。

(5)物流公共信息平台建设项目计划。项目计划是在物流公共信息平台战略目标的基础上做出的近期详细计划，主要包括软、硬件设施的购置安排；系统开发与维护的时间安排；人力资源需求、聘雇、培训计划；财务资金需求计划等。

(6)物流公共信息平台运营方案，包括运营团队组建、市场开发、服务流程与服务规范建立等。

物流公共信息平台的规划过程可分为五个阶段，即确定组织战略规划、制定平台战略规划、平台需求分析、平台组织资源分配、制订项目计划，如图 3-1 所示。

图 3-1　物流公共信息平台战略规划

(1)确定组织战略规划。组织战略规划是建立物流公共信息平台的前提与基础，物流公共信息平台的战略目标归根结底是为了实现组织战略。组织战略规划是组织的方向与目标、约束与政策，以及计划与指标的集合，具有未来导向性、资源分配导向性、环境约束导向性及动态性等特征，因此在制定组织战略时，不但要考虑外部环境(社会、政治、经济、科技、法律、行业环境等)中的机会与风险，而且也要考虑组织内部(财务状况、管理制度、人力资源、技术力量等)的优势与劣势。一个有效的组织战略通常具有良好的可执行性、灵活性、前瞻性等特征。制定组织战略规划的方法很多，如态势分析法(SWOT 分析法)、波士顿矩阵(Boston consulting group matrix)法、Michael Porter 的五力分析模型等。这些方法在战略管理类书籍中均有介绍，本书在此不再作详细说明。

(2)制定平台战略规划。物流公共信息平台战略规划是组织为建立与发展物流业务而做的一个具体战略计划，它以组织战略为导向、以外界环境为依据、以物流业务与信息技术的整合为重心，从而正确定位物流公共信息平台在整个组织中的作用，保证物流公共信息平台的战略目标能够和组织发展目标相协调。物流公共信息平台战略规划是物流公共信息平台开发工作的指导方向与依据，它能够合理分配组织资源、合理安排实施进度，确保开发工作协调有序地进行，并为系统开发人员及项目管理人员日后的绩效考评提供质量标准和控制机制。物流公共信息平台战略规划包括战略目标、总体结构及约束等内容。制定物流公共信息平台战略规划的方法主要有关键成功因素法(critical success factors，CSF)、战略目标集转化法(strategy set transformation，SST)和企业系统规划法(business system planning，BSP)等。

(3)平台需求分析。物流公共信息平台的战略目标一旦确定之后，下一步工作就是找出目标客户及他们的信息需求。这些需求既包括物流供需双方的信息需求，也包括政府管理部门和相关支持部门的信息需求，不同使用方的需求与第 2 章商业模式中的描述相对应，需在商业模式定义的基础上，进一步深入调研、分析得到。然后，在此基础上进行信息的整合、分析与处理，并据此建立物流公共信息平台的总体功能结构，以指导系统的开发。与系统设计阶段的信息需求相比，物流公共信息平台规划阶段的信息需求描述相对较为简略。现实中，获取物流信息需求的方法主要有企业系统规划法、关键成功因素法等。

(4)平台组织资源分配。经过上述两个阶段的工作，物流公共信息平台的总体功能结构基本确定下来，即整个物流公共信息平台包括哪些子系统，以及这些子系统之间的关系如何都已经较为清晰。然而，由于平台组织资源的有限性，这些子系统不可能同时开发，必须依据它们的重要性与优先级确定各子系统的开发次序，这是平台组织资源分配阶段需要解决的问题。再有，在系统开发与维护过程中，需要耗费组织的人、财、物、信息等资源，这些资源在各系统之间如何分配也是资源分配阶段需要解决的问题。常用的资源分配方法主要有投资回收分析法、内部计价法、零点预算法、指导委员会决定等。

(5)制订项目计划。在组织资源分配阶段识别出各子系统开发的先后顺序，并对组织中的开发资源与运行资源进行分配后，就要对物流公共信息平台开发项目做出详细的计划安排。这类计划属于近期计划，不同于时间跨度较长的战略计划，其主要涉及对系统开发所耗资源的成本预算和对开发活动的时间安排，前者是指依据项目支出，建立财务资金预算需求计划等；后者主要包括硬件购置时间表、软件购置时间表、各子系统开发时间表、软件升级及系统切换与维护时间表、人力资源需求、聘雇、培训计划、平台上线运营计划等。制订项目计划的方法有阶石法、计划评审法、甘特图等。

3.2 物流公共信息平台开发

3.2.1 物流公共信息平台开发设计原则

物流公共信息平台是为实现对物流信息资源进行整合和优化而建立的软硬件系统，物流公共信息平台除了要实现物流信息共享的功能外，还应该具有开放、透明、兼容及可扩展等特点。要使物流公共信息平台具有以上这些特点，在规划和设计物流公共信息平台系统时应该遵循以下原则。

(1)开放性。物流公共信息平台要真正运作起来，就必须与兼容性差、数量较多的企业物流信息系统和个人用户系统进行连接，所以物流公共信息平台用来与外界联系的接口设计就显得非常重要，原则就是不仅要保证用户可以连接到平台上，而且可以较便捷地连接到平台上进行数据交换和信息共享。

(2)先进性。在开始设计物流公共信息平台前就应该以高起点、高标准来全面规划平台未来5～10年的发展，发展理念要紧跟国际先进平台的发展目标和愿景，开发技术要符合当代信息技术的发展趋势，标准应用要借鉴和吸收国际上先进的和应用广泛的物流标准。

(3)可扩充性。在物流公共信息平台的规划和开发过程中要充分考虑到未来的发展，以及不断成熟的开发技术，为未来用户需求功能的扩张留有余地。物流公共信息平台的可扩充性主要体现在两个方面：一方面是时间上的可扩充性；另一方面是空间上的可扩充性。时间上的可扩充性主要是指当平台架构、技术进步或者用户需求随着时间发生改变时，物流公共信息平台能够对现有的功能模块进行改造升级，以适应新的变化和需求。空间上的可扩充性主要是指平台要能够实现不同物理位置的规模扩展，因为像仓库这些基础的物流设施在空间上的变动很大，所以物流公共信息平台必须要适应物流设施的地域变化。

(4)安全性。物流公共信息平台是现代电子商务系统重要的组成部分，平台的电子商务功能对平台的最基本要求就是安全性。为保障用户存放在平台上的隐私信息不被泄露和交易过程的顺利，物流公共信息平台必须综合运用防火墙技术、入侵检测系统(intrusion detection systems，IDS)、数据加密技术等安全技术来保障系统的安全性和稳定性。

(5)可靠性。作为公共基础设施，物流公共信息平台应该能够提供 7×24 小时的服务，所以就要避免平台的不可靠和失效，或者失效时，平台可以提供及时处理的手段以维持平台的正常运行。

(6)成本最优性。物流公共信息平台应该充分发挥信息技术和计算机的功能，以较小的代价提供用户所需要的功能服务。

(7)可维护性。由于目前电子商务技术和物流信息技术的发展日新月异，所以物流公共信息平台必须具有较强的可维护性，以适应环境的变化、业务的变化及技术的变化。面向对象(object oriented，OO)的开发技术在实践中证明能够大大降低软件的维护费用，所以采用面向对象的开发技术来设计物流公共信息平台是可选之路。

3.2.2　物流公共信息平台的生命周期及开发方法

1. 物流公共信息平台的生命周期

物流公共信息平台的生命周期是指从设计平台开始到平台不能再使用为止的这一段时间。生命周期可以划分成四个阶段，即诞生阶段、开发阶段、生产阶段和消亡阶段。

诞生阶段即开发过程中的规划阶段。开发阶段则包括需求、设计、编码、测试、安装调试和验收等环节。生产阶段是指系统投入正式运行，对应于开发过程中的运行维护阶段。消亡阶段是指系统不再有价值时终止运行的过程。

2. 物流公共信息平台的开发方法

平台开发过程是一个将用户需求转化为软件系统所需要的活动的集合，需要遵循软件工程的一般规律。这些活动一般包括系统规划、系统需求分析和定义、软件需求分析、概要设计、详细设计、软件实现、组装测试、确认测试、系统联试、验收与交付、软件维护等。物流公共信息平台的开发过程就是一个软件开发过程。

1)结构化方法

结构化方法(structured method)是 20 世纪 80 年代使用最广泛的软件开发方法。结构化方法以数据流为中心构建软件的分析和设计模型。它用结构化分析(structured analysis，SA)对软件进行需求分析，用结构化设计(structured design，SD)方法进行总体设计，用结构化编程(structured programming，SP)方法进行实现。结构化方法是一种自上向下、逐步求精的软件开发方法，也是软件系统开发过程中使用最广泛、最成熟的一种技术方法。

结构化方法首先将整个开发过程划分出若干个相对独立的阶段；其次在系统分析和设计阶段，自顶向下地对系统进行结构化划分，将系统划分成若干大的模块，再对各模块进行逐步深入细分，直到不能再分。在系统实施阶段，则自底向上地逐步实施，首先完成具体功能的编码与测试；其次按照系统设计的结构，对功能组成的模块进行调试；再次对由模块组成的整个系统进行整体调试；最后完成整体系统的开发。

结构化方法把软件系统开发过程分为软件规划、需求分析、设计、编码、测试、维护六个阶段，这六个阶段有着严格的界定，完成一个阶段后，方可进入下一个阶段，整个开发过程就像瀑布一样，故也称其为瀑布式生命周期模型。结构化方法提供一套完整的开发文档规范。

各阶段的主要任务描述如下。

(1)规划阶段。对开发任务进行初步调研和可行性研究，确定工作范围、经费投入概算和开发时间等。

(2)需求分析阶段。其也称为系统分析阶段，通过详细的调查，以及与用户的反复沟通，对系统进行功能需求、性能需求、环境要求与限制等方面的分析，对业务流程和业务数据流程进行分析与梳理，最后形成软件规格说明书。

(3)设计阶段。根据系统规模的大小，设计阶段进一步分成总体设计和详细设计。总体设计包括系统的总体结构、模块划分、模块的功能说明，以及模块之间的调用关系等内容；详细设计则包括模块内部的实现算法、输入/输出设计、数据库设计，最后形成软件设计说明书。

(4)编码阶段。由程序员根据软件设计说明书的要求，采用程序设计语言和相应的软件开发工具，编写出程序代码的过程。

(5)测试阶段。通过制订测试计划，使用测试用例(use case)对软件进行单元测试、综合测试和系统测试，发现和排除程序中存在的错误。

(6)维护阶段。对已投入运行的系统进行完善性维护、正确性维护和适应性维护，包括系统功能的局部修改、故障的排除、性能的提高等。

总体上讲，结构化方法的特点主要表现在以下几个方面。

(1)自顶向下整体性的分析与设计和自底向上逐步实施的系统开发过程。

(2)用户至上。用户对系统开发的成败是至关重要的，故在系统开发过程中要面向用户，充分了解用户的需求和愿望。

(3)需要深入调查研究。

(4)严格区分工作阶段。

(5)充分预料可能发生的变化。

(6)开发过程工程化。要求开发过程的每一步都按工程标准规范化，文档资料也要标准化。

2)面向对象的开发方法

在软件开发过程中，甚至在软件投入使用后，用户都会不断地提出各种更改要求，在用结构化开发方法的程序中，进行相应的修改是很困难的，而且还会因为计划或考虑不周，不但原先的错误没有得到彻底改正，反而又引入新的错误；另外，在过去的程序开发中，代码的重用率很低，使得程序员的效率并不高，为提高软件系统的稳定性、可修改性和可重用性，人们在实践中逐渐创造出软件工程的一种新途径——面向对象方法学。

面向对象的开发方法是一种自底向上和自顶向下相结合的方法，以对象建模为基础，不仅考虑输入、输出数据结构，同时包含所有对象的数据结构，它能够真正建立在基于用户的需求上，而且系统的可维护性大大改善。面向对象的开发方法包括面向对象分析(object-oriented analysis，OOA)、面向对象设计(object oriented design，OOD)及面向对象编程(object oriented programming，OOP)。

面向对象分析的基本任务是从现实问题空间抽象出对象空间，目的是为获得对用户需求的准确理解，以确定系统的功能、性能要求。具体来说，面向对象分析的核心就是从问题空间中选出词汇建立类和对象的模型。在分析阶段，主要问题集中在如何找出关键抽象、明确问题中存在哪些数据实体、它们的意义是什么，暂时并不考虑它们是如何处理的。

面向对象分析所得到的只是问题空间的概念模型，面向对象设计是把概念模型转换成物理模型，即以范式的形式将它确定下来。在面向对象方法中，面向对象分析和面向对象设计之间有着密切的衔接关系。面向对象分析是提取和整理用户需求，并建立问题域精确模型的过程，在分析建模过程中是以对象为中心，可以不考虑任何与计算机有关的问题。而面向对象设计则是用面向对象方法建立求解域模型的过程，是针对计算机的开发活动。面向对象设计的目标是生成对问题域的表示，并将这种表示映射到计算机的求解域中。与传统方法不同的是，面向对象设计把数据对象和处理操作连接起来，把数据和处理一起模块化。

由于面向对象方法在概念和表示方法上的一致性，分析和设计的界线比较模糊，许多分析结果可以直接映射成设计结果，而在设计过程中又会反过来加深和补充对系统需求的理解。因此，分析和设计活动是一个反复交替进行的过程。各项开发活动之间可以做到无缝连接，使得开发人员比较容易地追踪整个系统的开发过程，这是面向对象方法较传统方法具有的一大优势。

在面向对象方法中，面向对象设计也分为两个阶段，即高层设计阶段和低层设计阶段。高层设计阶段集中于开发系统的结构，构造软件系统的总体模型，包括开发用户界面(user interface，UI)等。低层设计集中于类的详细设计，包括对象类的关联、接口形式及实现服务的算法等。

面向对象编程，就是要把面向对象设计的结果转变成用面向对象语言书写的面向对象程序，测试并调试面向对象的程序。目前常用的面向对象语言主要有C++、Java、C#、VB. Net等。

在面向对象编程中，程序被看做相互协作的对象集合，每个对象都是某个类的实例。类是具有相同属性对象的集合，类也可以看成是用于产生一系列具有相同属性对象的一个模板。功能是通过向对象发消息而获得的。发消息的实质是要调用对象的某个方法。当对象收到发来的消息，则执行对象内部的相应方法，该方法即实现特定功能的一段程序代码。

面向对象开发方法将软件系统的开发过程看成是由一系列迭代过程组成的，每一次迭代都包括四个阶段：初始阶段(inception phase)、精化阶段(elaboration phase)、构建阶段(construction phase)和移交阶段(transition phase)。每个阶段又进一步细分为对阶段性目标的实现所进行的多次迭代过程。这种方法也称作统一软件开发过程(rational unified process，RUP)，其三个基本特征是用例(需求)驱动、以架构为中心和受控的迭代式增量开发。这四个阶段的主要任务是：① 初始阶段。提出软件系统的业务实例；提出包含主要子系统的系统大致框架；确定系统最主要的风险及其优先次序；对细化阶段进行详细规划；对整个项目进行粗略估算。② 精化阶段。详细说明软件系统的绝大多数用例，设计出系统的架构；规划完成项目的活动，估算完成项目所需的资源；最关键的用例都要在本阶段具体化，最终形成系统的架构基线。③ 构建阶段。构建出最终的软件产品。在这个阶段，架构基线逐渐发展成为完善的系统。④ 移交阶段。移交阶段包括用户培训、提供在线支持及改正交付之后发现的产品缺陷等活动。

面向对象方法的优点包括以下几点。

(1)与人类习惯的思维方法相一致。现实世界中的问题是由一些相互之间存在一定联系的事物所组成的。每个具体的事物都具有行为和属性两方面的特征，所以，把描述事物静态属性的数据结构和表示事物动态行为的操作放在一起构成一个整体，才能完整、自然地表示客观世界中的实体。面向对象的软件技术以对象为核心，用这种技术开发出的软件系统由对象组成。对象是对现实世界实体的正确抽象，它是由描述内部状态(表示静态属性)的数据，以及可以对这些数据施加的操作(表示对象的动态行为)，封装在一起所构成的统一体。对象之间通过传递消息互相联系，以模拟现实世界中不同事物彼此之间的联系。

传统的程序设计技术是把数据和过程分开，数据代表问题空间中的客体，程序则用于处理这些数据。数据与操作的不一致导致软件系统的解空间与问题空间的不一致。

(2)稳定性好。面向对象方法是基于构造问题领域的对象模型，以对象为中心构造软件系统，而不是基于对系统应完成功能的分解。所以，当对系统的功能需求变化时并不会引起软件结构的整体变化，往往仅需要作一些局部性的修改。因此，以对象为中心构造的软件系统也是比较稳定的。

传统的软件开发方法以算法为核心，开发过程基于功能分析和功能分解。用传统方法所建立起来的软件系统结构紧密依赖于系统所要完成的功能，功能需求发生变化将引起软件结构的整体修改。事实上，用户需求变化大部分是针对功能的，因此，用传统方法所建立起来的软件系统是不稳定的。

(3)可重用性好。在面向对象技术中，因为对象具有封装性和信息隐藏等机理，具有很强的独立性，可提供比较理想的模块化机制和比较理想的可重用的软件成分。面向对象的软件技术所构造的软件系统具有继承性机制，可重复使用对象类。

传统的软件重用技术是利用标准函数库，但它缺乏必要的柔性，不能适应不同场合的不同需要。

(4)可维护性好。面向对象方法开发出的软件具有稳定性好、易于修改、易于理解及测试和调试等特点，因此，面向对象软件的维护性比较好。面向对象技术的特有继承机制，使得对所开发软件的修改和扩充主要通过从已有类派生出的一些新类来实现，无需修改软件原有成分。类具有理想的模块机制，独立性好，修改一个类通常很少会牵扯到其他类。如果仅修改一个类的内部实现部分(私有数据成员或成员函数的算法)，而不修改该类的对外接口，则可以完全不影响软件的其他部分。面向对象的多态性机制，使得当扩充软件功能时对原有代码的修改进一步减少，需要增加的原代码也比较少。

3)原型开发法

原型开发法是一种通过快速建立原型，与用户进行反复交流、细化需求，最终确认需求的软件开发方法。在软件开发过程中，关键的环节是需求的定义，即明确软件要实现的功能是什么。绝大多数的用户很难在系统开发初期就提出具体而清晰的需求，而是在系统开发的过程中逐渐明确自己的需求。原型开发法就是通过一组基本的需求，建立一个基本功能的模型，来直观地表现用户需求，并通过系统分析人员与用户进行交流和沟通，逐步完善该模型。通过给用户提供这个具体的实物模型，不断地启发用户以尽可能缩短明确需求的时间。原型开发法的模型主要是目标系统的用户界面，这样就比结构化方法中用文字和图形与用户进行讨论、确定及修改需求说明更有效，更有利于用户提出正确的需求和修正不完全的需求，从而得出的需求分析结果会更好，更符合用户的实际需求。

原型开发法用交互的和快速建立起来的原型取代形式的、僵硬的、不允许更改的大部分规格说明，用户通过在计算机上实际运行和试用原型系统而向开发者提供真实的、具体的反馈意见。原型开发法摒弃了那种一步步周密细致地调查分析，然后逐步整理出文字档案，最后才能让用户看到结果的烦琐做法。

目前主要有两种快速原型开发法。

(1)抛弃原型法(throw-away prototyping)。其目标只是为了明确需求，使用最简单的开发方法，以最低的成本实现一个可工作的系统，该系统只关注功能，不考虑开发工具、性能、容错、未来实际运行环境等。通过反复与客户交流和修改原型，使原型的功能能够充分体现客户需求。建立这种原型系统的目的是评价目标系统的某个(或某些)特性，以便更准确地确定需求，或者更严格地验证设计方案。在明确需求之后，原型就会被抛弃。以后软件的开发将根据明确了的需求按照传统的工程化方法来开发，建立原型只不过是一种辅助性的步骤。

(2)演化原型法(evolutionary prototyping)。其目标就是与客户一起工作，从一个原始的需求轮廓开始，逐步改进，最终发展成为符合实际需要的系统。演化原型法认为信息系统本质上就是不断演化的，最初的需求经过一段时间后自然就变得无效了。这种途径的目标是使平台能够适应不可避免的变化。演化原型法的基本做法是，经过初步调研和分析获知用户的需求后就利用适当的软件工具快速地实现一个原型系统，来作为沟通各方的基础和用户实践的场所，开发人员根据用户试用后的意见，对原型进行修改和扩充，然后再次交付给用户试用，并根据试用后提出的意见，再次对原型进行修改和扩充，这样，经过多次迭代直到用户感到满意为止。

原型开发法从原理到流程都是十分简单的，有着传统方法无法比拟的优越性，它有以下特点。

(1)原型开发法符合人们认识事物的规律。从认识论的角度来看，原型开发法更多地遵循了人们认识事物的规律，因而更容易为人们所普遍接受。人们认识事物不可能一次就完全了解；认识和学习的过程是循序渐进的；人们对事物的描述都是受环境的启发而不断完善的；人们改进一些事物比起创造来要容易。

(2)原型开发法有利于项目的开发者和用户之间的交流。原型开发法将模拟的手段引入系统分析的初期阶段，通过具体的、看得见、摸得着的模型，启发人们的认识，其直观性使之能准确描述需求，减少误解和不确定性，缩短用户和系统分析人员之间的距离，缩小用户和开发者对问题的理解与认识的差距，解决结构化方法中最难于解决的一环。原型模型能够及早暴露系统存在的问题。

(3)实际的原型为准确认识问题创造了条件。原型的直观性、感性特征易使用户理解系统的全部含义；讨论的原型是开发者与用户共同确认的；讨论问题的标准是统一的；信息的反馈是及时的。

(4)能充分利用最新的系统开发环境。原型开发法利用最新的软件工具，建立系统的开发、生成环境，使系统开发的时间、费用大大地减少，加快了系统开发速度，提高了效率。原型开发法必须要有一个强有力的软件支持环境作为背景，提供原型的可视化能够强化沟通，降低风险，节省后期变更成本，提高项目成功率。

(5)原型开发法提高了用户参与系统开发的积极性。原型开发法将系统的调查、分析、设计融为一体，用户从一开始就能看到系统实现以后的具体样子，消除了心理负担，打消了对系统是否可实现、是否适用等问题的疑虑，为用户参与开发过程创造了一个良好的条件，提高了用户参与系统开发的积极性。

原型开发法通过对原型的反复使用、评价和修改，给用户和开发人员双方提供了一个学习和实践的机会，从而产生对系统需求的新的认识，提出新的需求。该过程与人们的认识论相一致，这正是原型开发法能够克服严格定义方法难以克服的困难的根本原因。

原型开发法的最大不足在于其缺乏规范性，失去了软件工程中应该具有的规范化、标准化和工程化等特点，使开发的过程很模糊，对开发过程不易于控制。原型开发法强调用户的参与，但是让用户控制过多，使开发者不能控制自己的开发进度，工期无法保证。当用户参与热情并不高时，原型开发法起不到应有的作用，因而它的成功与否在很大程度上取决于开发者和用户是否都愿意在很长一段时间内对信息交流和修改系统采取开放的态度。

4)计算机辅助开发方法

计算机辅助软件工程(computer aided software engineering，CASE)是运用计算机软件工具来辅助系统开发的一种方法。CASE技术是系统开发工具与方法的结合，集图形处理技术、程序生成技术、关系数据库技术和各类开发工具为一身的CASE工具用以代替人在信息处理领域中的重复性劳动，它的目标是实现一种较完善的技术，为系统开发人员提供一组优化的、集成的且能大量节省人力的系统开发工具，使整个软件生命周期中的各阶段开发过程自动化，包括系统分析、设计、程序实现和维护等各个环节的自动化。

CASE工具是用来辅助完成计算机软件系统开发、运行、维护、管理、支持过程中的活动或任务的软件。随着软件开发新技术、新方法、新概念的不断发展，新的CASE工具也会不断产生。根据其在软件过程各个活动中的使用，通常可将CASE工具分为以下几种。

(1)支持软件开发过程的工具，如需求分析工具、需求跟踪工具、设计工具、编码工具、排错工具、测试和集成工具、安装工具等。支持软件开发过程的工具还可以按照支持的开发方法进一步细分为相应的结构化工具和面向对象工具。

(2)支持软件维护过程的工具，如版本控制工具、文档工具、开发信息库工具、逆向工程(reverse engineering)工具、再工程(reengineering)工具、代码重构与分析工具等。

(3)支持软件管理和支持过程的工具，如项目计划工具、项目管理工具、配置管理工具、软件评价工具、度量和管理工具等。

在数量众多的CASE工具中，选择出满足企业目标的、与企业的文化背景和应用环境相融合的、最适合的CASE工具，对避免不必要的时间和资源浪费、提高生产率和软件质量是十分必要的。通过采用一种客观的CASE工具的评价、选择与采用机制，可以对企业组织选用合理的CASE工具、提高生产率、改进软件开发过程起到重要作用。

CASE工具的优点主要表现在以下几个方面。

(1)显著提高系统分析和设计人员的生产率。

(2)能够培训和指导用户应用软件工程方法开发系统。

(3)使用交互式图形技术支持结构化系统分析/设计，用户容易理解。

(4)由于CASE工具自动化程度高且能自动生成程序代码，因此开发者把系统开发重点转移到系统分析/设计上，能控制系统开发的质量与实现。

(5)CASE工具的信息库、软件库、数据字典的可重用技术，使得系统的定义与描述可以从非冗余的数据字典、软件库中产生，具备系统分析/设计的一致性与完整性检验。

5)各种开发方法的比较与分析

结构化方法是真正能够较全面地支持整个系统开发过程的方法。尽管其他方法有许多这样或那样的优点，但都只能作为结构化方法在局部开发环节上的补充，暂时都还不能替代其在系统开发过程中的主导地位，尤其是在占目前系统开发工作量最大的系统调查和系统分析这两个重要环节中。原型开发法由于要不断地对原型进行修改，因此不适合应用于大型物流信息系统开发过程中的所有环节，一般多被应用于小型局部系统或处理过程比较简单的系统设计到实现的环节中。面向对象方法多用于进行系统分析和系统设计，但不能涉足系统分析以前的开发环节。CASE方法除不能涉足系统调查外，可以全面支持系统开发过程，同时也是一种自动化的系统开发方法。CASE方法具有结构化方法、原型开发法和面向对象方法的各种特点。表 3-1 给出这四种开发方法的比较结果。

表 3-1　四种开发方法的比较结果

比较内容	结构化方法	原型开发法	面向对象方法	CASE 方法
开发过程中的阶段性	严格划分	无明显划分	不严格，允许迭代	严格划分
是否支持整个系统开发过程	支持	只支持需求分析和设计环节	不支持系统分析阶段中的调查环节	不支持系统分析阶段中的调查环节
适用的系统规模	大型系统	小型系统	大型系统	大型系统
系统的稳定性	低	低	高	高
系统的可维护性	低	低	高	高
可重用性	低	低	高	高
用户参与的积极性	低	高	低	高

3.2.3　物流公共信息平台开发模式及选择

物流公共信息平台的开发模式主要是指采用什么样的组织方式来完成平台的建设和应用，主要包括自行开发、系统开发外包、合作开发和直接购买四种模式。

1. 自行开发

自行开发是指企业自己组织开发队伍，进行物流公共信息平台的开发。这种开发方式需要有出色的领导和自己的开发队伍，包括系统分析师、程序设计员、计算机技术人员和有经验的管理人员等各类人员。

自行开发的主要优点是：可锻炼本企业计算机开发应用的队伍；当物流公共信息平台业务有变化或发展时，可以及时对物流公共信息平台进行变更、改进和扩充。

自行开发的主要缺点是：物流公共信息平台开发周期一般较长，且容易受到本企业长期以来形成的习惯性管理方式的影响，不易开发出一个融入先进管理经验的高水平物流公共信息平台。

2. 系统开发外包

随着物流活动规模和复杂性的不断增长，以及信息技术的快速发展和变化，平台企业会发现企业自身对平台的要求以及客户对平台的要求，已经远远超出企业内部自己系统开发队伍的交付能力。此时，就需要考虑选择系统开发外包。系统开发外包(也称为软件外包)是指平台企业为了专注核心竞争力业务和降低平台开发项目的成本，将项目中的全部或部分工作发包给提供外包服务的信息技术企业来完成软件需求的活动。实际上，外包的出现就是由于企业组织自身没有能力跟上信息技术的快速变化所引起的。因此，平台企业通过软件外包方式，可以充分利用组织外部最优秀的专业化资源，来达到降低成本、降低风险、提高效率、增强竞争力的目的。

物流公共信息平台实施软件外包的过程主要包括以下几个阶段。

(1)计划阶段。计划阶段要明确定义外包的目的和范围，外包的可行性也要在外包决策之前进行论证，且要确定外包项目的生命周期模型和里程碑时间表。

(2)招标书准备阶段。在确定外包决策之后，由平台企业编写并分发一份项目招标建议书(request for proposal ，RFP)，其中包含需要外包的具体软件产品或服务，需要开发方必须遵从的商业规则，以及选择一个合格开发方的标准。

(3)选择开发方阶段。平台企业采用招标的形式发布 RFP，并收集投标者的反馈信息加以分析，对投标者进行评价，最终选择出合格的开发方。

(4)签订合同阶段。平台企业与中标的开发方进行协商，共同制定并签订合同，作为管理外包过程的基础。合同中需要明确软件产品的需求、信息技术开发过程中的里程碑及交付的工作产品、验收的标准、例外处理规程以及付款方式等内容。

(5)跟踪监督开发方阶段。平台企业需要跟踪并监督开发方的开发活动，以确保开发方是依据合同办事。项目的成本、性能、进度和风险是平台企业需要监控的主要指标。平台企业跟踪和监控的方式可以是对开发方的过程或中间产品进行评审或审计，保持与开发方之间的沟通渠道畅通，从而知晓开发方在开发过程中的有关情况。

(6)合同结束阶段。平台企业需要对开发方交付的产品或服务进行测试或评定，以确保符合合同要求。如果满足合同要求，平台企业就可以结束合同，否则按照合同的例外处理规程执行。合同结束时，平台企业需对开发方的业绩进行评价并备案。

3. 合作开发

合作开发又称协同软件开发(collaborative software development)，是指企业组织内部和签约的外部组织一起完成一项软件开发任务。

当平台企业自身有一定的软件开发能力，又希望借助企业外部的资源和专业优势时，可以选择合作开发模式。选择合作开发模式的主要优点是：在合作开发中，可发挥企业外部的专业技术力量，以及本企业人员对物流业务熟悉的优势，共同开发出具有较高水平而又适用性强的系统，同时有利于平台企业计算机应用队伍的培养与提高。

4. 直接购买

在物流软件市场，国内外已开发出很多具有一定通用性的物流信息系统软件，可供平台企业选择。理论上讲，购买商品化物流软件是最省力、最经济的开发方式。一般而言，市场成熟的商品软件都经历了多年的实践应用，成熟度高，性能稳定，且融入了许多先进的管理思想和手段。采购物流软件产品也符合社会专业化分工协作的规律，容易保证项目成功。因此，自身不具备系统开发能力的中小型平台企业，可直接购买成熟的物流软件。

5. 开发模式的比较与选择

如前所述，物流公共信息平台的四种开发模式各具优势和不足。下面将从人才、管理和系统开发三个方面对其进行比较和分析，如表 3-2 所示。

表 3-2　四种开发模式比较

比较内容		自行开发	系统开发外包	合作开发	直接购买
人才队伍方面	专门的开发队伍	需要	不需要	需要	不需要
	管理人员	需要	需要	需要	不需要
	业务人员	需要	需要	需要	需要
	维护人员	需要	不需要	需要	不需要
项目管理方面	能力、机构、制度、质量保证体系	需要	不需要	需要	不需要
	协作机制、协调能力	需要	需要	需要	不需要
	软件采办能力	需要	需要	需要	需要
系统开发方面	适用性	最好	较好	好	最低
	集成性	较差	较强	较强	较强
	稳定性	较低	较低	较低	较高
	开发周期	长	较短	较长	最短
	成本控制	难	较易	较难	最易
	软件维护	便利	有保障	便利	有保障
	升级换代	定期困难	定期困难	定期困难	定期容易

在人才队伍方面，自行开发模式和合作开发模式都要求平台企业必须拥有一支相对稳定的开发队伍，包括专业的开发队伍、管理人员、业务人员、维护人员。若采用系统开发外包模式，则不需要专门的开发队伍，但必须有懂管理、熟悉业务、了解软件开发过程的人才参与。直接购买模式只需要熟悉业务的人员对计算机应用知识有基本的了解。

在项目管理方面，自行开发模式和合作开发模式都要求平台企业具有很强的项目管理能力，要求具有相应的项目管理机构、完善的项目管理制度和质量保证(quality assurance，QA)体系，这样才能确保开发出高质量的软件系统。在系统开发外包模式中，虽然平台企业不需要具备专门的软件开发过程的项目管理能力，但对平台企业的内外协作机制和高度协调能力要求更高，需要其从提高自身的角度，获得必要的专业技术，如利用软件采办能力成熟度模型(software acquisition capability maturity model，SA-CMM)，来帮助平台企业对系统开发外包项目进行有效的质量管理，以分担项目风险和成本，以及重复利用产品和经验。直接购买模式不涉及软件系统项目的管理问题，但对平台企业的软件采办能力有一定的要求。

在系统开发方面的适用性上，自行开发的系统常常充分地考虑了平台企业内部管理的实际情况，由于充分熟悉业务而能对企业经营模式进行全面的把握，因此开发出来的软件系统在适用性上是最好的。采用系统开发外包模式开发系统时，往往会因开发商对平台企业的管理和业务流程的理解不完全准确，使得系统在适用性方面会有一定的偏差。合作开发模式开发出的系统的适用性介于自行开发与系统开发外包两者之间。直接购买的系统更多的是考虑通用的功能和管理模式，所以适用性是最低的。

在系统开发方面的集成性上，自行开发的系统由于过于强调适用性，其结果往往只是对企业现有的管理过程进行简单的电脑化，将以往的手工文档变成电脑文档。软件的设计和开发人员一般不能通盘考虑企业的整体管理和经营思路，所以在系统管理的集成性方面较差。各个环节的电脑数据常常会成为一个个“信息孤岛”，无法为平台企业的管理决策者提供有效的信息和决策依据。而其他三种模式都可以借助软件开发商多年行业应用软件的开发实施经验和比较强的开发能力，使得目标系统能够基于先进的管理理论和实践经验，充分考虑到平台企业的方方面面，将各个环节的数据集中分析、集中管理，注重系统的合理性、强调逻辑性，从而实现数据的一致性和有效性，将企业组织的物流、资金流、计划流、信息流合理规划，为企业的管理者和决策者及时有效地提供数据信息和决策依据。

在系统开发方面的稳定性上，直接购买的商品化软件一般来说经过了多年众多客户的检验，存在的问题几乎很少，具有较高的稳定性。而其他三种模式开发出来的系统，由于未经过实践检验，所以在稳定性方面远远低于商品化软件。

在系统开发方面的开发周期与成本控制上，自行开发系统要经过软件生命周期的各个环节，开发周期较长，开发成本不容易得到有效控制。系统开发外包的开发周期可以因重用了软件开发商以往的项目成果而缩短。由于系统开发外包的投入是事先确定的，且有项目合同，所以对平台企业而言，成本是可控制的。合作开发模式的开发周期和成本控制的难度介于自行开发模式和系统开发外包模式之间。直接购买的系统省去了软件生命周期的开发过程，直接进入安装、运行、维护阶段，周期最短，成本最容易控制。

在系统开发方面的软件维护与升级换代上，自行开发的系统和合作开发的系统在维护方面有便利的一面，但也存在着因开发人员的流动而陷入困境的问题。开发外包的系统和直接购买的商品化软件，无论软件开发公司的人员如何变换，其软件质量和维护都是比较有保障的。与一个公司合作的风险显然要低于与个人合作的风险。直接购买的商品化软件往往会定期进行升级换代，其他三种模式开发出来的系统一般很难做到定期的升级换代。

总之，平台企业应根据自身的实际情况来决定选择何种方式。例如，我国目前自行开发的商品化物流软件还比较少，引进国外的物流软件不大适合我国国情，价格也十分昂贵。如果平台企业具备实力雄厚的软件开发团队，可以选择自行开发的方式。对平台企业来说，系统开发外包模式是在几种开发方式中最省事的一种。由于整个开发工作委托给外单位，故选择具有开发经验、又熟悉本系统业务的委托单位，并正确地将企业对新系统的需求传达给委托单位，就成为开发成功的关键。因此，企业应当事前在调查研究的基础上，向委托开发的软件开发商提出系统开发任务书，明确新系统的目标、范围和总的功能需求。在开发过程中，企业应派出精通管理业务的人员参与开发方案的研究，并监督控制工作的进展，以保证工作的质量。

3.3　物流公共信息平台建设过程管理

3.3.1　物流公共信息平台建设过程质量管理

软件质量是指软件产品中能满足给定需求的各种特性的总和。这些特性称做质量特性，包括功能度、可靠性、易使用性、时间经济性、资源经济性、可维护性和可移植性等。

在软件开发的生命周期中，软件质量不但是测试人员必须承担的责任，同时也要求软件开发过程中每一个环节都必须严守开发规范、遵守管理流程。软件质量管理在于软件开发全过程，而不是仅仅在于测试这一特定的环节，测试应该是软件开发全过程质量管理的最后一个关卡。例如，在软件开发的初期，软件分析人员因为设计问题而出现失误，如果没有采取全过程的质量管理措施，很难在开发初期及时发现错误并加以纠正，那么等到测试环节才发现的话，这时开发所投入的人力资源和财力将会付之东流。研究和实践都表明，在软件开发过程中，越早发现问题，更正该问题所需付出的代价将越远远小于开发后期才进行更正时所付出的代价。

物流公共信息平台建设过程质量管理的目标是平台功能满足用户需求、软件质量特性良好、开发成本和维护费用较低、软件及时交付使用等。要保证物流公共信息平台开发的质量，必须通过一定的管理模型(如CMM/CMMI、ISO9000)进行软件开发全过程的质量管理。

1. ISO9001质量管理体系

ISO9001是一个适用于所有企业的标准，是具有通用性的质量保证和管理标准。ISO9001企业的质量管理体系提供了一个宏观的框架，描述了一般质量系统的需求，适用于硬件、软件、流程材料和服务四大类。

对于软件开发企业而言，ISO9001规定了质量管理体系要求，用于证实软件开发企业具有提供能够满足顾客要求和实用法规要求的软件产品的能力，以增进顾客的满意度，并且可作为所有软件产品设计、开发、生产、安装和维护时质量保证的参考文件，是评价软件质量的首要标准。

相对而言，ISO9001标准较容易在制造业中实施，而对软件开发缺乏一定的针对性，信息技术企业(软件、集成)的质量指标体系与制造业的质量指标体系不完全相同。后以ISO9001标准的追加形式制定出ISO9000-3标准，用做软件开发、供应及维护的指南。ISO9000-3标准的核心思想是将质量制作于产品之中，强调质量并非在产品检验中得到，而是形成于生产的全过程。ISO9000-3描述了如何进行有组织的质量保证活动，才能得到较为满意的软件，也规定了从签订开发合同到设计、实现以至维护整个软件生命周期中应当实施的质量保证活动。该标准指出软件在完成编码以后，不论花多大力气用于测试，提高质量都是有限度的，而且需求规格说明、设计说明中存在的问题常常是测试无法发现的，所以，软件产品的质量取决于软件生命周期所有阶段，尤其是前期阶段的活动。ISO9000-3要求明确供需双方的职责，对所有可能影响软件质量的各个因素都采取有力措施，严格进行管理和控制，必须使影响产品质量的全部因素在生产全过程中始终处于受控状态。

ISO9004专门用于企业内部建立和实施全面有效的质量体系，从而确保客户满意，可以用做指导改善软件质量。ISO9004包括ISO9004-1《质量管理和质量体系要素第1部分：指南》、ISO9004-2《质量管理和质量体系要素第2部分：服务指南》、ISO9004-3《质量管理和质量体系要素第3部分：流程性材料指南》和ISO9004-4《质量管理和质量体系要素第4部分：质量改进指南》。ISO9004-2质量管理标准是针对"服务"这类产品所制定的质量管理体系标准，是从服务企业内部质量管理的需要出发，阐述了服务企业质量体系的原理、结构和建立质量体系的基本要素，并阐述了与质量体系相关的顾客和组织的需要及其期望，对双方的利益、成本和风险进行了分析，该标准是指导服务企业建立有效质量体系的依据。因此，ISO9004-2是指导软件维护和服务的质量体系标准，可用于指导和支持软件产品的维护和服务。

2. 软件能力成熟度模型

软件能力成熟度模型(capability maturity model for software，CMM)是专门针对软件行业的国际标准，是用来评价软件机构的软件过程能力成熟度的模型。该模型在建立和发展之初，其主要目的在于提供一种评价软件承接方能力的方法，为大型软件项目的招投标活动提供一种全面而客观的评审依据。该模型发展到后来，被软件组织用于改进其软件过程。

CMM 侧重于对企业的软件过程和软件能力的评估，它提供的是一个软件过程改进的框架，这个框架与软件开发的生命周期无关，更与项目管理的生命周期无关。CMM 作为一个指南能够帮助软件企业选择、采纳和合理地使用一些先进的软件项目管理方法和软件开发方法，并在实践活动中不断提高和完善，从而极大程度地提高了企业按计划的时间和成本提交有质量保证的软件产品的能力。

CMM 为企业软件能力提供了一个阶段式的五级进程，分别是初始级、可重复级、定义级、管理级、优化级。任何开始采纳 CMM 体系的机构都归于第一级初始级。每一级都设定了各自的目标组，如果达到相应的目标，则可向上一级推进，由于每一个级别都必须建立在达到了低于它的全部级别的基础之上，因此 CMM 等级的提高只能是一个渐进有序的过程。

3. 能力成熟度模型集成

CMM 发布之后，在 CMM 原有的基础上衍生开发出其他多种能力成熟度模型，并在许多组织都得到良好的应用，能力成熟度模型集成(capability maturity model integration，CMMI)就是其中一个。CMMI 的重大改进在于它不仅完善了 CMM 本身，而且充分考虑了软件工程和系统工程的集成，融入软件工程领域新的经验和理论，融合了全面质量管理的思想，使得 CMMI 不再局限于纯粹软件的范畴。CMMI 的主要目的是消除不同模型之间的不一致和重复，降低基于模型改善的成本。CMMI 将以更加系统和一致的框架来指导组织改善软件过程，提高产品和服务的开发、获取和维护能力。

CMMI 为软件企业的过程改进提供了标准，不同类型软件企业引入 CMMI 等级评估，可以卓有成效地开展软件过程改进工作，提升软件质量管理水平。CMMI 已成为国际上最流行、最实用的软件生产过程标准和软件企业成熟度等级认证标准。CMMI 不仅帮助软件企业提高质量、降低成本、减少风险，更是一个国家软件工业走向成熟的重要标志。

现在业界使用的 CMMI 最新模型是 2002 年发布的 1.1 版本系列，它们是 CMMI-SE/SW/IPD/SS、CMMI-SE/SW/IPD、CMMI-SE/SW、CMMI-SW。这四个模型之间是有关系的，前者均为后者的扩充，即 CMMI-SE/SW 是 CMMI-SW 的扩充，CMMI-SE/SW/IPD 是 CMMI-SE/SW 的扩充，CMMI-SE/SW/IPD/SS 是 CMMI-SE/SW/IPD 的扩充。

在具体实践中，不同组织可根据实际需要选择 CMMI 模块，可以选择侧重软件工程，或侧重系统工程，亦可两种都选择。并行工程和外购协作主要用于配合软件工程和系统工程的内容实施。例如，纯软件企业可以选择 CMMI 中的软件工程的内容；设备制造企业可以选择系统工程和外购协作；系统集成的企业可以选择软件工程、系统工程及集成的产品和过程开发。因此，CMMI 模型可以适用于不同的应用领域。

4. 软件采办能力成熟度模型

软件采办能力成熟度模型是为需要采购或分包软件系统的公司或组织设计的能力成熟度模型，用来评估、改善或控制软件系统的获取过程。平台企业采取系统开发外包的目的就是通过外包方式来追求项目的成本缩减、进度超前、管理高效和产品的质量保证。因此，物流企业需要从提高自身的角度出发，获得必要的专业技术，以降低项目风险和成本，并重复利用已有的产品和经验。软件采办能力成熟度模型可以帮助物流企业对系统开发外包项目进行有效的质量管理。

与 CMM 不同的是，软件采办能力成熟度模型关注的是软件购买者的软件能力成熟度；而 CMM 关注的是软件系统承包者或开发商的软件能力成熟度。软件采办能力成熟度模型适用于软件生命周期的各个阶段，包括维护过程。

软件采办能力成熟度模型按照软件采购过程的不同成熟度划分为五级，即初始级、可重复级、已定义级、定量管理级、优化级，每个等级都有一些关键过程域。软件采办能力成熟度模型的各关键过程域描述了软件采购不同阶段的关键活动。例如，采购计划、招标这些关键过程主要发生在项目策划阶段，产品交付维护主要发生在交付阶段，而需求开发与管理、合同跟踪与监督、项目管理等则贯穿于整个软件采购生命周期的始终。培训计划管理主要关注整个组织的过程标准化；定量采购管理、定量过程管理帮助组织对产品与采购过程进行量化的管理和控制；采购创新管理、持续过程改进则推动组织实现过程改进的制度化和持续的改进。

5.“计算机软件质量保证计划规范”GB/T12504—1990

国家标准“计算机软件质量保证计划规范”GB/T12504—1990 规定了在制订软件质量保证计划时应该遵循统一的基本要求。该规范适用于软件，特别是重要软件质量保证计划的制订工作。对于非重要软件或已经开发好的软件，可以采用该规范规定要求的子集。“计算机软件质量保证计划规范”为软件质量管理过程提供了详细的、可操作的指导。

3.3.2　物流公共信息平台建设过程配置管理

软件配置(software configuration，SC)是一个软件产品在软件生命周期各个阶段所产生的各种形式(机器可读或人工可读)和各种版本的文档、程序及其数据的集合。该集合中的每一个元素称为该软件配置中的一个配置项。软件配置项(software configuration item，SCI)包括各种管理文档和技术文档，源程序与目标代码，以及运行所需的各种数据等(配置管理的资源对象)所有纳入管理范围的系统构成成分。软件配置在软件开发期间逐步形成，在开发和维护过程中会发生多次修改，并且这种修改会经常出现。因此，这些修改应该按一种受控的方式进行，否则就会造成混乱。保持软件配置的正确性和完整性是一件复杂而重要的工作。

软件配置管理(software configuration management，SCM)是标识和确定系统中配置项的过程，在系统整个生命周期内控制这些项的投放和更改，记录并报告配置的状态和更改要求，验证配置项的完整性和正确性。软件配置管理的目的就是通过配置标识(configuration identification)、配置控制(configuration control)、配置状态报告(configuration status accounting)和配置审计(configuration audit)，来建立和维护工作产品的完整性、一致性、可追溯性。软件配置管理通过一系列技术、方法和手段，对软件配置进行标识、组织和控制更改，来维护产品的历史，鉴别和定位产品独有的版本，在产品开发和发布阶段控制变化，从而使软件配置管理制度化，有效减少重复性工作，保证软件产品的质量和效率。

1. 软件配置管理的角色与职责

软件配置管理首先是一个管理工作，其次才是技术活动。因此，要想真正实施配置管理，必须制定切实可行的配置管理规程，一定要结合实际项目的开发情况，制定的流程要具有可操作性，不能过于复杂和求全。软件配置管理规程指导软件配置管理工作的有序执行，有统一的标准可以依据。软件配置管理规程要根据实际过程情况定期进行更新。

软件配置管理活动在整个开发活动中是一项支持性、保障性的工作，实施配置管理的项目需要全体开发人员的参与，同时要求全体开发人员必须了解配置管理策略和流程，了解如何与开发管理、项目管理相结合，了解配置管理工具相关内容，以及了解配置管理工具与开发相关的常用操作。

软件配置管理中的组织与角色包括配置控制委员会(configuration control board，CCB)、配置负责人、配置管理员、配置审计员、项目经理、软件开发人员、集成人员及质量保证人员。

(1)CCB。CCB是由管理专家和技术专家组成的，对配置管理具有决策权限和职责的小组实施软件技术状态控制。可根据组织和任务的具体情况，建立多级

CCB管理，上级CCB负责协调下级各部门CCB的关系，各级CCB将负责不同规模、不同领域、不同阶段、不同程度的软件配置控制。CCB负责批准配置管理计划、批准基线配置项的选择、评审基线变更请求，决定变更请求是否被批准或推迟实施，负责批准基线发布。

(2)配置负责人。配置负责人的职责是编制配置管理计划、监控配置管理过程的实施、协调项目的配置管理活动、负责配置审计工作、监控配置审计中的问题直至关闭、提交配置管理工作报告。

(3)配置管理员。配置管理员的职责是根据项目经理制定的开发组织结构和策略，实施、维护配置管理的环境，包括创建配置管理库，对存储库进行日常备份和恢复，维护配置管理环境，以及管理配置管理相关的用户。

(4)配置审计员。配置审计员的职责是执行配置审计、编制配置审计报告。

(5)项目经理。项目经理在配置管理方面的职责是依靠配置管理员、系统管理员和系统体系结构设计人员的帮助，制定项目的组织结构和配置管理策略，包括定制开发子系统、定制访问控制、制定常用策略、制定集成里程碑及进行系统集成，并且负责授权相关受控配置项的变更，组织并参与配置管理评审活动。

(6)软件开发人员。软件开发人员依据项目的开发和配置管理策略，以配置库中内容作为工作基础，创建、修改和测试开发构件，协助配置管理工作，按要求提交配置项。

(7)集成人员。集成人员的职责是对软件进行归并，形成相应的基线或发布版本。

(8)质量保证人员。质量保证人员需要对软件配置管理有较深的认识，其主要工作是跟踪当前项目的状态、测试、报告错误，并验证其修复结果，以及评价配置管理工作是否符合要求。

2. 软件配置管理计划

软件配置管理计划是项目总体开发计划中的一部分，在项目规划期间进行制定是项目初期必须做好的工作，特别是各开发阶段的配置管理计划。在项目开发过程中，应严格按照配置管理计划执行，保证执行的结果与计划的要求相一致，否则将导致整个过程杂乱无章。配置管理计划的编写应遵循国家标准《计算机软件配置管理计划规范》GT/T12505-90 的要求。

软件配置管理计划的内容从管理，软件配置管理活动，工具、技术和方法，对供货单位的控制，以及记录的收集、维护和保存五个方面进行描述。

(1)管理。其描述的是负责软件配置管理的机构、任务、职责及其有关的接口控制。

(2)软件配置管理活动。其描述的是配置标识、配置控制、配置状态报告及配置审计四方面的软件配置管理活动需求。

(3)工具、技术和方法。其指明为支持特定项目的软件配置管理所使用的软件工具、技术和方法，指明它们的目的，并在开发者所有权的范围内描述其用法。

(4)对供货单位的控制。供货单位是指软件销售单位、软件开发单位或软件子开发单位。必须规定对这些供货单位进行控制的管理规程，从而使从软件销售单位购买的、其他开发单位开发的，或从开发单位现存软件库中选用的软件能满足规定的软件配置管理需求。管理规程应该规定在本软件配置管理计划的执行范围内控制供货单位的方法，还应解释用于确定供货单位的软件配置管理能力的方法，以及监督他们遵循本软件配置管理计划需求的方法。

(5)记录的收集、维护和保存。其指明要保存的软件配置管理文档，用于汇总、保护和维护这些文档的方法和设施(其中包括要使用的后备设施)，以及要保存的期限。

3. 软件配置管理活动

软件配置管理活动包括配置标识活动、配置控制活动、配置状态报告活动及配置审计活动四个方面。

(1)配置标识活动。配置标识是配置管理的一个构成部分，它包括为系统选择配置项，并在技术文档中记录其功能特征和物理特征。配置标识活动是指标出项目中的配置项并对其特性进行记录的过程。配置项是配置管理下作为单个实体对待的，如一个文档、一个源文件等。

首先必须明确项目生命周期内所要产生的工作产品，其次确定工作产品的名称和标识规则，详细说明和描述每个基线的项(包括应交付的文档和程序)、有关每个基线的评审与批准事项和验收标准，描述该软件项目的所有软件代码和文档的标题、代号、编号及分类规程。配置标识的目的就是能够迅速地、容易地发现和确定任一项目构件的正确版本。配置标识的原则是保证配置管理工具检索便利，让项目组成员容易记住标识规则，同时要确保组织一级标识规则的一致性。

(2)配置控制活动。配置控制活动是指在配置项的标识正式确定以后，对配置项的更改情况所做的估价、协调、批准或不批准的过程。必须严格控制配置的更改，制定配置控制修改处理规程，建立不同层次(型号系统、分系统、单个软件项目)配置控制组织和修改管理机构，明确各个层次的不同修改批准权限；应非常重视对各类接口的控制及与有关方面的协调；还应制定与特殊产品(如非交付软件、现有软件、用户提供的软件及内部支持软件)有关的配置规程。

配置控制活动的主要工作就是版本管理。版本管理一般是借助配置管理工具来完成的。版本管理包括变更控制及建立和发布基线。

(3)配置状态报告活动。配置状态报告活动是指记录和报告某一配置所需的信息，包括列出经批准的配置标识表、列出对配置提出更改的状态表和经批准的更改实现状态。配置状态报告活动规定如何收集、处理和报告配置项的状态信息，及时记载更改活动，说明要定期提供的报告及其分发方法。

(4)配置审计活动。配置审计活动也称配置检查和评审活动，是指证明所要求的全部配置项均已生产出来，当前的配置与规定的需求相符，技术说明书完全而准确地描述了各个配置项，并且曾经提出的所有更改请求均已得到解决的过程。配置审计活动证实产品的完整性，规定每次配置检查和评审的时机、要求和解决发现的问题的工作规程。此外，还应考虑软件配置项的存放媒体、保存和使用的安全保护方法和设施，防止非法存取、意外损坏或自然老化。

配置审计包括两方面的内容，即配置管理活动审核和基线审核。配置管理活动审核用于确保项目组成员的所有配置管理活动，遵循已批准的软件配置管理方针和规程，如检入(check in)/检出(check out)的频度、工作产品成熟度提升原则等。实施基线审核要保证基线化软件工作产品的完整性和一致性，并且满足其功能要求。基线的完整性可从以下几个方面考虑：①基线库是否包括所有计划纳入的配置项；②基线库中配置项自身的内容是否完整，如文档中所提到的参考或引用是否存在等。此外，对于代码，要根据代码清单检查是否所有源文件都已存在于基线库。同时，还要编译所有的源文件，检查是否可产生最终产品。一致性主要考察需求与设计，以及设计与代码的一致关系，尤其在有变更发生时，要检查所有受影响的部分是否都做了相应的变更。对审核发现的不符合的配置项要进行记录，并跟踪直到解决。

4. 软件配置管理工具

软件配置管理工具是实施配置管理过程中必不可少的CASE工具，可以管理软件开发过程中烦琐的工作。软件配置管理工具的发展经历了三个阶段：①初级阶段是基于文件、以版本控制、支持检出/检入模型和简单分支为主要特征的版本控制工具；②中级阶段是基于项目库，支持并行开发团队协作及过程管理，适合管理中小型的项目，在版本管理的基础上增加变更控制、状态统计功能的项目级配置管理工具；③高级阶段则全面结合配置管理等各个软件开发环节的软件配置管理整体解决方案，在实现传统意义的配置管理基础上又具有比较强的过程管理功能的企业级配置管理工具。

1)软件配置管理工具的主要功能

软件配置管理工具的主要功能包括以下几点。

(1)版本控制。版本控制是对在软件开发过程中文件或目录发展过程进行追踪的手段。这些文件不仅仅是源代码，还可以是可执行文件、位图文件、库文件、需求文档、设计说明、测试计划等。目录发展状况包括源文件的建立、重新命名、重新构造和删除操作等。版本控制可以对每一个软件组件的版本进行维护和控制，并提供版本的分支和归并功能，用于支持并行开发。

版本控制功能记录每个软件配置项的所有历史记录，包括该软件配置项由何人创建、何人在何时因何原因进行了修改等信息，以及对这些软件配置项版本所进行的检索和信息查询等活动。通过版本树可以对软件系统的不同演化方向进行管理。软件配置项的版本管理是记录一棵带有时间标记的配置项版本演化的树结构信息。

版本控制将文件分为服务器版本(受控版本)和本地机版本(非受控版本)两种，服务器版本始终保持最新的版本，而本地机版本则是开发人员下载到各自开发机上的服务器版本复本，并以此为基础在本地机上进行下一步的开发工作，完成后再上传服务器，更新相应的服务器版本。

从版本控制服务器上获取服务器版本副本的过程称为检出。把本地版本提交到服务器的动作称为检入。当某个开发人员对某个源文件的服务器版本进行签出操作时，该文件将被锁定，且只能被该开发人员改写或更新，其他开发人员只有读权限，没有写权限，直到该开发人员对该源文件进行了签入操作为止。因此，当开发人员需要修改文件时，应下载与自己工作相关的部分，并尽快提交更新后的版本，以免影响其他开发人员的工作。

(2)工作空间管理。在软件配置管理工具中，所有开发人员的工作成果都必须存放在配置库中，由软件配置管理工具进行管理。软件配置管理工具提供对工作空间的管理和维护，使得不同的开发人员或开发团队拥有独立的不相互影响的工作空间，能自动跟踪工作空间中所有类型的变更，如查找与某个源文件版本对应的设计文档版本，并支持多个开发人员并行开发一个项目。

工作空间是隔离的，开发人员根据任务分工获得对相应配置项的操作许可之后，将所有必要的项目文件拷贝到私有的一个树型目录下，即在自己的私有开发分支上进行工作，对这些副本进行修改。确保相应的配置项的版本在私有分支上的推进，除该开发人员外，其他人员均无权操作该私有空间中的元素；一旦对修改感到满意，开发人员就可以将修改合并(merge)到开发主线(main line)上去，如果该文件只有该成员一人修改，则直接将修改过的文件检入到主项目中。

(3)基线管理。基线在指定的项目里程碑处创建，用以确定固定文件和目录的版本集。在软件配置管理环境中，参与项目的开发人员将基线所代表的各版本目录和文件填入他们的工作区。随着工作的进展，基线将合并自从上次建立基线以来开发人员已经交付的工作。变更一旦并入基线，开发人员就采用新的基线，以与项目中的变更保持同步。调整基线将把集成工作区中的文件并入开发工作区。

软件配置管理工具一般都支持两种类型的基线，即递增式的基线和完整的基线。递增式的基线是通过记录上次完整的基线，以及自从上次完整基线创建后变更的版本来创建的基线。完整的基线是指通过记录构件根目录下的所有版本而创建的基线。一般而言，创建一个递增式的基线需要花费的时间比较少。但对于软件配置管理工具来说，查找完整基线中的内容需要花费的时间则比较少。

基线管理的过程是指每个基线都将接受配置管理的严格控制，对其修改将严格按照变更控制要求的过程进行，在一个软件开发阶段结束时，上一个基线加上增加和修改的基线内容形成下一个基线。第一个基线建立之前，对变化不需要进行管理或者较少管理，一旦建立了基线后，就必须对变化进行有效管理，而且以这个基线作为后续工作的基础。不变化的构件不要纳入基线管理；如果一个构件的变化对其他构件没有影响，则该构件也可以不纳入基线管理。

一般情况下，在项目过程中，应该在与生命周期各阶段结束点相关联的主要里程碑处定期建立基线，如果采用迭代法进行开发的话，还应在每次迭代结束点(次要里程碑)处建立基线。定期建立基线以确保各开发人员的工作与项目中的里程碑保持同步。按照经验，如果一个子系统中有多达30%的构件被变更，就需要建立新的基线。

(4)构建与发布管理。构建和重新构建(rebuild)功能帮助开发人员正确和快速地构造和重新构造软件产品的任何版本。软件配置管理工具一般都利用流行的构建工具进行产品构建，能自动处理构建需要的依赖关系，能收集和维护重新产生以前构建过的版本所需要的信息。

软件发布(software release)管理为不同的用户提供不同的版本，避免其中发生混乱。软件部署(software deployment)管理帮助在分布式环境中部署整个系统。

2)几种常用的软件配置工具

(1)VSS(visual source safe)。VSS是微软公司的产品，提供文件的版本跟踪功能，提供简单的基线管理和构建管理功能。VSS的优点包括易学易用、安装和配置简单、不需要额外的培训、采用标准的Windows操作界面。VSS的缺点包括只能运行在Windows平台上、不能跨平台、安全性低、不提供流程管理功能、不支持远程管理。

(2)CVS(concurrent versions system)。CVS是一个得到了广泛使用的开放源代码产品，可运行在UNIX、Linux和Windows平台上。CVS提供的功能包括版本控制功能、基线管理、构建管理。CVS的优点包括简单易用、源代码和安装文件都可以免费下载、跨平台、支持远程管理、支持并发版本控制。CVS的缺点是由于CVS是免费的，所以缺少相应的技术支持；不提供对变更流程的自动管理功能。

(3)ClearCase。ClearCase是Rational公司(已被IBM收购)开发的软件配置管理工具，ClearCase提供的功能包括版本控制、构建管理、工作空间管理和过程控制，即包括从最初的软件配置计划到配置项的确立，从变更控制到版本控制的相关功能。ClearCase的优点包括功能强大、贯穿于整个软件生命周期、跨平台。

ClearCase 的缺点是 ClearCase 的安装、配置、使用比较复杂，需要进行专门的团队培训。

(4)Harvest。Harvest 是 CA 公司一个基于团队开发的、提供以过程驱动为基础的、包含版本管理和过程控制等功能的企业级配置管理工具。它可帮助在异构的平台、远程的分布开发团队及并发开发活动的情况下保持工作的协调和同步，不仅如此，它还可以有效跟踪复杂企业级开发的各种变化(变更)差异，使得可以在预定的交付期内提交高质量的软件版本。Harvest 的优点包括较强的过程管理、支持分布式的开发、最大化应用各种平台。Harvest 的缺点是配置复杂，属于企业级应用，应用范围较窄。

3.3.3　物流软件及部件外购的主要评价因素

物流软件及部件外购是指从第三方购买或获得现成的物流软件系统或具有物流管理功能的软件构件。外购软件又称市售软件，是指将商品化的产品或技术直接拿来使用。采用外购软件方式能够缩短开发周期中编码、调试、单元测试和代码检查阶段的时间，外购软件的使用可以提高软件系统的开发效率，缩短开发周期，降低开发成本。

当物流公共信息平台建设过程中需要使用外购软件时，应从以下两方面进行综合评价。

1. 对开发商的评审

先对外购软件的开发商进行调研和评估，包括充分了解开发商开业时间的长短，开发商的背景和信誉，开发商的财政情况、资质和发展目标；充分了解开发商已有用户对其的评价和意见；充分了解开发商人力资源的投入；充分了解开发商对本物流软件开发项目的支持情况及承诺；充分了解开发商对物流业务和本物流软件项目需求的理解程度；等等。因此，最终用户与技术人员必须参与外购软件供应商的选择，考虑的重点要放在业务需求上而非技术本身。

在开发商的资质方面，一般考虑开发商是否通过了 ISO9000 认证，或开发商是否达到 CMM 或 CMMI 的相应软件能力成熟度级别。CMM/CMMI 已经逐渐被国际和国内用户所接受，成为检验软件企业开发和设计的一项重要资质。在软件项目招标评标过程中，需要解决的主要问题就是对多个开发商的软件开发能力给出客观、准确的评价，以便于选择合适的软件开发商。在这种评价过程中，可以根据软件项目的具体需求，对 CMM/CMMI 进行合理的剪裁，以剪裁后得到的模型版本作为一种评价标准。

2. 对外购软件的评估

对外购软件的评估应从以下几个方面进行。

(1)外购软件的前期历史。由于外购软件不提供开发和分析文档，其质量状况无法真实掌握，因此，外购软件的前期历史记录是否良好，是判断外购软件质量好坏的主要依据之一。非常典型的做法是，针对有关型号软件开发和使用方面的情况，走访该软件的用户，现场参观软件的使用和运行状况等。

(2)外购软件的成本。在考察外购软件的成本时，不仅考虑购买时一次性支出的成本，还应考虑外购软件以后的维护成本，包括日常运行过程中的技术支持费用、每年需要支出的维护费用、外购软件版本升级的费用、所购买外购软件的使用许可的数量。使用许可的数量是无限的还是有限的，会直接影响在业务扩大后需要软件增加的用户数量时是否需要支出相应的增加用户数的费用。如果使用许可的数量是无限的，则不需要支出新的费用，否则就需要支出新的费用。

(3)外购软件提供的能力。应在系统需求分析和定义或软件需求分析期间构造系统原型，以评价外购软件的能力和性能。性价比分析还要考虑易学性、易用性、供应商名声和长期稳定性、许可方式和培训等因素。所有与性能有关的声明必须尽可能采用内部或外部基准或演示来得到有效性认证。在软件使用和维护期间，应综合考虑是否需要使用外购软件新版本所提供的能力、开发商对外购软件老版本的支持是否充分等因素，以做出是否进行升级的决定。

(4)外购软件的质量要求。对外购软件的质量评价主要从可靠性、成熟性、安全性、可维护性等几个方面进行。

可根据国家标准《信息技术软件包质量要求与测试》GB/T 17544-1998 的要求，对外购软件进行测试。在软件测试期间，应加强对外购软件接口的测试。若测试结果表明外购软件不能按要求运行，则应寻求开发商的支持，以便检测并纠正问题。

在整个开发周期中，当需求更改影响到由外购软件构成的软件部件时，应重新评估对外购软件的选择。

(5)外购软件的技术要求。外购软件的技术评估包括构件功能、性能及兼容性的评估。由于外购软件经常是以黑盒的方式发布的，构件的接口是开发人员可以获得的有关构件的唯一信息资源，因此，外购软件的评估大多数依赖于对其接口的分析，更关注如何将系统硬件与软件更好地组合在一起，更侧重于兼容性、可配置性和可集成性等结构上的问题。

3.4 本章小结

本章首先介绍了物流公共信息平台的规划过程，分为确定组织战略规划、制定平台战略规划、平台需求分析、平台组织资源分配、制订项目计划五个阶段。其次详细介绍了物流公共信息平台的开发设计原则、生命周期管理、开发设计方法、开发模式及选择等内容。最后分析了物流公共信息平台的建设过程管理，包括建设过程质量管理、建设过程配置管理、物流软件及部件外购的主要评价因素等，为物流公共信息平台的开发建设提供技术指导和借鉴。

第 4 章

物流公共信息平台技术实现与技术服务模式

物流公共信息平台由复杂的计算机软硬件系统组成，在物流公共信息平台的技术实现上，重点在于采用什么样的体系结构、关键技术，建设什么样的数据中心，以及运用什么样的服务模式，从而保证物流公共信息平台为用户提供良好的服务。这里，物流公共信息平台的体系结构通常是指平台中各类系统及它们之间的联系；关键技术是实现体系结构的具体编程工具和信息技术手段；数据中心是物流公共信息平台软硬件集成部署的场所；而技术服务模式则是指体系结构中的各类系统以什么样的方式供外界使用。

基于分层式的体系结构是目前比较成熟的、大多数物流公共信息平台采用的体系结构。面向服务的体系结构（service-oriented architecture，SOA）技术、Web Services 技术等的出现为物流公共信息平台应用软件的开发提供了关键技术，而 GPS/GIS、移动商务等技术的出现则为物流公共信息平台应用支撑提供了关键技术。云计算的出现为物流公共信息平台数据中心的建设提供了一种新的思路和服务模式，它从用户的需求出发，通过软件提供商、平台运营商将网络资源作为服务按需进行资源的部署和提供。

本章将系统地阐述物流公共信息平台的体系结构、关键技术、数据中心建设及技术服务模式，从而为后续物流公共信息平台的建设提供技术支撑和理论框架依据。

4.1 物流公共信息平台体系结构

计算机体系结构是指运用计算机设计方法对计算机系统的硬件、软件，计算机所完成的功能，以及计算机所对应的复杂现实世界的一种映射和抽象，是计算机技术人员所能够描述、能够看到和能够理解的计算机属性，包括其概念性结构与功能特性，是以特定规则适当地组织在一起的一系列系统元素的集合。这些系统元素之间互相配合、相互协作，通过对信息的处理而完成预先定义的系统目标。良好的计算机体系结构意味着普适、高效和稳定，它具有普遍的适用性，能够高效地处理多种多样的个体需求，具有防止系统崩溃的内在稳定性。

物流公共信息平台作为物流领域平台经济的载体和系统化的社会工程，其体系结构设计就是平台建设的顶层设计，整个平台系统的开发将依据该设计实施。因此，应运用系统论的方法，从全局的角度，对物流公共信息平台的各方面、各层次、各要素统筹规划，以集中有效资源，实现理念一致、功能协调、结构统一、资源共享、组件标准化，高效快捷地实现物流公共信息平台的建设与运营。

物流公共信息平台作为复杂的计算机系统，其体系结构的设计遵循计算机体系结构设计的一般原理、理念、原则和方法。物流公共信息平台体系结构设计遵循先进、科学、简洁、实用、高效、稳定和开放等设计理念，这些设计理念是物流公共信息平台在前期调研构建过程中所确立的主导思想，它体现了物流公共信息平台自身的风格和特点，是物流公共信息平台体系结构设计的精髓所在。

物流公共信息平台的构建是一个宏大复杂的系统工程，其构建涉及政府相关部门、用户、物流服务商、技术提供商等多个外部主体。进行物流公共信息平台外部体系结构设计，需要先理清物流公共信息平台外部各相关部分之间的逻辑关系和边界。物流公共信息平台外部关系包括物流公共信息平台与其他公共基础设施平台之间的互联模式及逻辑关系。物流公共信息平台体系结构则是物流公共信息平台内部的系统模块及其逻辑结构。

4.1.1　物流公共信息平台总体结构设计

物流公共信息平台的总体结构是一种多系统互联模式的体系结构，它是由物流业战略性、基础性的产业性质决定的。信息资源整合是物流公共信息平台的基本职能之一，物流公共信息平台是物流信息资源交换和汇集的中心，通过信息标准化建设及信息交换协议整合不同部门不同行业的信息资源。

与物流公共信息平台互联的外部公共基础设施平台包括相关政府职能部门(税务、电子口岸、工商、发改委、交通、检验检疫等部门)的电子政务信息系统、CA 安全认证系统、物流企业信息系统、金融机构信息系统、工商企业信息系统及信用评级系统。

物流公共信息平台的商务系统主要实现物流供求信息发布等物流交易服务功能，以及与物流业务相关的增值技术服务功能，如在线交易、电子报关等。

物流公共信息平台的电子政务信息系统是基于政府相关部门所掌握的涉及物流企业、从业人员、运输车辆船舶和物流基础设施等方面的政务信息，提供相关物流管理服务和政务信息服务功能。

物流企业和工商企业信息系统接入物流公共信息平台使物流供需信息交流更便利、更充分，有利于对物流信息资源的整合和优化。金融机构主要包括银行和保险，物流交易过程中交易费用的结算、保险费的支付和赔偿都有涉及银行和保险公司的环节。金融机构对物流公共信息平台的功能需求表现为企业诚信评估和电子支付结算功能，企业诚信评估要与专门的信用评价机构结合在一起，对物流企业和工商企业交易过程中的行为进行评价，并采用信用评价体系对企业进行信用等级评定；电子支付结算功能使用户可以通过物流公共信息平台在线完成货款的支付、交易、转账、结算等。

物流公共信息平台总体结构如图 4-1 所示。

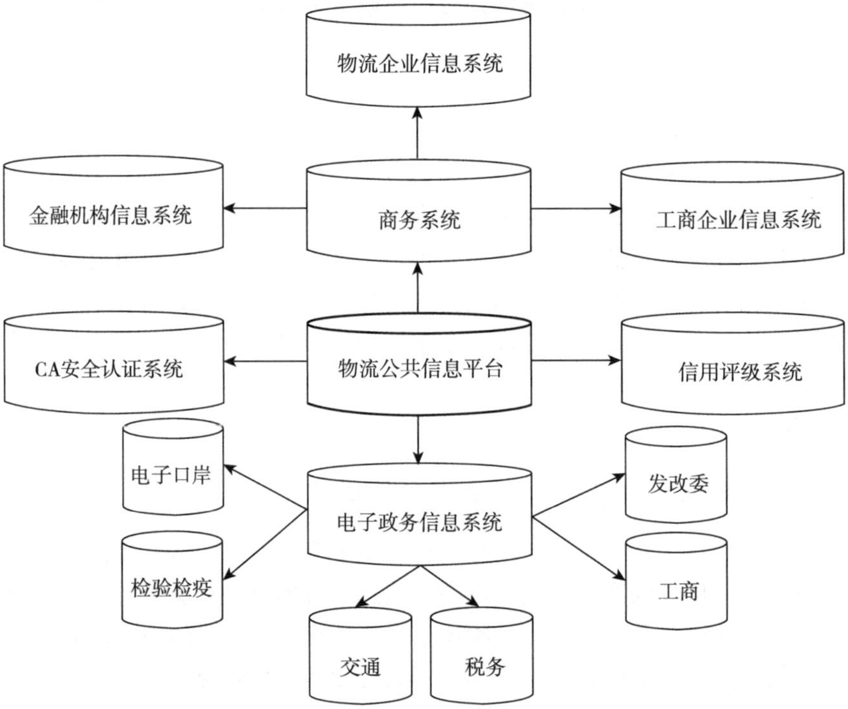

图 4-1 物流公共信息平台总体结构

4. 1. 2 物流公共信息平台体系结构设计

物流公共信息平台体系结构设计的主要目标是设计一个科学化、层次化、智能化、模块化的结构，并给出各个模块之间的层次关系，以满足物流公共信息平台各使用方的需求。基于分层式的体系结构是目前比较成熟、大多数物流公共信息平台采用的体系结构。

基于分层式的体系结构设计将物流公共信息平台分为四个逻辑层，自底向上分别是基础设施层、数据库层、业务逻辑层和门户展示层。各层可以调用下层所提供的数据、功能或者服务机制，同层模块和系统之间也可以相互调用。这种分层的体系结构能够很好地分解建设任务，降低各层的复杂度，以便使平台各层的建设任务能够在明确接口定义的基础上同步开发建设，同时能保证平台各层对所对应的基础技术的发展具有相对独立的可扩展性和良好的适应性。

基于分层式的物流公共信息平台体系结构中，第一层是最底层，它是整个物流公共信息平台的基础设施层，为物流公共信息平台提供基础硬件设施和基础软件环境；第二层是数据库层，由四大类数据库构成，为物流公共信息平台的应用软件提供数据存储和读取；第三层是业务逻辑层，它在基础设施层和数据库层的基础上，为不同用户主体提供物流信息服务应用功能；第四层是门户展示层，它提供面向最终用户的业务功能展示和统一门户入口。在整个体系结构中，安全机制与管理机制作为保障机制贯穿各个不同的层次，确保整个系统安全可靠、稳定高效地运行。基于分层式的物流公共信息平台体系结构模型如图 4-2 所示。

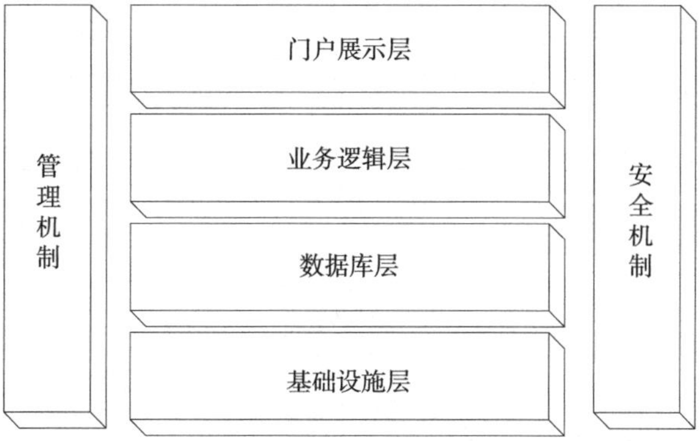

图 4-2　基于分层式的物流公共信息平台体系结构模型

按照上述模型，基于分层式的物流公共信息平台体系结构如图 4-3 所示。

4.1.3　基础设施层

基础设施层位于整个系统模型的底层，分为硬件设施和软件设施。硬件设施是物流公共信息平台的硬件基础，包括各种网络基础设施、通信设施和计算机软硬件设备，如通信网络和数据网络、交换机和路由器等网络设备、服务器、存储设备、数据中心机房/配电、GPS 设备、射频条码设备、呼叫中心设备、手提移动设备等。软件设施是运行在硬件平台之上的系统管理软件，包括操作系统、数据库管理系统、应用服务器软件、应用中间件、消息中间件、文件系统、搜索引擎、目录服务(directory service)、安全身份认证、安全检测、系统管理、各种设备驱动、各种工具软件、GIS 等基础软件。

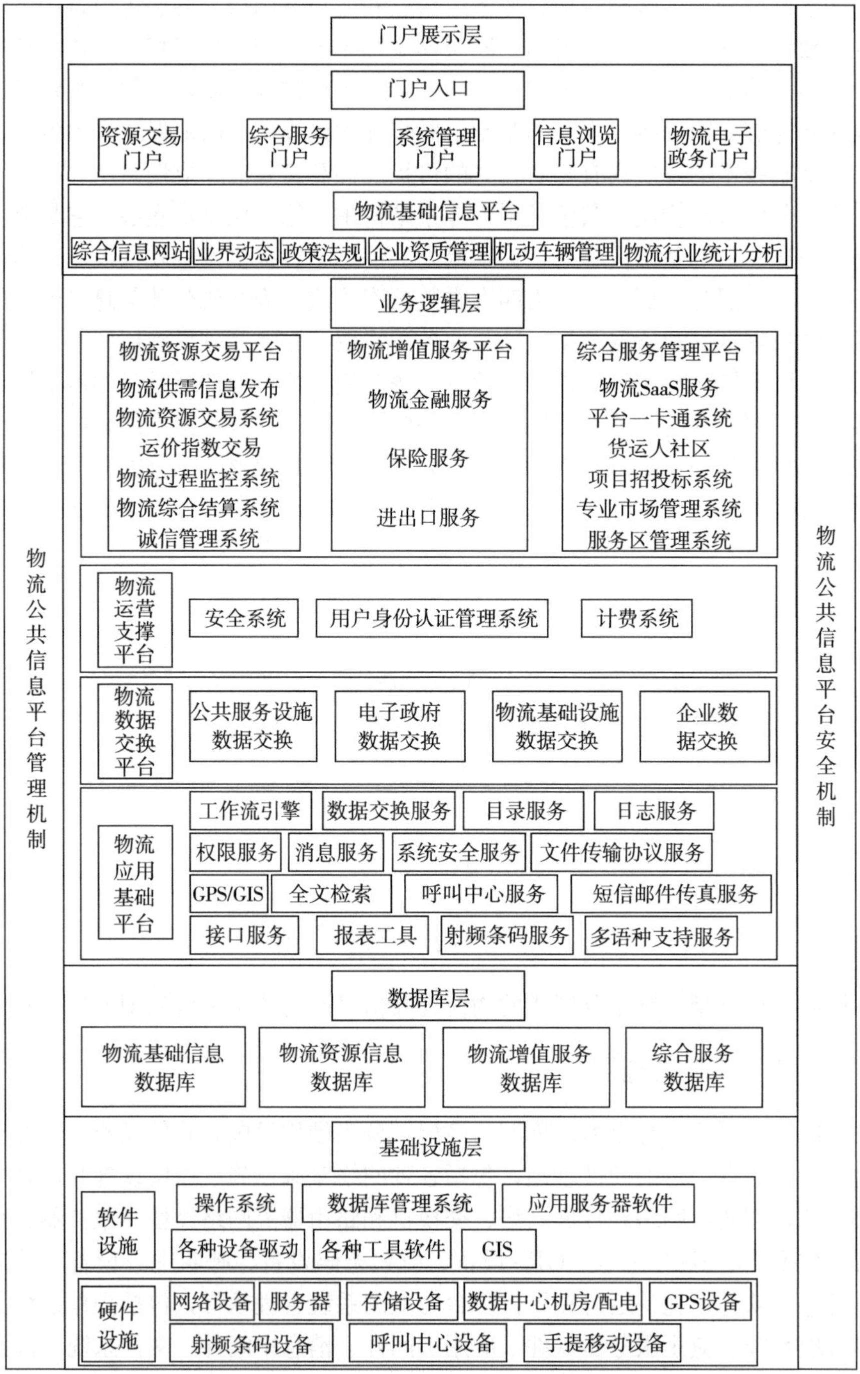

图 4-3 基于分层式的物流公共信息平台体系结构

4.1.4　数据库层

数据库层完成对各类物流相关数据进行采集、组织、存储和维护的功能。根据所存储数据的类型，数据库层是物流业务过程中所产生的物流信息的数据存储中心，分为四大物流业务数据库，包括物流基础信息数据库、物流资源信息数据库、物流增值服务数据库及综合服务数据库。

物流基础信息数据库包括物流基础设施信息、物流公共交通运输信息、区域配送路线信息、物流企业基本信息、工商企业基本信息、物流相关信息、政策法规信息等。

物流资源信息数据库包括车辆需求信息、车辆供给信息、原材料需求信息、供应信息、商品需求信息、商品供应信息、仓库需求信息、仓库供给信息、其他物流需求信息、物流资源交易信息、运输工具司机和驾驶员信息等。

物流增值服务数据库包括目录管理信息、呼叫中心业务信息、决策分析信息、智能配送业务信息、物流保险业务信息、担保业务信息、进出口报关报检业务信息、物流金融业务信息等。

综合服务数据库包括快递管理信息、快速通关管理信息、计划控制信息、仓储管理信息、运输管理信息、货代管理信息、配送管理信息、CRM 信息、统计分析信息等。

4.1.5　业务逻辑层

业务逻辑层是在基础设施层和数据库层的基础上建立的物流业务核心服务层，完成物流公共信息平台的核心业务流程、业务计算、业务服务和数据交换功能，包括物流应用基础平台、物流数据交换平台、物流运营支撑平台、物流资源交易平台、物流增值服务平台和综合服务管理平台。

1. 物流应用基础平台

(1)工作流引擎。物流公共信息平台的工作流建立在数据交换服务和消息服务的基础之上，主要包括工作流引擎信息、工作流应用程序接口(application programming interface，API)、工作流设计工具和工作流数据访问接口。工作流能够为物流公共信息平台实现各种复杂的业务流程管理提供方便的底层技术支持。

(2)数据交换服务。数据交换服务包括数据接口管理和数据转换管理两大功能。

第一，数据接口管理。数据接口管理系统主要提供物流公共信息平台与外部其他系统或平台，如银行、保险公司、海关等系统的网络数据连接接口，根据双方定义的接口协议与连接授权，为实现双方的数据连接与交换提供基础支持。例如，与银行电子结算接口，即与银行系统实现网络对接，为平台客户通过银行账户在平台上直接支付提供基础支持；与保险系统的接口，即与保险公司的系统实现网络对接，为实现平台客户在平台上直接办理保险业务提供基础支持；与电子通关系统的接口，即与海关系统实现网络对接，为实现平台客户在平台上直接办理通关申报提供基础支持；与其他各种平台与异构系统的接口，即实现与这些系统的网络对接，为双方的功能整合提供基础支持。

第二，数据转换管理。数据转换管理系统是物流公共信息平台系统的一个组成部分，主要功能是实现物流公共信息平台与各个异构系统之间、物流公共信息平台内部各功能模块之间所必需的协议转换与数据交换，从而保证物流公共信息平台各项设计功能的实现。数据转换系统主要包括如下功能：物流公共信息平台与需要联网的其他异构系统通过平台接口系统实现网络互联后，要将异构平台上送来的信息转换成平台可以识别的格式，然后才能完成后续的处理。相反方向的传输同样需要进行协议转换。物流公共信息平台与同构平台之间，平台的不同功能模块之间，由于工作方式与对象的不同，也常常需要进行数据交换与数据格式转换。物流公共信息平台通过数据规范化定义，支持各类不同格式和系统之间数据的转换与传输，实现各常见数据库、Web 数据、文本、图像等多种格式之间的自定义相互转换。

(3)目录服务。目录服务是将系统的用户、组织和服务器等以目录的形式统一管理。

(4)日志服务。日志服务主要提供日志分类、日志维护、日志筛选和日志配置。多输出源日志输出内容包括类型、写出者、时间、级别、日志体、系统进程和来源。

(5)权限服务。物流公共信息平台引入统一的用户权限管理来确保系统权限信息统一管理。

(6)消息服务。消息服务是物流公共信息平台的动态信息交互功能的重要支撑。它的主要信息支撑作用有可靠投递、消息路由、消息的存储和激活、消息识别和解释、触发功能、消息优先级和集中管理。

(7)系统安全服务。物流公共信息平台提供计算机网络安全、系统访问安全、应用权限安全、用户行为安全、数据访问安全和数据传输安全六个层次的安全保障服务。

(8)文件传输协议(file transfer protocal，FTP)服务。FTP 服务是基于 FTP 的文件传输服务，提供用户验证和匿名访问两种方式，为文件上传和下载提供稳定、高效的服务，主要包括文件的传输管理、异常控制等功能。

(9)GPS/GIS。GPS 服务主要根据车载 GPS 设备或者手机移动定位系统传回的数据进行分析，为物流公共信息平台提供准确的车辆定位数据。车载设备监控采集车辆的行驶信息(如车速、引擎状态、行驶信号、冷藏温度、定位点经纬度等)，利用移动通信网络[GSM/GPRS(general packet radio service，即通用分组无线服务技术)/CDMA]将信息定时传回计算中心，结合 GIS 系统，这样计算中心就可以在监控中心的电子地图上集中监控货物的行踪(行驶路线、车速等信息)，为物流公共信息平台提供业务基础数据；物流公共信息平台的后台分析软件还可以根据发回的行车信息(超速次数、超速里程、猛加速、急刹车、疲劳驾驶时间、行驶中开车门、燃油、引擎状况等行驶信息)进行报警，监控中心出现报警后及时提醒司机，防患于未然。GIS 服务主要为 GPS 设备提供基础的 GIS 数据。同时也可以提供查询全国各地的路面信息、商业信息与管理资源信息，保障整个物流过程的有效监控与快速运转。GIS 服务可以租用第三方提供的服务。

(10)全文检索。全文检索提供物流公共信息平台全系统搜索服务。全文检索以信息发布检索系统为核心，采用信息检索和中文自然语言处理技术，提供功能全面、智能、高性能的全文检索服务。

(11)呼叫中心服务。呼叫中心以电话、传真、邮件、短信息、Web 网站、即时通信等形式，向物流公共信息平台各类用户提供实时客户服务，并在服务过程中积累大量物流产业链相关企业和机构的用户信息。

(12)短信邮件传真服务。短信服务为通过各电信运营商短信通道向物流公共信息平台用户收发短信提供支持。邮件服务为用户提供电子邮件服务。传真服务主要为物流公共信息平台提供计算机接收传真功能接口，便于迅速使传真数据进入计算机处理。

(13)接口服务。接口服务主要包括 EDI 接口、电子商务接口、电子政务接口、常用物流信息系统接口等。

(14)报表工具。报表工具具备数据和表格输出功能，能够根据用户需求，自动生成各种统计报表和统计图形，并打印输出或按某种标准的交换格式输出。

(15)射频条码服务。射频条码服务主要是针对 RFID 配套的软件、硬件构建的基础服务，提高数据采集的准确性、采集效率等。条码服务主要是提供对条形码的基础识别服务，为物流公共信息平台识别条形码数据提供支持。

(16)多语种支持服务。物流公共信息平台如果面向国际市场，必须适应各国语言应用。多语种支持为上层应用提供术语翻译和货币转换服务，主要包括如下功能，即术语翻译、货币转换、数据字典多语种管理等。

2. 物流数据交换平台

物流数据交换平台把物流产业链上的各家单位，包括政府(如海关、税务、商检等)、物流企业(如货代、仓储、运输、第三方物流等)、货主(如生产/制造企业、加工企业、流通企业等)、公共服务设施(如银行、保险、通信等)及物流基础设施(如机场、港口/码头、铁路、运输系统等)等单位连接起来，为其提供物流数据交换服务，从而提高物流各业务环节的作业效率，降低整体社会的物流成本。

物流数据交换平台是实现物流公共信息平台信息共享和交换的基础，它可以实现跨平台操作，支持异构数据库，具有实时快速的数据共享和交换功能，为整合基于不同平台和数据库的信息提供重要保障，并逐步建立完善的物流数据中心，为整个物流链上的各个环节直接带来巨大的经济效益，促进管理效率的大幅度提高。

物流数据交换平台将参考借鉴现有的 EDI 技术，以基于互联网和 XML 技术的开放数据交换标准为主，制定通用的标准格式，将标准的物流相关信息，通过通信网络和互联网进行传输，在物流公共信息平台相关单位的业务系统之间进行数据交换和自动处理，有效地减少由于重复输入而产生的错误和浪费的时间、资源，从而提高企业对市场的应变能力，加快贸易循环。物流交换数据的具体内容及关系如下。

(1)与政府的数据交换。物流企业中涉及货代及进出口业务的企业，可以通过物流数据交换平台进行电子报关，提交报关申请单及相关回执到海关。物流企业可以通过物流数据交换平台实现网上报税。物流企业可以通过物流数据交换平台实现向统计部门报送经营数据。物流企业可以通过物流数据交换平台实现网上缴费和网上缴纳罚款。

(2)与公共服务设施的数据交换。货代、仓储、运输及第三方物流企业可以通过物流数据交换平台实现与银行、保险、通信等公共服务部门的数据交换。其中，货代企业主要与保险公司发生数据交换，交换的数据包括货物投保单及相关回执。仓储企业主要与银行、保险公司发生数据交换，交换的数据包括质押货物的动态变更数据、质押贷款、货物投保等。运输企业及第三方物流企业的数据交换主要体现在保险公司和 GPS 定位服务上，通过 GPS 定位服务，货主可以在物流公共信息平台上方便地查询车辆的位置信息。

(3)与物流基础设施的数据交换。物流基础设施中的机场、港口/码头、铁路可以通过数据交换平台把飞机航班、船舶进出港、火车车次等信息发布到物流公共信息平台门户网站，为用户提供实时的物流基础设施数据。

(4)企业数据交换。企业数据交换包括与货主的数据交换和与物流企业的数据交换。第一，与货主的数据交换。当生产/制造企业、加工企业、流通企业拥有自身管理系统时，它们可以通过数据交换平台发布自己的供需信息，同时也可以直接向承包自己业务的物流企业下达配送任务，并且可以通过数据交换平台接受物流企业的返回信息及货物在途信息。第二，与物流企业的数据交换。物流企业主要通过数据交换平台进行与货主相关业务数据的交换，以及与公共服务设施和政府监管部门的数据传递和交换。

3. 物流运营支撑平台

(1)安全系统。信息安全是一个系统工程，涉及人员、设备、网络工作环境、制度等诸方面的因素，是一个人、机、网复杂的系统问题。安全系统可以识别物理设备、网络、系统软件、应用和安全管理等安全风险内容，能根据基本的安全策略和产品选型原则实施物理设备、网络、系统软件、应用安全、数据备份和恢复、安全管理组织结构、安全管理法规制度的全面管理，保证系统的平稳运行，为物流公共信息平台的持续发展提供安全保障。

(2)用户身份认证管理系统。用户身份认证管理系统提供用户管理、统一认证、分级授权与服务管理等功能，用于集中管理统一的用户数据、提供统一的认证界面与接口、统一管理应用权限、统一管理服务配置。对于应用开发，认证授权服务提供用户管理 API、认证 API、单点登录 API 和策略管理与验证 API 等应用编程接口，使用这些 API，应用系统可以存取用户数据，进行统一的用户认证，实现应用间单点登录、动态管理应用授权策略和进行权限验证。

(3)计费系统。对于物流公共信息平台所提供的服务，按照不同的收费方式进行计算并管理，主要的收费方式包括：①根据所提供的服务项目，按月固定收费的包月收费；②根据使用相关资源的时间进行收费的计时收费；③按总流量、流量/秒的加权平均值等进行收费的流量收费；④根据占用的通信带宽大小收费；⑤按服务收取费用的服务分成；⑥进行主机托管、CPU 租赁、空间租赁等方面计费的其他收费。

计费系统包括采样数据定义管理模块、因特网应用服务接口定义管理模块、计费算法定义模块和费用查询模块。采样数据定义管理模块对包括流量、带宽、连接数、内存占用、CPU 占用、硬盘占用等信息进行定期采样分析管理。因特网应用服务接口定义管理模块定义计费平台从应用服务系统获得内部管理、内部计费信息的接口。计费算法定义模块在采样数据和因特网应用服务内部计费数据的基础上，定义计费算法。费用查询模块进行各类计费信息的查询和统计。

4. 物流资源交易平台

1)物流供需信息发布

物流供需信息发布包括以下两个方面。

(1)运力与货源资源的供需信息发布。建设货源、车源信息的采集和发布平台。物流公共信息平台建立信息采集节点，司机车辆进入物流园区内，通过车场管理模块将数据自动同步到物流公共信息平台，场外的车辆可以通过电话方式由信息采集员录入到系统。货主的货物信息可以通过系统同步到交易平台，也可以通过电话或通过网络方式录入系统。车源、货源信息通过多种手段在物流公共信息平台内发布，满足不同客户群的需要。通过物流信息发布平台减小“车找货、货找车”的难度，提高车货配载效率，降低回程车的空驶率。运力与货源需求方也可以通过物流公共信息平台发布需求信息。

(2)物流设备的供需信息发布。建设物流设备信息的采集、发布平台。物流设备包括运输设备、仓储设备、搬运设备等，以运输设备集装箱为例。箱源信息可以通过电话方式由信息采集员录入到系统，也可由箱主登录物流公共信息平台直接通过网络录入。在物流公共信息平台上，箱源信息按照发布信息企业或个人的诚信度和信息发布时间排列显示。需要使用集装箱的企业或个人通过平台查询箱源信息，查询箱主联系方式与箱主取得联系。有集装箱需求的企业或个人，同样可以通过物流公共信息平台发布需求信息，可高效地与拥有集装箱资源的企业取得联系。

2)物流资源交易系统

物流资源交易系统通过建立物流资源的虚拟社区，为运力、仓储及物流设备的供需信息提供自动和人工的撮合、匹配，提高物流资源整合的效率和成功率。

物流资源交易系统支持用户建立自己的物流资源社区，可以在社区里添加车辆、车队、专线代理、仓库、设备等物流资源信息，可以为自己社区里的成员设置选择梯队，梯队中的成员拥有同样的被选机会，一个梯队未能满足需求，下一个梯队继续提供选择机会。

(1)挂牌交易。物流资源挂牌交易分为运力挂牌(车找货)和货物挂牌(货找车)两种方式。承运方或者货主在线挂牌，有意成交方摘牌，双方签订不可变更、不可转让、不可撤销的电子合同并履约执行。

物流资源挂牌交易支持定向交易，即只有挂牌方指定的交易商才有资格摘牌，挂牌方挂牌前会通过各种方式通知有资格的摘牌方，摘牌成交后的流程与普通挂牌交易流程基本相同。

(2)拍卖交易。在线拍卖要至少有一个物流资源采购方或出卖方，其他一些公司则对其展开竞标。根据不同的拍卖工具，发起人可以决定是公开招标还是邀标。

电子拍卖不仅可以对价格进行评估，也可以对运输模式、线路、地理覆盖区域和服务水平等进行评估。

(3)询价交易。物流资源需求方可以利用询价交易这种在线服务，向潜在物流资源供给方寻求报价信息，并获得供给方的回应。询价交易可以帮助企业压缩传统的询价周期时间，使这个周期时间从以往的几个星期或几个月缩短到几天。

(4)撮合交易。撮合交易是指平台通过将多个供给方和多个需求方集中在一起，采用标准化合约的方式，集中进行交易的多对多交易模式。撮合交易按照价格优先、时间优先的原则，自动匹配供需双方的服务和价格，成交后自动生成电子合同，极大地提高了供需双方匹配的效率。

(5)专场交易。很多企业并不喜欢参与挂牌、拍卖、撮合等公开交易模式，这些企业可以利用为其开发的专场交易板块开展物流资源交易活动。很多企业由于对公开交易过程中的参与企业不了解，更愿意将交易锁定在指定的一些企业之内，因此，专场交易也称私有物流网络或私有物流社区，这种私下交易可以消除或减少参与者的诚信风险。私下交易是通过邀请商业上的合作伙伴参与来实现的。这种相对公开交易的小环境可以让一个企业拥有自己的在线“物流社区”。这样，在交易环节中的供应商、需求方及其他一些相关单位就可以在这种自定义的商业环境下完成交易，并方便自己与供应链上的伙伴(如契约承运商、中介、私人车队等)交流，以及紧密的配合。

(6)交易社区。会员单位可以根据需要自己设定公开交易和专场交易社区；可以设定自己的诚信交易商，并将诚信交易商划分成不同的管理梯队；可以为不同的诚信交易商分配不同的交易模式，如拍卖、询价、招投标等。不同的诚信交易商被赋予不同的选择优先级。

3)运价指数交易

运价指数交易以物流运价指数为交易标的，提供运价指数在线交易服务。例如，航运运价指数交易平台为船公司、货主、货代、无船承运人、贸易商和投资人等进行航运运价交易活动提供服务，并开展出口集装箱、中国沿海干散货、国际远洋干散货等航运运价衍生品交易。

4)物流过程监控系统

(1)车辆在途监控管理。物流公共信息平台可以为使用者提供多种车辆监控手段，通过 GPS 对运输车辆进行实时定位和跟踪；通过移动通信网络实现与中心服务器的通信；利用 GIS 技术将运输车辆的位置和动态信息发布在电子地图上展示出来，并使货主和物流企业可以随时了解和掌握车辆运行状况和货物状态。

货主在与物流企业签订合同开始运输业务后，系统自动通过 GPS 系统、移动通信网络和电子地图展示，对运输的车辆进行定位和跟踪。货主或运输公司可以通过注册的会员账户登录物流公共信息平台，通过查询订单号或者车牌号对运输车辆的位置和动态信息等进行了解和监控，从而保证货物的正常、准确、及时到达。

按照客户、发运订单、到达城市、承运商、项目号等标准，对货物进行全程跟踪，即对货物从下单、出库，到在途、到货、回单整个过程的详细情况进行跟踪，公司有关人员可随时查询货物跟踪情况，客户可网上查询所运输货物的跟踪情况。

(2)仓库安全监控管理。物流公共信息平台可以为使用者提供两级仓库监控手段，即在指定仓库安装监控设备，通过远程监控就可看到自己货物的现场情况，通过指定仓库的仓储管理信息系统，随时随地了解自己货物的进出库及存储状态。当库内发生火灾、漏水等危险情况时，系统自动通过无线网络把报警信息以短信和电话的方式传送到管理员手机或集中监控中心，使仓库管理员可以在第一时间了解报警情况并及时做出相应的处理，从而实现对无人值守仓库的远程控制。

5)物流综合结算系统

物流作业会使资金在物流公共信息平台上产生流动，为规范和掌握物流交易，并解决随之而来的资金清算问题，设立物流综合结算系统，以完成此项工作。

物流综合结算系统对通过平台发生的物流交易进行计费、结算、收支凭证控制。平台可以为物流交易双方提供运费的代收、代付货款服务。为促进物流交易，降低业务风险，平台提供以上款项的第三方担保服务。

物流公共信息平台收费项目繁杂，涉及各种手续费、物业费、仓储费、装卸费、运输费、运力交易服务费、信息服务费、代收代付服务费、物流金融服务费、会员费等多种业务费用，物流公共信息平台中的物流综合结算系统将收支结算等业务在同一平台上一并处理，对平台注册用户实施严格管理，按合同规定完成相关的资金交易，正确生成各类凭证，严格管理与银行之间的资金往来，正确完成平台资金清算。

6)诚信管理系统

在物流公共信息平台中建立诚信机制有利于为物流公共信息平台上的物流企业节约成本，有利于加快企业运营速度，有利于提高企业竞争力，对整个物流产业的发展都有重要意义。诚信管理是物流资源整合的基础和依据，诚信管理系统根据企业的行为，记录其诚信状况，对其诚信度进行评级打分，使用者通过诚信管理系统可查询企业诚信评价综合结果、等级、分数和用户反馈。诚信管理系统也可与第三方的个人和企业征信系统实现互联互通，获取个人和企业的征信数据。

5. 物流增值服务平台

1)物流金融服务

在物流公共信息平台内商户和货主信誉评价的基础上，物流公共信息平台可以为企业提供不同层次的运费代收、代付服务，提供货物资金代收和代付、货物质押服务；同时还可以为商户和货主提供银行业务代理、保险代办、货物担保等服务。

例如，在货物等动产质押业务中，贷款方以存货(原材料、成品、半成品)存入物流公共信息平台监管仓库，并以物流公共信息平台出具的仓单或直接利用存货为质押标的，从银行取得融资，物流公共信息平台在质押期间对质押物进行监管。质押融资不影响质押物的流转性，能够促进银行的信贷活动与企业的经营活动更紧密地结合。物流公共信息平台可对货物进行动态质押管理和静态质押管理，按要求进行质押、解押操作，并对质权单位进行管理。物流公共信息平台还可以参与提供应收账款融资等融资服务。

2)保险服务

社会物流过程中，会产生大笔的货物保险费用。单独企业与保险公司开展保险业务时，由于额度或缺乏保险记录等原因，在保险费用谈判上缺乏优势。物流信息服务平台利用客户资源优势，收集多家贸易企业保险需求，形成量的优势，在降低保险费率方面更容易获得优势，具有很大的市场空间。

3)进出口服务

巨大的国际贸易额背后，是商品在进出口过程中繁杂的海关、检验检疫手续。由于海关、检验检疫手续需要专业的流程，贸易企业大多委托代理机构来完成，因此，开展此项业务具有巨大的市场。

物流公共信息平台可以利用自己众多的客户资源，利用平台信息系统与海关等接口结合信息系统提供的管理功能支持，为有相关业务的企业提供海关、商检、检验检疫代理服务。另外，系统利用与政府电子政务的接口和系统内控的管理流程可以为企业提供网上报税、车辆年检等相关业务代理服务。

6. 综合服务管理平台

1)物流 SaaS 服务

随着物流业务的发展，物流企业对信息化的需求越来越强烈。然而，从软件功能、实施的成本和时间来看，市场上的物流信息化软件都无法满足大多数物流企业的需求。因此，物流公共信息平台可以适应大多数商户对物流信息化的需求，提供物流 SaaS 服务，即物流软件租用服务，为会员用户提供诸如车辆管理、货代管理、运输管理、仓储管理和配送管理等软件租用服务。会员用户不用购买软件和大型计算机就可以享受到信息化所带来的准确与快捷。例如，租用车辆管理系统来管理与自己有业务关系的运输车辆；利用仓储管理系统管理租用仓库中的货物收发和盘点；利用运输和配送管理系统对自己的运输车辆进行监控和调度；利用货代管理系统管理与货主、承运商之间的资金往来和结算；等等。物流 SaaS 服务是云计算技术在物流领域的一种具体应用形式，它能够使物流企业像享受电力、自来水一样，方便地享受物流公共信息平台带来的物流信息化服务，而不用自己再去重复建设发电站和挖掘水井。随着物流 SaaS 服务的成熟，物流公共信息平台逐步变成物流行业的发电厂和自来水厂，成为物流基础设施，被物流企业方便地使用。

2)平台一卡通系统

物流公共信息平台一卡通实现平台内收费、结算、消费，以及高速公路费、加油费等费用的全方位资金支付服务，一卡通系统准确记录消费企业和个人的消费类目、消费时间等消费记录，所有一卡通记录及卡消费记录均实时存储在收费机的本地数据库内，同时消费记录实时上传到系统数据库。所有消费数据均可供一卡通系统结算汇总、消费者多条件查询使用。

3)货运人社区

货运人社区平台以社交网络的方式提供货运人的社交网络服务。货运人加入社区后，可以增加生意好友，建立生意圈子，添加“我的车队”，添加“我的专线”，查看货运信息。

(1)会员服务功能。会员服务功能为注册会员提供个性化的服务，主要包括会员单证管理、会员的货物状态和位置跟踪、交易跟踪、交易统计和会员资信评估等。

(2)社区管理。社区管理为社区成员提供管理服务，主要包括公告栏、招聘栏、提醒、邮箱等。通过信息发布服务和公告板功能，可以获取包括水陆运输价格、新闻和公告、政务指南、货源和运力、航班船期、空车配载、铁路车次、适箱货源、联盟会员、职业培训、政策法规等信息。

(3)圈子管理。圈子管理包括建立生意圈子、添加“我的车队”、添加“我的专线”、查看货运信息。

4)项目招投标系统

项目招投标系统可解决物流公共信息平台关于招标文件的电子发布和传送、招标公告发布、招标文件下载等方面的问题；还可解决投标方关于投标文件的投递安全性，投标时间的准确性与有效性，以及不同地域的评标专家阅读、评审、交流的安全性和准确性等问题。另外，项目招投标系统还能提供丰富的招标项目历史数据、投标商历史数据、拟招标产品的丰富资料，以及可以满足不同要求的多种数据仓库、数据挖掘、数据共享、数据查询、数据分析等功能。

5)专业市场管理系统

专业市场管理系统适用于物流基地，物流园区中各种综合市场、专业市场的经营管理。综合管理集商铺、农贸市场、商业大楼、商业街等各种用途的物业业务于一体，实现各种物业资产的统一管理。专业市场管理系统以物业为基础，以租赁合同为纽带，包含物业、租务、合同、客户、财务、经营等模块，能体现物业资产的统一经营管理，并完全符合市场的管理流程及行政、财务制度，与工商行政、税务、审计、银行等部门完美衔接。

6)服务区管理系统

高速公路服务区管理系统是指对高速公路服务设施及其辅助设施进行一系列管理活动的总和，它具有超市管理、餐饮管理、住宿管理、汽修管理、财务管理、车型自动识别统计等功能。通过对服务区的各个环节进行收费管理来监控企业的资金流；对每个入口和出口进行视频监控和分析统计，获得进入服务区的各种车型数量和服务区中各个场所的人数；根据专业计算方法预测车流量和服务区收入的关系，为企业领导提供决策支持。同时可以将服务区的经营报表通过互联网传输到上级管理机构，上级管理机构可以通过远程视频和数据监测对服务区的运营情况进行实时监控。

4.1.6　门户展示层

1. 物流基础信息平台

物流基础信息平台包括综合信息网站、业界动态、政策法规、企业资质管理、机动车辆管理及物流行业统计分析。

(1)综合信息网站。资讯中心发布的信息为：①物流市场动态、行业新闻、相关政策法规；②物流企业名录和基础资源信息；③路况和气象信息的发布与查询；④港口、航运、公路货运、航空、铁路等信息的查询；⑤物流园区及仓储设施信息查询；⑥多式联运信息查询。

(2)业界动态。物流公共信息平台提供业内最新业务动态信息和行业资讯，为物流企业、商贸企业、相关主管部门、行业协会、企事业单位提供最新的资讯信息，为管理部门和各类企业提供政策性意见和参考。

(3)政策法规。物流公共信息平台提供政府物流管理部门和物流行业协会发布的最新信息、政策和相关法规，为物流企业和物流行业从业人员提供政策和法规方面的支持。

(4)企业资质管理。通过对相关企业的诚信进行管理，物流公共信息平台可以帮助降低与客户往来过程中的运营风险，发掘客户需求和潜能，提供层次化的服务。物流公共信息平台通过对企业注册资质的调查，以及一段时间内对企业在平台上开展业务的跟踪评价，加上平台对外公开的企业评价窗口，利用现代管理理论中的评价方法和模型，在对以上信息赋予不同权重的基础上，利用计算机对企业做出科学的评价。这些评价将以公开、公平、公正为原则，为企业贸易伙伴的选择提供极大的帮助。

(5)机动车辆管理。物流信息公共平台借助行业资源优势，与各地物流协会及各地货运站场开展互惠合作，整合各地车辆资源及货源信息，逐步完善诚信保障体系，据此建立优质社会车辆诚信资源库，以诚信车队的形式解决物流企业对社会运力的需求，特别是用于支撑网上货运市场的运力资源。

(6)物流行业统计分析。统计工作作为企业管理的基础，按照物流行业的标准，针对物流企业的经营管理活动情况进行统计调查、统计分析、统计监督，并提供统计资料。物流基础信息平台按照物流企业和地区政府的统计要求，对物流企业和地区的各项经营指标及经营状况进行分类统计和量化管理。

2. 门户入口

物流公共信息平台门户入口包括资源交易门户、综合服务门户、系统管理门户、信息浏览门户、物流电子政务门户。物流公共信息平台采用身份认证识别系统对不同的用户主体进行划分，针对不同用户提供不同的物流信息服务。

物流公共信息平台的主要用户分为五类，即政府工作人员、商贸人员、互联网用户、运营管理人员和系统管理人员。物流公共信息平台用例如图 4-4 所示。

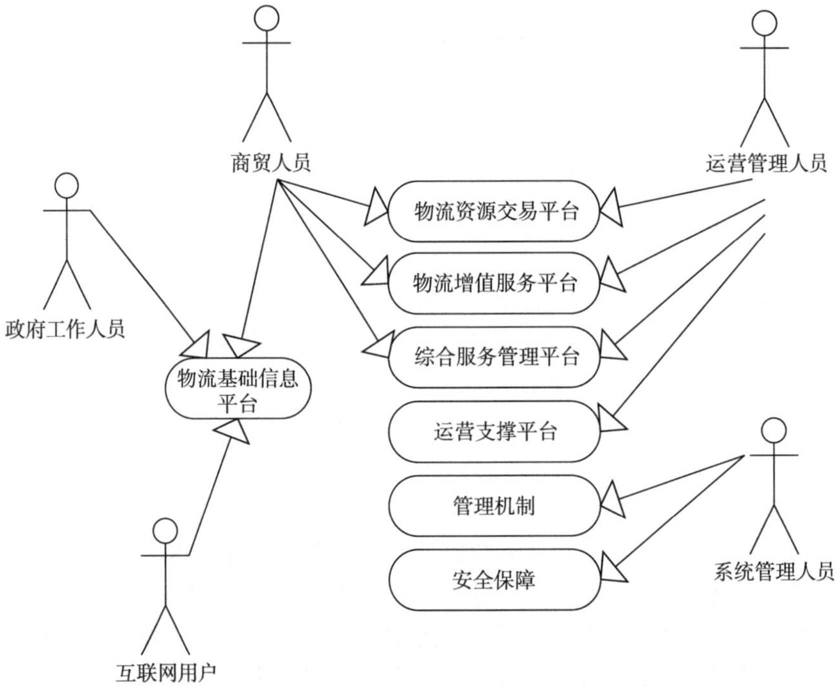

图 4-4　物流公共信息平台用例图

系统管理员负责整个系统的管理工作，对物流公共信息平台日常运行中的硬件、软件进行维护，因此在管理机制和安全保障方面具有相应的权限。运营管理人员负责物流公共信息平台日常的运营工作，包括对物流公共信息平台上的用户活动及用户间交易进行监督及管理，如监督管理物流相关企业的资质信誉、纳税情况、有无违法记录等；通过平台征收企业税费等；发布相关的法律法规，通过平台进行物流活动的数据、物流企业的运作实情、物流需求方的需求信息的收集统计；根据获取的基本信息对区域内的物流布局、物流预测进行分析，以便合理规划和设计物流布局等。因此运营管理人员在四大平台，即物流资源交易平台、物流增值服务平台、综合服务管理平台及运营支撑平台拥有相应的权限。政府工作人员通过物流基础信息平台查询、发布和统计相关物流业总体发展的宏观信息。商贸用户通过云计算的方式，以企业用户的身份通过门户进入三大运营平台，即物流资源交易平台、物流增值服务平台和综合服务管理平台，使用具有相应权限的系统软件，来完成具体的商务活动。普通的互联网浏览用户在注册登录后可通过物流基础信息平台看到系统发布的有关数据。

4.1.7　安全机制与管理机制

物流公共信息平台中除了以上四个层次划分以外，还包括物流公共信息平台安全机制与管理机制。安全机制与管理机制作为保障机制贯穿四个不同的层次，确保整个系统安全可靠、稳定高效地运行。安全机制与管理机制包括信息安全保障体系、物流标准规范体系、建设与运营保障体系等。信息安全保障体系采用权限管理手段、相应技术和管理体制等，充分保证系统信息等数据的安全；物流标准体系规范相关数据的设计、存储和传输；平台的建设与运营保障体系包括基于投资模式及运营模式上的保障体系，维持平台的可持续运转。

4.2　物流公共信息平台关键技术

物流公共信息平台建设的关键技术分为应用软件开发关键技术和应用支撑关键技术。物流公共信息平台的应用软件主要是指上文所讲的各种软件系统，如用户身份认证管理系统、计费系统、物流资源交易系统等。目前开发这些应用软件的主流技术主要是 SOA 技术、Web Services 技术、JavaEE/J2EE 技术、.NET 技术、目录服务技术等。物流公共信息平台的应用支撑技术主要是指能够帮助物流公共信息平台实现相关功能和服务的技术，如 RFID 技术、GPS 技术、GIS 技术、EDI 技术、移动商务技术等。

4.2.1　物流公共信息平台应用软件开发关键技术

1. SOA 技术

SOA 技术，也叫面向服务架构技术，是一种为了满足在互联网环境下业务集成的需要，通过连接能完成特定任务的独立功能实体，实现这些实体间交互的软件系统架构。SOA 是一个组件模型，它将应用程序的不同功能单元(称为服务)通过这些服务之间定义良好的接口和契约联系起来。接口是采用中立的方式进行定义的，它独立于实现服务的硬件平台、操作系统和编程语言。这使得构建在各种这样系统中的服务可以以一种统一和通用的方式进行交互。

传统的Web(HTML/HTTP)技术有效地解决了人与信息系统的交互和沟通问题，极大地促进了企业对消费者(business to customer，B2C)的电子商务模式的发展。Web Services(XML/SOAP/WSDL)技术则是要有效地解决信息系统之间的交互和沟通问题，促进企业对企业(business to business，B2B)的电子商务/企业应用集成(enterprise application integration，EAI)的发展。SOA则是采用面向服务的商业建模技术和Web Services技术，实现系统之间的松耦合，实现系统之间的整合与协同。Web Services和SOA的本质思路在于使得信息系统个体在能够沟通的基础上形成协同工作。Web Services可以看做是SOA设计思想的一种较好的技术实现方式。而Web Services的具体实现技术又主要分为JavaEE/J2EE和.Net两大阵营。

对于面向同步和异步应用的、基于请求/响应模式的分布式计算来说，SOA是一场革命。一个应用程序的业务逻辑或某些单独的功能被模块化并作为服务呈现给消费者或客户端。这些服务的关键是它们的松耦合特性。例如，服务的接口和实现相独立。应用开发人员或者系统集成者可以通过组合一个或多个服务来构建应用，而无须了解服务的底层实现。又如，一个服务既可以用.Net来实现，也可以用JavaEE/J2EE来实现，而使用该服务的应用程序可以在不同的平台之上，并且使用的语言也可以不同。

1)SOA具有的特性

SOA服务具有平台独立的自我描述XML文档。Web服务描述语言(Web services description language，WSDL)是用于描述服务的标准语言。

SOA服务用消息进行通信，该消息通常使用XML架构定义(XML schema definition，XSD)。消费者和提供者或消费者和服务之间的通信多见于不知道提供者的环境中。服务间的通信也可以看做企业内部处理的关键商业文档。

在一个企业内部，SOA服务通过扮演一个目录列表(directory listing)角色的登记处(registry)来进行维护。应用程序在登记处寻找并调用某项服务。统一描述，定义和集成(universal description，definition，and integration，UDDI)是服务登记的标准。

每项SOA服务都有一个与之相关的服务质量。服务质量的一些关键元素包括安全需求(如认证和授权)、可靠通信(可靠通信是指确保消息“仅且仅仅”发送一次，从而过滤重复信息)，以及谁能调用服务的策略。

2)SOA三大基本特征

(1)独立的功能实体。在互联网这样松散的使用环境中，任何访问请求都有可能出错，因此，任何企图通过互联网进行控制的结构都会面临严重的稳定性问题。SOA非常强调架构中提供服务功能实体的完全独立自主能力。传统的组件技术，如.NET Remoting、EJB、COM或者CORBA，都需要有一个宿主(host

或者 server)来存放和管理这些功能实体；当这些宿主运行结束时，这些组件的寿命也随之结束。这样当宿主本身或者其他功能部分出现问题的时候，在该宿主上运行的其他应用服务就会受到影响。

SOA 架构中非常强调实体的自我管理和恢复能力。常见的用来进行自我恢复的技术，如事务处理(transaction)、消息队列(message queue)、冗余部署(redundant deployment)和集群系统(cluster)在 SOA 中都起到至关重要的作用。

(2)大数据量低频率访问。对于 .NET Remoting、EJB 或 XML-RPC 这些传统的分布式计算模型而言，它们的服务提供都是通过函数调用的方式进行的，一个功能的完成往往需要通过客户端和服务器进行来回很多次的函数调用才能完成。在企业内网(Intranet)的环境下，这些调用给系统的响应速度和稳定性带来的影响都可以忽略不计，但是在互联网环境下，这些因素往往是决定整个系统是否能正常工作的一个关键因素。因此，SOA 系统推荐采用大数据量的方式一次性进行信息交换。

(3)基于文本的消息传递。互联网中大量异构系统的存在决定 SOA 系统必须采用基于文本而非二进制的消息传递方式。在 COM、CORBA 这些传统的组件模型中，从服务器端传往客户端的是一个二进制编码的对象，在客户端通过调用这个对象的方法来完成某些功能；但是在互联网环境下，不同语言、不同平台对数据，甚至是一些基本数据类型定义不同，这为不同服务之间传递对象带来了很大困难。由于基于文本的消息本身是不包含任何处理逻辑和数据类型的，因此服务间只传递文本，对数据的处理依赖于接收端的方式可以帮忙绕过兼容性这个大泥坑。

此外，对于一个服务来说，互联网与局域网最大的一个区别就是在互联网上的版本管理极其困难，传统软件采用的升级方式在这种松散的分布式环境中几乎无法进行。采用基于文本的消息传递方式，数据处理端可以只选择性地处理自己理解的那部分数据，而忽略其他的数据，从而得到非常理想的兼容性。

3)SOA 的优势

SOA 并非全新的概念，而是在原有分布式技术之上的总结和抽象，SOA 不同于现有的分布式技术之处在于大多数软件商接受它并有可以实现 SOA 的平台或应用程序。SOA 伴随着无处不在的标准，为企业的现有资产或投资带来了更好的重用性。SOA 能够在最新的和现有的应用之上创建应用；SOA 能够使客户或服务消费者免于服务实现的改变所带来的影响；SOA 能够升级单个服务或服务消费者而无需重写整个应用，也无需保留已经不再适用于新需求的现有系统。总而言之，SOA 以借助现有的应用来组合产生新服务的敏捷方式，提供给企业更好的灵活性来构建应用程序和业务流程。

2. Web Services 技术

Web Services 是一种新的 Web 应用程序分支，是自包含、自描述、模块化的应用，可以发布、定位，并通过 Web 调用。Web Services 可以执行从简单请求到复杂商务处理的任何功能，一旦部署，其他 Web Services 应用程序便可以发现并调用它部署的服务。

Web Services 是一种应用程序，它可以使用标准的互联网协议，像超文本传输协议(hypertext transfer protocol，HTTP)和 XML，将功能纲领性地体现在互联网和企业内部网上。可将 Web Services 视作 Web 上的组件编程。

当前 Web 发展的趋势是：内容更动态化；带宽更加便宜；存储器更便宜，更易获得；普遍式计算更重要。大量的设备，如移动电话、个人电脑(personal computer，PC)、服务器，已经在互联网上变得普遍，平台变得更多元化，像 XML 这样的跨平台技术变得更重要。这些趋势意味着更加智能的处理、操作和汇总内容将变得十分重要，而 Web Services 正是为满足这些趋势而产生的。

(1)内容更加动态。一个 Web Services 能合并多个不同来源的内容，可以包括股票、天气、新闻等；而在传统环境中的内容，如存货水平、购物订单或目录信息等，都从后端系统而来。

(2)带宽更加便宜。Web Services 可以分发各种类型的内容，包括数字、文字、音频、视频流等。

(3)存储更便宜。Web Services 必须能智能地处理大量数据，意味着要使用数据库、轻量目录访问协议(lightweight directory access protocol，LDAP)、缓冲和负载平衡软件等技术保持可扩展能力。

(4)普遍式计算更重要。Web Services 不要求客户使用某一版本的 Windows 传统浏览器，不要求必须支持各种设备、平台、浏览器类型和各种内容类型，Web Services 能够适用的范围更广。

要达到这样的目标，Web Services 要使用两种技术。

(1)XML。XML 是在 Web 上传送结构化数据的有效方式，Web Services 要以一种可靠的、自动的方式操作数据，超文本标记语言(hyper text mark-up language，HTML)不能满足要求，而 XML 可以使 Web Services 十分方便地处理数据，它的内容与表示的分离十分理想地符合 Web Services 的要求。

(2)简单对象访问协议(simple object access protocol，SOAP)。SOAP 使用 XML 消息调用远程方法，这样 Web Services 可以通过 HTTP 的 Post 和 Get 方法与远程机器交互，而且 SOAP 更加灵活易用。

Web Services 是创建可互操作的分布式应用程序的新平台，Web Services 的主要目标是跨平台的可互操作性。为了达到这一目标，Web Services 是完全基于

XML、XSD 等独立于平台和独立于软件供应商的标准的。

Web Services 在应用程序跨平台和跨网络进行通信时是非常有用的。Web Services 适用于应用程序集成、B2B 集成、代码和数据重用，以及通过 Web 进行客户端和服务器通信的场合。当然，Web Services 也不是万能的，不能到处滥用。在有些情况下，Web Services 会降低应用程序的性能，而不会带来任何好处。例如，一台机器或一个局域网里面运行的同构应用程序就不应该用 Web Services 进行通信。

3. JavaEE/J2EE 技术

1)JavaEE/J2EE 的概念

目前，Java 2 平台有 3 个版本，它们是适用于小型设备和智能卡的 Java 2 平台 Micro 版(Java 2 platform micro edition，J2ME)、适用于桌面系统的 Java 2 平台标准版(Java 2 platform standard edition，J2SE)、适用于创建服务器应用程序和服务的 Java 2 平台企业版(Java 2 platform enterprise edition，J2EE)。J2EE 从 Java 1.5 开始更名为 Java EE 5.0，相应的 J2ME 更名为 Java ME，J2SE 更名为 JavaSE。

J2EE 是一种利用 Java 2 平台来简化企业解决方案的开发、部署和管理相关复杂问题的体系结构。J2EE 技术的基础就是核心 Java 平台或 Java 2 平台的标准版，J2EE 不仅巩固了标准版中的许多优点，如“编写一次、随处运行”的特性，方便存取数据库的 JDBC API、CORBA 技术，以及能够在互联网应用中保护数据的安全模式等，同时还提供了对 EJB(Enterprise Java Beans)、Java Servlets API、JSP(Java Server Pages)及 XML 技术的全面支持。其最终目的就是成为一个能够使企业开发者大幅缩短投放市场时间的体系结构。

J2EE 体系结构提供中间层集成框架用来满足无需太多费用而又需要高可用性、高可靠性及可扩展性的应用需求。通过提供统一的开发平台，J2EE 降低了开发多层应用的费用和复杂性，同时提供对现有应用程序集成强有力的支持，完全支持 EJB，有良好的向导支持打包和部署应用，添加目录支持，增强了安全机制，提高了性能。

典型的 J2EE 应用服务器有开放源代码的 Tomcat、Oracle 的 BEA Weblogic、IBM 的 Websphere 等。

2)J2EE 的优势

J2EE 为搭建具有可伸缩性、灵活性、易维护性的物流公共信息平台提供了良好的机制。

(1)保留现存的信息技术资产。由于企业必须适应新的商业需求，因此利用已有的企业信息系统方面的投资而不是重新制订全盘方案就变得很重要。这样一个以渐进的(而不是激进的、全盘否定的)方式建立在已有系统之上的服务器端平台机制是公司所需求的。J2EE 架构可以充分利用用户原有的投资。这之所以成功可能是因为 J2EE 拥有广泛的业界支持和一些重要的“企业计算”领域供应商的参与。每一个供应商都对现有的客户提供了不用废弃已有投资就可进入可移植的 J2EE 领域的升级途径。由于基于 J2EE 平台的产品几乎能够在任何操作系统和硬件配置上运行，现有的操作系统和硬件也能被保留使用。

(2)高效的开发。J2EE 允许公司把一些通用的、很烦琐的服务端任务交给中间件供应商去完成。这样开发人员可以集中精力在创建商业逻辑上，从而相应地缩短开发时间。高级中间件供应商提供以下复杂的中间件服务：①状态管理服务。让开发人员写更少的代码，不用关心如何管理状态，这样能够更快地完成程序开发。②持续性服务。让开发人员不用对数据访问逻辑进行编码就能编写应用程序，能生成更轻巧、与数据库无关的应用程序，这种应用程序更易于开发与维护。③分布式共享数据对象缓存(cache)服务。让开发人员编制高性能的系统，极大地提高整体部署的伸缩性。

(3)支持异构环境。J2EE 能够开发部署在异构环境中的可移植程序。基于 J2EE 的应用程序不依赖任何特定操作系统、中间件和硬件。因此，设计合理的、基于 J2EE 的程序只需开发一次就可部署到各种平台。这在典型的异构企业计算环境中是十分关键的。J2EE 标准也允许客户订购与 J2EE 兼容的第三方现成的组件，把它们部署到异构环境中，节省了由自己制订整个方案所需的费用。

(4)可伸缩性。企业必须要选择一种服务器端平台，这种平台应能提供极佳的可伸缩性去满足那些在它们系统上进行商业运作的大批新客户。基于 J2EE 平台的应用程序可被部署到各种操作系统上。例如，可被部署到高端 UNIX 与大型机系统，这种系统单机可支持 64～256 个处理器(这是 NT 服务器所望尘莫及的)。J2EE 领域的供应商提供了更为广泛的负载平衡策略，能消除系统中的瓶颈，允许多台服务器集成部署。这种部署可达数千台处理器，实现可高度伸缩的系统，满足未来商业应用的需要。

(5)稳定的可用性。一个服务器端平台必须能 24 小时运转以满足公司客户、合作伙伴的需要。因为互联网是全球化的、无处不在的，即使在夜间按计划停机也可能造成严重损失。若是意外停机，将产生灾难性后果。J2EE 部署到可靠的操作环境中，它们支持长期的可用性。一些 J2EE 部署在 Windows 环境中，客户也可选择健壮性能更好的操作系统，如 Sun Solaris、IBM OS/390、Linux。最健壮的操作系统可达到 99.999%的可用性或每年只需 5 分钟停机时间，这是实时性很强的商业系统的理想选择。

3)J2EE 技术平台的体系结构

J2EE 技术平台的体系结构采用浏览器/服务器(browser/server，B/S)模式的三层模型，即 Web 展示层、业务逻辑层(组件层)及数据库层，如图 4-5 所示。J2EE 使用多层的分布式应用模型，应用逻辑按功能划分为组件，各个应用组件根据它们所在的层分布在不同的机器上。事实上，Sun 公司(已被 Oracle 收购)设计 J2EE 的初衷正是为了解决两层模式——客户机和服务器(client/server，C/S)结构的弊端。在传统模式中，客户端担当了过多的角色而显得臃肿；在这种模式中，第一次部署的时候比较容易，但难于升级或改进，可伸展性也不理想，而且经常基于某种专有的协议——通常是某种数据库协议。它使得重用业务逻辑和界面逻辑非常困难。现在 J2EE 的多层企业级应用模型将两层化模型中的不同层面切分成许多层。一个多层化应用能够为不同的服务提供一个独立的层，以下是 J2EE 典型的三层结构。

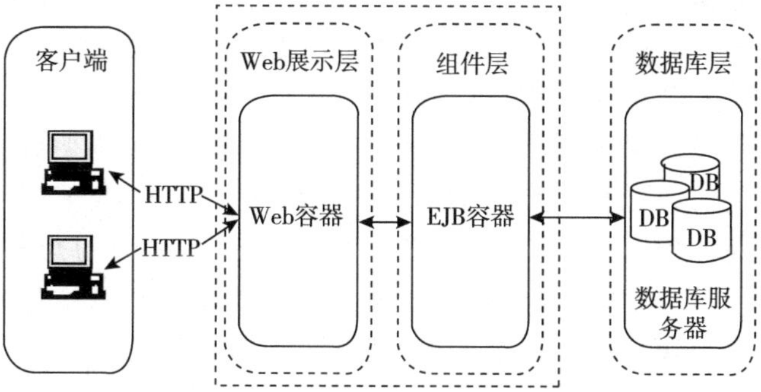

图 4-5　J2EE 技术平台的体系结构

(1)运行在客户端机器上的客户层组件，通常是 IE 等 Web 浏览器。

(2)运行在 J2EE 服务器上的 Web 展示层组件。

(3)运行在 J2EE 服务器上的业务逻辑层组件。

(4)运行在 J2EE 服务器上的数据库层软件，通常是采用对象关系映射(object relational mapping，O/R)技术的数据对象，与底层数据库连接。

4. .NET 技术

.NET 是微软用来实现 Web Services、SOA 和敏捷性开发的技术框架。.NET 是微软的新一代技术平台，用于为敏捷商务构建互联互通的应用系统。这些系统是标准的、联通的、适应变化的、稳定的和高性能的。

从技术角度来说，.NET 应用是一个运行于 .NET 框架(.NET framework)之上的应用程序。如果一个应用程序跟 .NET 框架无关，它就不能叫做 .NET 程序。例如，仅仅使用 XML 并不是 .NET 应用，仅仅使用 SOAP SDK(simple object access protocol software development kit)调用一个 Web Services 也不是 .NET 应用。

.NET 技术的核心是 .NET 框架。Visual Studio.NET 是创建 .NET 应用的集成开发环境。VSTO(visual studio for office)可以用来创建基于 Word 和 Excel 等文档的 .NET 解决方案。WSE(Web services extensions)是一组支持高级 Web Services 标准的 .NET 类，这些标准包括 WS-Security、WS-Policy、WS-Reliable Messaging 和 WS-Attachments 等。Enterprise Library 是一组支持企业级 .NET 应用程序开发的、可重用的应用程序模块，它提供了应用程序开发中需要解决的共性问题，如配置管理、数据访问、异常处理、日志管理等。

.NET 代表着联通性、敏捷性和成功。

(1)联通性。.NET 的远景是让所有的事物都连接起来。不管是人、信息、系统，还是设备；不管是一个企业的内部员工、外部合作伙伴，还是客户；不管是 Unix、Windows，还是 Mainframe；不管是 SAP、Siebel，还是 Oracle ERP 套件；不管是个人电脑、手机，还是手表，只要在一个异构的信息技术环境里，.NET 技术都能够将不同的系统连接起来。

(2)敏捷性。其包括商务敏捷性和信息技术敏捷性。面向服务的商务体系结构跟面向服务的信息技术体系结构很好地配合在一起。SOA 能够给一个企业带来信息技术敏捷性和商务敏捷性。.NET 技术是基于 SOA 思想和原则设计的，并且采用了像 XML 和 Web Services 这些支持应用整合和系统互操作的开放标准。这样，采用 .NET 技术开发应用能够带来灵活性和敏捷性。.NET 技术平台非常适合来创建支持 SOA 体系结构的信息技术系统，并通过这些系统的开发和部署运行达到信息技术和商务的敏捷性。

(3)成功。GE 的前主席 Jack Welch 曾经说过一句话，“在 GE，我们只有两个竞争优势：第一，比竞争对手更快地洞悉更多有关客户信息的能力；第二，比竞争对手更快地将这种理解转化为行动的能力”。最终，信息都是为业务服务的。敏捷带来商务上的成功。.NET 可以创建一个敏捷的系统，既容易去洞悉市场，做出战略上的调整，也容易将新的计划付诸实行。

5. 目录服务技术

目录类似于一个数据库，它通常包含一些描述性的、基于属性的信息。由于目录中的信息被读访问的频率比被写访问的频率要高得多，所以目录并不像数据库那样必须实现复杂的事务或回滚机制。在许可的条件下，目录的更新操作通常是简单的更改操作。对于大量的信息查找或信息检索要求，目录应该快速给出应答。为了提高性能和可靠性，并降低应答时间，分布式的目录信息可能需要在广阔的网络范围内进行复制操作。因为引入复制机制，所以在复制点之间，暂时的不一致是难以避免的，只要最终能够同步即可。

目录服务所表达的含义与目录紧密相关，它是指目录信息源与针对这些信息源的服务结合起来使得这些信息可被用户使用。

一个典型的目录服务具有以下几种特性。

(1)安全特性。管理员可以对目录强制使用安全特性，以便保护目录信息不被非法获取。

(2)分布特性。一个目录可以跨越机器边界，即目录信息可以分布在网络的不同机器上。

(3)复制特性。目录信息应尽量为更广范围的用户所利用。

目录服务既是一个信息管理工具，同时也是一个面向最终用户的工具。在网络上各种各样的对象数量迅速增长的今天，目录服务意义非凡。

下面是两种常见的目录服务器。

(1)活动目录(active directory)。活动目录是 Microsoft 在 Windows 服务器中实现的目录服务，它不仅具备作为一般目录服务的特性，包括安全特性、分布特性及复制特性等，同时也扩充了一些新的特性，以便使得目录信息更加易于管理和搜索。活动目录在实现目录服务的同时，充分考虑了目录信息的可伸缩性，从包含上百个对象的单服务器结构到包含百万个对象的服务器集群，它都可以正常工作。

(2)LDAP。LDAP 是一种可让任何人找到网络中的组织、个人或档案或装置等其他资源的软件协议，不论是公共互联网还是企业内网络。顾名思义，LDAP 是轻量级版本的目录访问协议(directory access protocol，DAP)，DAP 是网络目录服务标准 X. 500 的一部分。LDAP 因不包含安全措施而使程序代码比较少。

6. 开发工具组合示例

一个典型的物流公共信息平台应用软件开发和运行工具组合示例如表 4-1 所示。

表 4-1　物流公共信息平台应用软件开发和运行工具组合示例

软件类型	软件名称
操作系统	RedHat Enterprise Linux as 5. 7
应用中间件服务器	Tomcat 7. 0. 27
数据库服务器	Mysql 5. 5. 30
应用负载均衡	Nginx 1. 1. 9
Java 开发工具包	JDK 1. 6. 0 _ 31
Java MVC 开源框架	Spring 3. 1. 2.
ORM 框架工具	MyBatis 3. 1. 1
JMS 异步消息	ActiveMQ 5. 7
缓存系统	Redis 2. 4. 15

续表

软件类型	软件名称
分布式	Hadoop 2.2
配置管理	Keepalived 1.1.20
搜索引擎	Solr 4.7
外部接口	Hessian 3.2.0 或者 CXF 2.7.8

注：MVC(model-view-controller)即模式-视图-控制器，是一种软件架构模式；ORM(object/relation mapping)即对象/关系数据库映射，是一种数据持久化层开发框架；JMS(Java message service)，即 Java 消息服务应用程序接口，是一个 Java 平台中关于面向消息中间件(message-oriented middleware，MOM)的 API

4.2.2 物流公共信息平台应用支撑关键技术

1. RFID

RFID 俗称电子标签，是一种非接触式的自动识别技术，可通过无线电射频信号识别目标对象并读写相关数据，而无需识别系统与特定目标之间建立机械或光学接触，识别工作无需人工干预。作为条形码的无线版本，RFID 具有条形码所不具备的防水、防磁、耐高温、使用寿命长、读取距离大、标签上数据可以加密、存储数据容量更大、存储信息更改自如等优点。

RFID 常用的有低频(125～134.2 千赫)、高频(13.56 兆赫)、超高频、微波等技术。RFID 读写器分移动式和固定式。目前，RFID 应用非常广泛，如食品安全溯源、物流 RFID 标签、公交卡、图书馆、门禁系统等，都应用了 RFID。

随着科技从互联网时代进入移动互联网时代，进而步入物联网时代，RFID 将获得更大规模的普及化应用。RFID 将成为智慧物流领域的物品识别 DNA，用于标示物流过程中的全部可能物品。

2. GPS/GIS 技术与北斗卫星导航系统

GPS 是美国从 20 世纪 70 年代开始研制，历时 20 年，耗资 200 亿美元，于 1994 年全面建成，具有在海、陆、空进行全方位实时三维导航与定位能力的新一代卫星导航与定位系统。经我国测绘等部门近 10 年的使用表明，GPS 以全天候、高精度、自动化、高效益等显著特点，赢得广大测绘工作者的信赖，并成功地应用于大地测量、工程测量、航空摄影测量、运载工具导航和管制、地壳运动监测、工程变形监测、资源勘察、地球动力学等多种学科，从而为测绘领域带来一场深刻的技术革命。

随着 GPS 的不断改进、硬软件的不断完善，应用领域正在不断地开拓，目前 GPS 的运用已遍及国民经济各部门，并开始逐步深入人们的日常生活。GPS 具有以下三方面的特征。

(1)全球全天候工作。GPS 能为用户提供连续和实时的三维位置、三维速度和精密时间，不受天气的影响。

(2)定位精度高。单机定位精度优于 10 米，采用差分定位，精度可达厘米级和毫米级。

(3)功能多、应用广。随着人们对 GPS 认识的加深，GPS 不仅在测量、导航、测速、测时等方面得到更广泛的应用，而且应用领域不断扩大，其已发展成为物流运输过程监控的必备技术手段之一。

GIS 是 20 世纪 60 年代开始迅速发展起来的地理学研究技术，是多种学科交叉的产物。GIS 是以地理空间数据库为基础，采用地理模型分析方法，适时提供多种空间的、动态的地理信息，是一种地理研究和地理决策服务的计算机技术系统。GIS 具有以下三个方面的特征。

(1)GIS 具有采集、管理、分析和输出多种地理空间信息的能力，具有空间性和动态性。

(2)GIS 以地理研究和地理决策为目的，以地理模型方法为手段，具有区域空间分析、多要素综合分析和动态预测能力，产生高层次的地理信息。

(3)由计算机系统支持进行空间地理数据管理，并由计算机程序模拟常规的或专门的地理分析方法，作用于空间数据，产生有用信息，完成人类难以完成的任务。

从外部来看，GIS 表现为计算机软硬件系统，而其内涵是由计算机程序和地理数据组织而成的地理空间信息模型，是一个逻辑缩小的、高度信息化的地理系统。

出于国家安全和成本的考虑，我国独立研发了北斗卫星导航系统(beidou navigation satellite system，BDS)。北斗卫星导航系统是我国正在实施的自主发展、独立运行的全球卫星导航系统。系统建设目标是：建成独立自主、开放兼容、技术先进、稳定可靠、覆盖全球的北斗卫星导航系统，促进卫星导航产业链形成，形成完善的国家卫星导航应用产业支撑、推广和保障体系，推动卫星导航在国民经济社会各行业的广泛应用。

北斗卫星导航系统由空间段、地面段和用户段三部分组成，空间段包括 5 颗静止轨道卫星和 30 颗非静止轨道卫星；地面段包括主控站、注入站和监测站等若干个地面站；用户段包括北斗用户终端及与其他卫星导航系统兼容的终端。

虽然 GPS 已广泛应用，但也绝非完美无缺。GPS 规模太大、造价太高，并且 GPS 只能用做导航却无法实现通信功能，因而不能满足日益增长的用户需求。如果仅依赖 GPS，则容易受别人控制。北斗卫星导航系统和 GPS 的区别主要在于两个方面。一方面是技术体制的区别，GPS 是一个接收型的定位系统，只转播信号，用户接收就可以做定位了，不受容量的限制。北斗卫星导航系统是双向的、既有定位又有通信的系统，但是有容量的限制。GPS 是由美国军方控制的军民共用系统，对世界开放。我们中国人所说的 GPS 免费是指可以免费接收它的信号，但美国人并不承诺保证你的使用，它不收费，但没有承诺永远不收费。另一个方面是它们的用途和特点是不一样的。GPS 解决了一个“我在哪里”的定位问题，如在沙漠里、在海洋上。而北斗卫星导航系统不仅仅解决了“我在哪里”的问题，还解决“你在这里”、“他在哪里”的问题。GPS 只具有接收功能，它通过接收信号才知道位置；而北斗卫星导航系统是具有收发功能的，它的定位需要发射然后再得到位置，同时它的位置可以传给你也可以传给关心你的人，实际上北斗卫星导航系统是一个具有定位和通信双重功能的设备，在用户群上是不一样的，接收的场合也是不一样的。

2012 年 10 月 25 日，在西昌卫星发射中心，“长征三号丙”运载火箭成功地将中国第 16 颗北斗导航卫星发射升空并送入预定转移轨道。短短 8 年时间，中国已完成 16 颗导航卫星密集发射的壮举。经过一段时间组网调试运行后，系统将具备稳定连续地覆盖包括中国在内的绝大部分亚太地区的服务能力，为用户提供定位、导航、授时及短报文通信等服务。在北斗卫星导航系统加紧布网建设的同时，北斗卫星导航系统应用及其产业化步伐也在加快推进。而这些应用已经在某些方面方便了我们的生活。经过多年发展，北斗卫星导航系统已应用到交通运输、基础测绘、工程勘测、资源调查、地震监测、公共安全与应急管理等众多国民经济领域，在应急救灾中也发挥了重要作用。在物流领域，已有基于北斗卫星导航系统的“公路基础设施安全监控系统”、“港口高精度实时定位调度监控系统”等物流系统。多家公司新生产的多款汽车也已经配备了北斗便携式、嵌入式车载终端，完善汽车电子与导航系统。例如，广东基于北斗卫星导航系统的公务车辆管理服务示范，为公务用车监管提供了新的途径，也取得了明显的效益。随着北斗卫星导航系统的不断发展和完善，北斗卫星导航系统在物流领域的应用将会成本更低、范围更广且更加成熟。

3. EDI 技术

EDI 是一种在企业之间传输订单、发票等作业文件的电子化手段。它通过计算机通信网络将贸易、运输、保险、银行和海关等行业信息，用一种国际公认的标准格式，实现各有关部门或公司与企业之间的数据交换与处理，并完成以贸易为中心的全部过程。它是 20 世纪 80 年代发展起来的一种新颖的电子化贸易工具，是计算机、通信和现代管理技术相结合的产物。国际标准化组织(International Organization for Standardization，ISO)将 EDI 描述成“将贸易(商业)或行政事务处理按照一个公认的标准变成结构化的事务处理或信息数据格式，用以完成从计算机到计算机的电子传输”。

EDI 在全球有多种技术标准，给各国的应用带来很多不便。经过多年发展，最初由欧洲提出的 EDIFACT 逐步发展成为获得国际大多数国家和机构支持的 EDI 国际标准，EDIFACT 成为统一的 EDI 国际标准已是大势所趋。联合国/行政、商业和运输 EDI(UN/EDIFACT)是由联合国制定的国际标准，本标准的维护和进一步发展的工作是由联合国欧洲经济委员会贸易便利化和电子商务(UN/CEFACT)标准发展而来。EDIFACT 标准提供了一套语法规则的结构、互动交流协议，并提供了一套允许多国和多行业的电子商业文件交换的标准消息。在欧洲，很多企业很早就采纳 EDIFACT，所以应用很广泛。

由于使用 EDI 可以减少甚至消除贸易过程中的纸面文件，因此 EDI 又被人们通俗地称为“无纸贸易”。从上述 EDI 定义不难看出，EDI 包含三个方面的内容，即计算机应用、通信与网络和数据标准化。其中，计算机应用是 EDI 的条件，通信环境是 EDI 应用的基础，标准化是 EDI 的特征。这三个方面相互衔接、相互依存构成 EDI 的基础框架。EDI 系统应用模型如图 4-6 所示。

图 4-6　EDI 系统应用模型

物流系统的信息由作业过程中的实时数据组成，包括购进物料流程信息、生产状态信息、产品库存信息、装运及新到订货信息等。物流系统对外需要与卖主或供应商、金融机构、运输商及顾客等就订货装运和相关单据事宜进行交流，而对内则可能用于生产领域的计划和控制方面等。这些处理都可以应用 EDI 技术来实现。根据《运输与仓储业务数据交换应用规范》(GB/T 26772—2011)，运输与仓储业务 EDI 平台结构图如图 4-7 所示。

传统的 EDI 技术在带来数据交换便利的同时，也存在着很难克服的问题，即需要特定的增值网络(value added network，VAN)，需要专门的软件，价格昂贵、耗时过长。

由于 EDI 蕴藏着巨大的社会和经济效益，因而对它的需求正飞速增长。随着 EDI 参与者的增加、EDI 应用部门的扩大(除与贸易直接有关的部门外，科技、情报、地质、气象、行政管理等部门都已或最终将开展 EDI 业务)和不同结

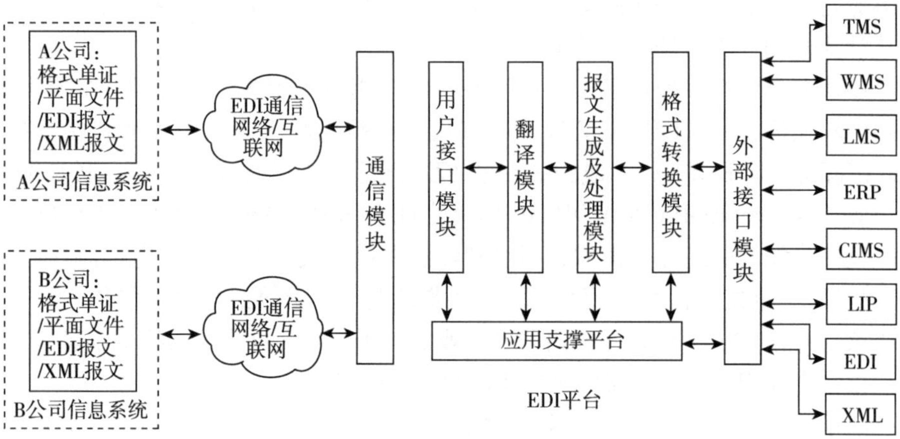

图 4-7　EDI 平台结构图

构 EDI 应用系统的开发，为避免形成各种专业的、封闭的 EDI 孤岛，最大限度地发挥 EDI 的效益，这就要求 EDI 必将走向开放式。

随着互联网的普及和 XML 技术的广泛应用，基于 XML 格式的数据交换应用日益广泛，一些技术标准组织给出新的 EDI 标准：开放式 EDI(open-EDI)、XML/EDI、EDML、RosettaNet 和 ebXML 等。

ISO/ICE/JTC/EDI 特别工作组 SWG EDI 于 1992 年提出“开放式 EDI 的概念模型”。开放式 EDI 是指“使用公共的、非专用的标准，以跨时域、商域、信息技术系统和数据类型的互操作性为目的，自治参与方之间的 EDI”。开放式 EDI 的概念确定了开放式 EDI 事务处理的概念、服务和关系的标准文本集合，用于标识和协调现有的和将来的标准与服务概念模型，以实现全球 EDI 互操作。它的目的在于最大限度地满足各种应用领域的 EDI 参与方之间的交换需求，并力求使对专用协议的需求最小化，使互操作范围最大化。

开放式 EDI 概念模型又由开放式 EDI 参考模型和标准集两部分组成。

(1)开放式 EDI 参考模型。该模型提供开放式 EDI 中的事务协议服务和 EDI 支持服务的上下文结构和规则，它被分为事务操作观点和功能/服务观点。

(2)标准集。标准集中的标准是指按参考模型中标明的需求制定的、满足这些需求的标准。就开放式 EDI 而言，标准分为三大类型：①开放式 EDI 专用标准——为满足开放式 EDI 概念模型而专门制定的标准。②EDI 相关标准——为 EDI 制定，但不优先满足该模型需求的标准。③非 EDI 专用标准——为信息技术需求制定，但可用于开放式 EDI 的标准。

4. 移动电子商务技术

移动电子商务(m-business 或 mobile business)是电子商务的一条分支。移动商务是指通过移动通信网络进行数据传输，并且利用移动信息终端参与各种商业经营活动的一种新电子商务模式，它是新技术条件与新市场环境下的新电子商务形态。

移动电子商务的兴起根源是手机、平板电脑等移动设备的机能越来越强大。移动领域目前是苹果公司的 iOs 和谷歌公司的 Android 两个移动操作系统独大，占领了 95%左右的市场份额。移动电子商务具体的技术实现有两大主流方案，一个是移动网站，另一个是移动 APP (application)。

移动网站是借助手机浏览器对 HTML 网页的支持来实现的网页网站。HTML5 是最新版本的 HTML 标准，由浏览器来支持实现多媒体交互功能，因为 iOS 和 Android 都不支持 Flash，所以 HTML5 成为移动网站上唯一可以实现多媒体动画交互功能的技术标准。

移动网站有别于无线应用协议 (wireless application protocol，WAP)网站。WAP 网站是针对早期移动功能机运算性能比较弱、网速比较慢的情况设计的，非常短小简单，标签代码也与 HTML 完全不同，能支持的显示效果有限，用户体验效果也非常弱。由于移动终端功能越来越强大，已能够跟传统个人电脑的能力相媲美，WAP 网站就过时了，所以物流公共信息平台在开发移动平台时无需考虑 WAP 网站。

移动 APP 根据不同的实现方法，又分为原生 APP(native APP)、Web APP 及混合 APP(hybrid APP)。

(1)原生 APP 是完全基于移动操作系统开发的客户端程序。原生 APP 其实就是手机上的 C/S 结构软件。每个原生 APP 是相互独立的，没有统一标准可以产生直接指向内容的超链接。每个 APP 的数据也是封闭的，搜索引擎无法索引 APP 内部的数据和内容。用户还需要下载整个 APP 安装后才可以访问里面的内容。目前，出于安全考虑，只有原生 APP 的代码可以调用手机的摄像头、麦克等设备，以及消息推送。目前，原生 APP 的功能更强大，画面效果也更为精美流畅。原生 APP 也有很多缺点，如经常性的升级、采用C/S结构及不能被搜索引擎索引等。

(2)Web APP。早期，由于原生 APP 开发难度大、成本较高，所以简单的做法就是把电脑端的网站网页嵌入 APP 中，这就是 Web APP。Web APP 的优点是升级方便，缺点是体验和功能比原生 APP 差一些。未来的移动商务技术会同电脑一样，由 C/S 结构转型为 B/S 结构，也就是从原生 APP 转变成 Web APP。

(3)混合 APP 结合了原生 APP 和 Web APP 的优点。混合 APP 的主体结构用原生 APP 完成，这样主体操作流畅、等待载入时间短、用户界面体验好，而且还可以实现摄像头、麦克、消息推送等功能。而其他部分需要经常更新内容(可以随时更新，不需要客户手机上的 APP 更新)，或者非核心功能(可以先低成本快速实现)，或者需要可以被链接索引传播的文字内容(这样内容才能被转发传播到 APP 以外的互联网上)，全都以嵌入网页的形式来实现。目前，国内绝大部分巨头 APP 都是混合 APP，如淘宝的 APP 除了主体框架外，其他大部分内部功能基本是内嵌网页的形式。

移动电子商务包括以下几方面特点。

(1)即时性。即时性是指用户的需求是突发的，并且希望可以立刻得到满足。就物流公共信息平台而言，货主刚到一批货需要立刻运输，司机返程需要立刻获取返程货物，司机中途车抛锚需要找拖车等。

(2)碎片性。碎片性是指让用户可以在非常零散、短暂、不完整的时间内，完成交互或使用，满足用户打发这些碎片时间的需求。典型的碎片时间是司机休息、等人这样很短但用户又很无聊的时间。

(3)地理位置。借助手机可以通过手机信号定位用户当前所在的地理位置，甚至通过 WIFI 信号定位用户所在室内位置，帮助用户在物理世界中定位。

(4)摄像头。借助手机的摄像头，可以知道用户当前把摄像头对准的物体是什么，通过光学识别，识别出这个物体的信息，从而得知手机用户当前的意图和需求。

(5)麦克风。借助手机麦克风，可以听到物理世界里的声音，有些技术甚至可以使音频与其他设备传递数据。

(6)运动。借助手机可以感应运动加速度，可以知道用户当前是否在运动，以及运动的距离等。

移动电子商务由于其随时、随地、随心的便利性，与物流的实时流动性高度吻合，在物流领域得到快速发展和大规模应用。目前，以运输管理平台为主的物流公共信息平台，大多提供手机 APP 供司机下载使用。在出租车领域补贴数亿元的滴滴打车和快的打车手机 APP 应用推广竞争，更是体现了从个人电脑时代，到移动终端时代入口竞争的激烈，为移动电子商务在物流领域的应用推广提供了很好的案例借鉴。

4.3 物流公共信息平台数据中心建设

数据中心作为物流公共信息平台的软硬件集成部署场所，在物流公共信息平台的建设与运营中显得尤为重要。此外，物流公共信息平台的其他业务，如信息服务、在线交易、数据挖掘等，都需要数据中心作为支撑。

传统的数据中心由于受传统机房设计思路的限制，存在以下不足：建设周期长、管理与运营成本高、缺乏统一规划、重复建设现象严重、耗能严重、扩展和扩容难度大、能按需调拨和迁移、受地理位置和周边环境的约束大等。

云计算为解决物流公共信息平台数据中心业务发展中碰到的问题提供了既符合当前发展需求，又基于未来发展战略考虑的解决方案。通过“信息技术即服务”的交付模式，云计算将大幅提高物流公共信息平台数据中心中应用程序的部署速度，促进创新和降低成本，从而对数据中心的建设产生以下影响。

(1)降低物流公共信息平台成本。云计算物流公共信息平台的数据中心不必再进行过多的硬件与软件的投资，只需根据业务需求租赁相应资源，而使用物流公共信息平台数据中心，最终用户的投资成本只包括连接期间的成本，避免了资源的过度供应或供应不足，从而增加收益。

(2)数据中心的灵活性、可扩展性进一步提高。通过云计算管理平台动态监控、调度和部署虚拟化资源池中的各种资源，并通过网络提供给用户，提高了数据中心资源的使用率，缩短了响应时间，降低了管理的复杂度，提高了运营维护的效率，同时改进了数据中心的扩展灵活性。当数据中心用户需要扩大资源时，新的资源随时能够加入到原有的云计算资源中，而不必重新部署。

(3)云计算数据中心能够提供必需的资源满足客户的动态需求，用户按需获取服务，物流公共信息平台本身提高了自身设备的利用率，并且推动了节能减排的发展，实现绿色增长。

(4)云计算提供的开放服务和平台服务能够提供更多的增值服务，拓展了数据中心业务的服务深度。

(5)通过集中计算需求，轻量化终端负载，拓展依托于移动终端的业务。借助云计算技术，物流公共信息平台有望实现数据中心业务的服务多样化、运营精细化及资源利用最优化。

4.3.1　数据中心系统结构

物流公共信息平台数据中心网络结构一般包括三个区域，分别是内网服务器区、外网服务器区(demilitarized zone，DMZ)和内网管理区，如图 4-8 所示。

内网服务器区主要部署物流公共信息平台的数据库服务器、应用服务器等核心服务器及相关存储设备，是物流公共信息平台管理、物流企业业务支持服务管理、数据交换和系统接口、物流公共信息平台系统管理等业务功能平台的运行环境。内网服务器区是核心受保护区域，只有从内网管理区中的网管工作站才可以直接登录到内网服务器区的服务器，外网服务器区和互联网的用户只能通过应用程序登录到内网服务器区的服务器。

外网服务器区部署物流公共信息平台的 Web 和邮件服务器，是平台对外宣传(平台门户)和邮件收发业务功能平台的运行环境。

内网管理区是内网服务器区的监控点，部署网管工作站，用于监控数据中心的网络环境、服务器性能等数据中心运行状态。

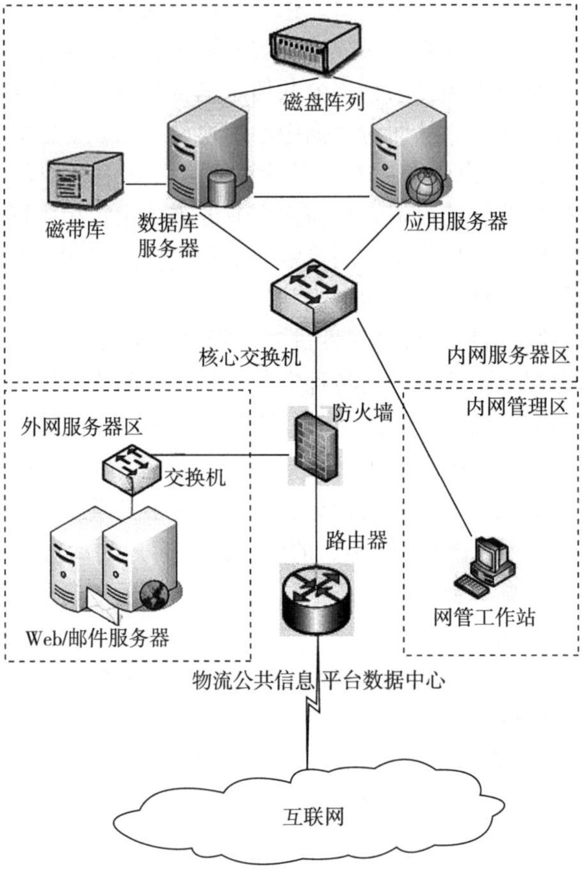

图 4-8　物流公共信息平台数据中心硬件网络结构

物流公共信息平台数据中心的硬件网络结构是平台正常运行的基础，为了降低系统宕机概率，可以使用双机热备机制，保障核心业务能够克服单点故障，提高系统的高可用性。物流公共信息平台系统拓扑结构如图 4-9 所示。

4.3.2　数据中心技术路线

1. 应用模式选择

在信息系统开发领域，有两种最主要的应用模式，分别是 C/S 模式和 B/S 模式。

C/S 模式也就是客户机和服务器的组合，C/S 模式在充分利用本地硬件的基础上，通过合理分配 C/S 各自的任务，确保系统的畅通运行及成本的降低。C/S 模式的工作原理如图 4-10 所示。

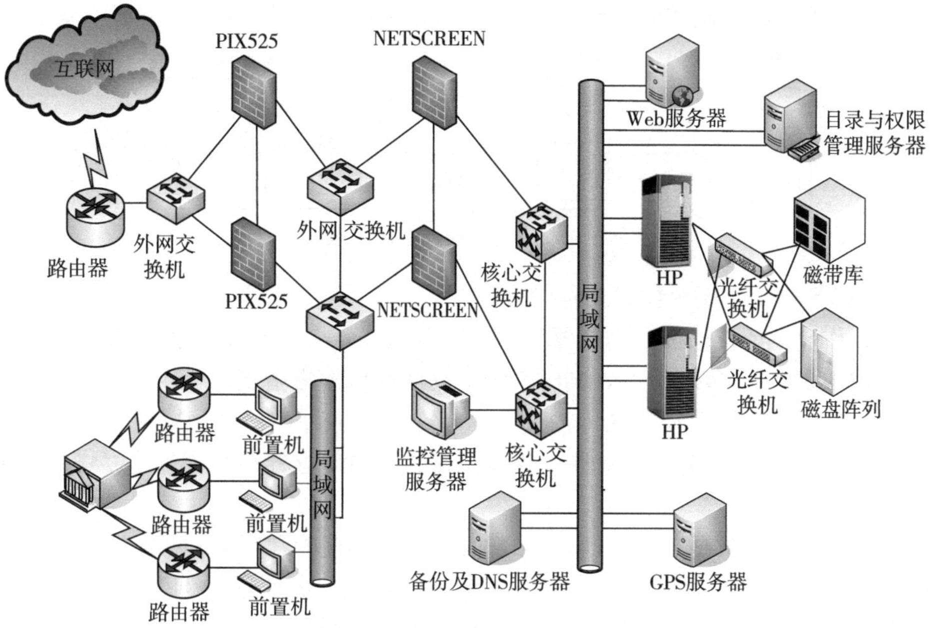

图 4-9　物流公共信息平台拓扑图

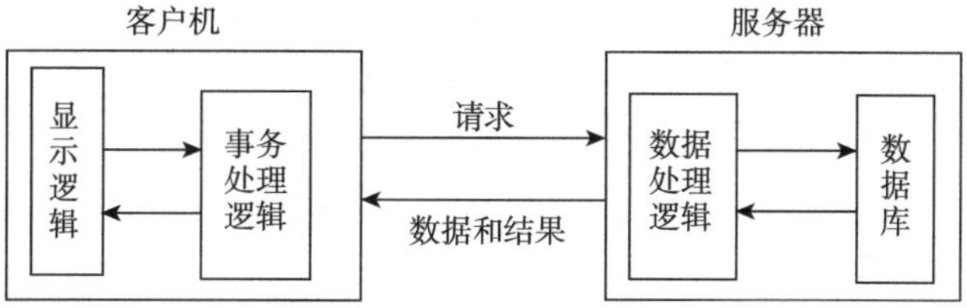

图 4-10　C/S 模式工作原理

C/S 模式的特点包括以下两点。

(1)C/S 模式把任务分为服务进程和客户进程，服务进程由后端机运行，客户进程由前端机运行。

(2)C/S 模式前端为用户的使用界面，后端是数据库和服务器。客户进程与用户交互，在图形用户界面(graphic unit interface，GUI)环境下运行；服务进程与数据通过结构化查询语言(structured query language，SQL)实现联系。

B/S 模式是将 C/S 模式中的服务器分解为 Web 服务器和数据服务器，这样就形成了一个由数据库服务器、Web 服务器和浏览器组成的三层结构体系。第一层是浏览器，通过网页与中间层的 Web 服务器相联系。第二层是 Web 服务器，主要工作是将用户的请求操作转化成 SQL 语句交给第三层数据库服务器处理，再将数据库服务器返回的结果转换成网页的形式呈现给用户。第三层就是数据库服务器，处理第二层 Web 服务器发出的查询请求，再将查询结果返回给

Web 服务器。B/S 模式的工作原理如图 4-11 所示。

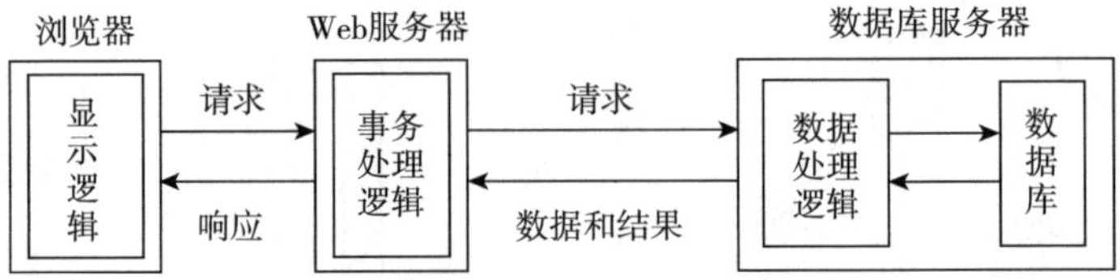

图 4-11 B/S 模式工作原理

与 C/S 相比，B/S 模式具备以下特点。

(1)作业灵活性增强。浏览器层、Web 服务器、数据库服务器任务明确，降低了系统维护的难度与成本，同时系统的灵活性也随之增强。

(2)系统响应速度快。在传输过程中，Web 服务器端已经完成复杂的数据处理，仅仅需要网络传输处理结果，网络资源占用少，这样系统响应速度将得到大大的提高。

(3)具备良好的适应性。B/S 模式所采用的传输协议为国际标准的 TCP/IP，协议一致方便用户拓展系统，或者与其他平台对接。而通用的 HTML 使得无论选择哪家的产品、无论产品是更新换代还是升级，都没有问题。

(4)研发成本大大降低。B/S 模式的三层结构体系中前端采用浏览器软件，大大降低了服务器端程序界面开发的成本，而采用浏览器软件也使得硬件成本大大降低，综合二者，B/S 模式的研发成本大幅缩减。

综合而言，两种模式各有特点，具体对比如表 4-2 所示。

表 4-2 两种模式对比表

对比项	C/S 模式	B/S 模式
客户端	需要开发大量的应用程序和界面，成本高，价格昂贵	仅仅需要浏览器，成本大幅缩减
数据复用的灵活性	需要专业的技术人员	复用灵活，网页设计人员就可操作
互联网/企业内网支持	企业内，不支持互联网	支持连接互联网
对用户的培训	要求操作人员在上岗前必须熟悉相关应用程序的操作方法及性能	没有要求，面向大众，几乎无需培训
研发效率	低	高
交互性	根据用户需求定制开发应用程序和界面，功能完善，交互性强	依靠浏览器提供的交互功能，功能有限
用户界面	单一、乏味	美观、整洁、时尚
安全性	高：点对点结构模式，一般只面向固定的用户群，对信息安全的控制能力强	低：开放式的结构模式，对安全的控制能力相对弱
网络流量	两层结构，网络流量低	三层结构，网络流量高
信息处理速度	数据直接返回，速度快	需要通过 Web 层转换，速度慢

开发物流公共信息平台时，应该根据实际情况，结合具体的应用软件、开发成本和维护成本来选择不同的应用模式。

2. 网页技术选择

在 B/S 模式下搭建动态网页的技术有多种，如通用网关接口(common gateway interface，CGI)、服务器 API、IDC(internet data center)、动态服务器页面(active server pages，ASP)等，这些技术各有利弊。

(1)CGI。CGI 是所有服务器进行连接的基础，也是最成熟的技术之一。不过 CGI 在处理多请求时，容易造成系统资源浪费，而且会造成性能下降，响应时间增长。虽然 CGI 接口程序统一，但接口程序开发难度较大。

(2)服务器 API。服务器 API 是在 CGI 基础上进行的开发。它以动态链接库(dynamic link Library，DLL)的形式提供服务，并使用 DLL 技术使进程变成线程，从而使得性能大大提升。但由于 API 需要多线程、进程同步、直接协议编程等知识来进行编程，因此 API 技术的使用难度加深，从实用性角度来看服务器 API 并不实用。

(3) IDC。由于 CGI 效率低下，服务器 API 编程复杂，微软公司推出基于 ISAPI 数据库接口的 IDC。IDC 良好地解决了效率与编程复杂的问题。

IDC 主要使用 IDC 脚本文件(.idc)和 HTML 模板文件(.htx)两种文件。

IDC 脚本文件描述了数据库的访问方式、访问权限，记录了数据库操作，并将处理结果返还给数据库。

HTML 模板文件就是将数据库查询结果展示给浏览器用户。

(4) ASP。ASP 是 IIS 3.0 的新增功能，是对 IDC 的升级。ASP 只有有脚步驱动就可以使用任意 Script 语言，且它本身自带了 VBScript 和 Jscript 的驱动。ASP 通过将 Script 嵌入 HTML 内，使 HTML 和 Script 可以同时开发。ASP 可以在装有 ODBC 的驱动服务器上通过 ADO(active data objects)来操控数据库。ADO 自身的特点决定 ASP 特别适合瘦客户端模式及其他 Web 应用的开发。

ASP 脚本的保存类型为 .asp，保存在 Web Server 中，当浏览器向 Web Server 提出 ASP 页面文件请求时，Web Server 会自动运行 ASP，并将请求的 .asp 文件由 ASP.dll 进行解释然后在服务器上执行，最后将动态生成网页返回到浏览器用户。

由于 ASP 是在服务器端解释运行，就不存在浏览器是否支持 ASP 的问题，同时服务器端的编程逻辑无法轻易了解，使得数据库的安全性大大提高。

3. 操作系统与数据库系统选择

B/S 模式管理信息系统的开发平台主要有两种，分别是基于 UNIX 和基于

Windows NT 的开发环境。

基于 UNIX 的开发环境，Web 服务器是采用 UNIX 系统，可以选择使用 Oracle、Sybase 或 Informax 等大型数据库管理系统。基于 UNIX 的开发环境性能好，是大型企业开发的首选平台，但相应的开发成本较高，开发水平要求也比较高。

基于 Windows NT 的开发环境是以 Windows NT Server 为系统平台同时兼做 Web 服务器，数据库服务器使用 MS SQL Server 数据库管理系统；系统开发成本较低，技术难度不大，同时 MS SQL Server 与 Web 集成良好，在后续研发上具有优势，且自带 IIS，减少投资；全部采用微软公司的产品，相互间配合良好，虽然总体性能上较差，但更加适用于中小型企业。

所以物流公共信息平台的软硬件系统平台，可以根据物流信息平台的最终负荷来进行确定：高负荷方案，即服务器采用企业级服务器，操作系统采用 UNIX，数据库采用 Oracle；低负荷方案，即服务器采用高性能微机服务器，操作系统采用 Window 2000 Server，数据库采用 SQL Server。另外，随着开放源代码运动的不断深入，很多开源的操作系统和数据库也具备越来越强大的功能，能够满足大规模业务网站的系统需求，如 Linux 操作系统和 Mysql 数据库等，也是非常经济实用的选择。

4. 安全技术的选择

物流公共信息平台的开放性特点，使得平台的安全问题越来越重要。物流公共信息平台上数据传输的安全性直接影响到整个物流公共信息平台的正常运转。物流公共信息平台的网络安全防卫方式应该将注意力集中在控制不同主机的网络通道和其所提供的服务上，网络安全防卫包括建立防火墙来保护内部系统和网络、运用各种可靠的认证手段(如一次性密码等)，对敏感数据在网络上传输时，采用密码保护的方式进行。物流公共信息平台的安全主要是保障计算机安全和信息传输安全，其目的是确保通过网络传输和交换的数据不会增加、修改、丢失和泄露等。

(1)网络防病毒技术。网络的互联使得病毒的传播越来越容易，在网络环境下，计算机病毒具有不可估量的威胁性和破坏力。因此，计算机病毒的防范也是网络安全技术中重要的一环，所以必须选择一个能够支持物流公共信息平台的杀病毒软件，并实现软件安装、升级、配置的中央管理及自动化。物流公共信息平台的杀病毒软件要尽可能保护平台所有可能的病毒入口，也就是说要支持平台可能用到的所有网络协议，能适应并且及时跟上网络信息的发展。在这方面，目前的杀毒软件如 Norton、McAfee、熊猫卫士等均可以支持所有的互联网协议，辨识出其中的病毒。

(2)防火墙技术。安装防火墙是一种有效的网络安全机制，防火墙可以把外部网络和内部网络隔离，从而确定哪些内部服务允许外部访问，以及允许哪些外部服务访问内部服务，其准则就是：一切未被允许的就是禁止的；一切未被禁止的就是允许的。防火墙的主要技术类型包括网络级数据包过滤(network-level packet filter)和应用代理服务(application-level proxy server)。

(3)数据加密技术。与防火墙配合使用的安全技术还有数据加密技术，这是为提高物流公共信息平台及数据的安全性和保密性，防止秘密数据被外部破析所采用的主要技术手段之一。随着信息技术的发展，网络安全与信息保密日益引起人们的关注。除了从法律上、管理上加强数据的安全保护外，平台需要从技术上分别在软件和硬件两方面采取措施，推动着数据加密技术和物理防范技术的不断发展。按作用不同，数据加密技术主要分为数据传输、数据存储、数据完整性的鉴别及密钥管理技术四种。

(4)身份验证(identification)技术。身份验证是用户向系统出示自己身份证明的过程。身份认证是系统查核用户身份证明的过程。这两个过程是判明和确认通信双方真实身份的两个重要环节，人们常把这两项工作统称为身份验证(或身份鉴别)。

4.3.3　数据中心建设项目管理

1. 数据中心建设项目管理原则

1)组织原则

一套健全有效的组织和领导机构是贯彻项目意图和顺利进行工程实施的重要条件和保证。在项目组织机构中，需要明确项目组成人员、每一个成员的职责，以及各相关机构之间的接口关系，保证在项目实施过程中，人在其位、各施其责，确保项目有序地执行。

2)管理和控制原则

在项目实施过程中，有效的管理和控制是项目成功的关键。在项目实施过程中，对质量、进度、变更、风险、成本进行管理和控制，确保项目实施是一个可控的、“看得见”的过程。

(1)质量控制。项目质量是项目成功的生命线，质量控制经理将被授予较大的权利，具有质量否决权，任何技术方案和技术实施都要接受质量监控组的检查和审核，同时，项目的规范化实施也是保证项目质量的重要前提，任何个人和小组都要严格按照质量监控管理规范的要求执行。

(2)进度控制。进度控制由项目经理直接参与和负责，以保证项目如期完成。通过建立严格完善的项目进度报告制度、项目定期协调会议制度等来切实了解项目进展情况，找出导致任务未如期完成的原因，并提出补救办法，预测下一步工作进度，将可能导致延误工期的事件提交项目领导办公会议讨论落实，最大限度地避免延误工期事件的发生。

(3)变更管理。在项目实施过程中，由于内部或者外部条件的改变，常常遇到需要变更需求的情况。此时，必须有一套行之有效的变更管理流程，以保证项目不会因为变更的原因而影响项目的实施。

(4)风险控制。风险控制是项目抵抗意外风险、降低风险损失、保证项目成功的重要保证之一。项目经理要及时发现各种隐患，提早预测可能发生的风险，要有足够的思想准备和办法对付可能出现的各种问题。对于预测到的各种隐患应提前做好应变措施。

(5)成本控制。成本控制也是本项目管理中的重要控制内容，项目管理要有严格的成本管理和控制制度，充分考虑设备采购、人员安排、人员待遇等一切要发生成本的因素，通过预算手段和严格审批制度，强化成本管理意识，确保整个项目在总体预算下付诸实施。

3)标准化原则

在项目的建设过程中，建设团队需要强化项目流程、规程、文档的标准化管理工作。

在工程实施过程中，应主要参考 ISO9001：2000 标准，在采购、安装、调试、验收、培训各阶段，做到计划和实施的文档化与规范化。

在应用软件系统开发过程中，应参照 CMMI L3 规范实施，在需求、设计、编码、调试、运行维护的各阶段，做到各项工作的规范化与文档化。

2. 数据中心建设项目阶段划分

数据中心的建设阶段主要包括方案设计、软硬件采购、设备到货安装、集成测试、试运行、正式上线运行。物流公共信息平台数据中心实施的具体工作内容及工作产品如表 4-3 所示。

表 4-3　物流公共信息平台数据中心实施的具体工作内容及工作产品

序号	阶段	工作内容	工作产品
阶段一	需求调研及运营指导	针对差异化需求进行实地调研，确定业务模式和业务流程，协助设计业务规则，确定业务需求	项目开发计划书 项目工作分解结构与软件进度 软件需求规格说明书
阶段二	分析设计	根据业务特点和需求规范说明书进行系统分析和设计，详细设计后提交开发中心进行编码；提交可正常运行的门户网站 系统软件和网络硬件设备的订购 开发、系统工具培训	系统设计说明书
阶段三	编码	根据系统详细设计进行编码 单元内测试	

续表

序号	阶段	工作内容	工作产品
阶段四	系统测试	整体系统测试，修正系统问题 系统软件和网络硬件安装、调试	系统测试计划和分析报告 系统测试用例
阶段五	系统部署	应用系统安装和部署测试	系统部署手册
阶段六	试运行	提交进行测试和模拟运行 应用系统管理和操作培训、运营管理培训	用户操作手册
阶段七	系统交付	试运行后将系统交付给客户，系统可以正常使用	系统维护手册 系统交付报告
阶段八	系统验收	系统最终验收	系统终验报告
阶段九	系统维护	功能修改、增加等应用系统升级和硬件扩容等	

4.4　物流公共信息平台技术服务模式

计算机自诞生以来，在企业端数据中心的应用大体经历了最初的大型机时代、之后的C/S时代和今天的云计算时代三个主要阶段。在这三个阶段，计算机从集中走向分布，再走向物理分散、逻辑集中，体现了技术发展的螺旋式上升。

云计算技术是由并行计算、集群计算、网格计算技术逐步发展演变而来的，如图 4-12 所示。云计算的“云”是对所提供服务的远端互联网网络和计算设备的一种形象比喻，即用户不用再像以前一样关心提供计算机服务的具体地点、具体设备，只需要知道由远方的“云”来提供服务即可。

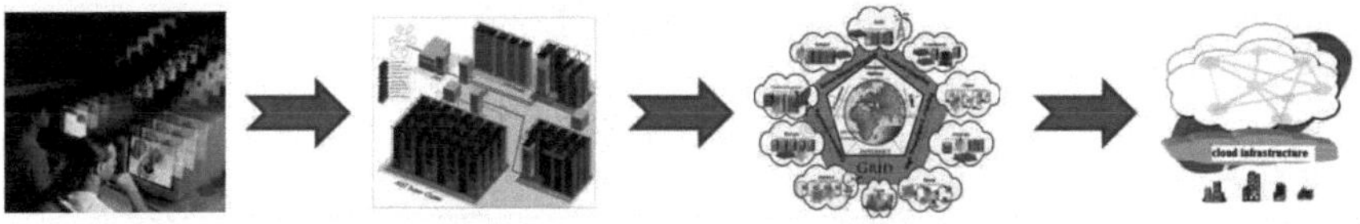

并行计算　集群计算　网格计算　云计算

图 4-12　云计算技术演化过程

云计算是继从大型机到 C/S 之后，计算机体系结构和服务方式的又一次革命性变化。云计算是以服务形式交付的全面信息技术解决方案，它是基于互联网相关服务的增加、使用和交付模式，通常涉及通过互联网来提供动态易扩展且经常是虚拟化的资源，它像电网传输电力和自来水厂提供自来水一样，以基础设施的方式向用户提供实时、方便、快捷、经济的共享资源和服务。

云计算概念自出现以来，尚未形成一个统一的定义。美国国家标准与技术研究院(National Institute of Standards and Technology，NIST)定义：云计算是一种按使用量付费的模式，这种模式提供可用的、便捷的、按需的网络访问，进入可配置的计算资源共享池(资源包括网络、服务器、存储、应用软件、服务)，这些资源能够被快速提供，只需投入很少的管理工作，或与服务供应商进行很少的交互。

云计算的灵活性在于能够按需分配资源，“云”中的计算机一起工作，各种应用程序使用同一计算能力集合，好像它们在单一系统上运行一样。云计算的服务模式示意如图 4-13 所示。因此，在云计算环境下，不再需要给任务分配特定的硬件，从而大大提高了现有系统资源的利用率。在云计算出现之前，网站和基于 C/S 的应用程序都在特定的系统上运行，有了云计算之后，资源就集合为一台虚拟的计算机，在这种融合式配置提供的环境中独立地执行应用程序，不需要关心任何具体配置。

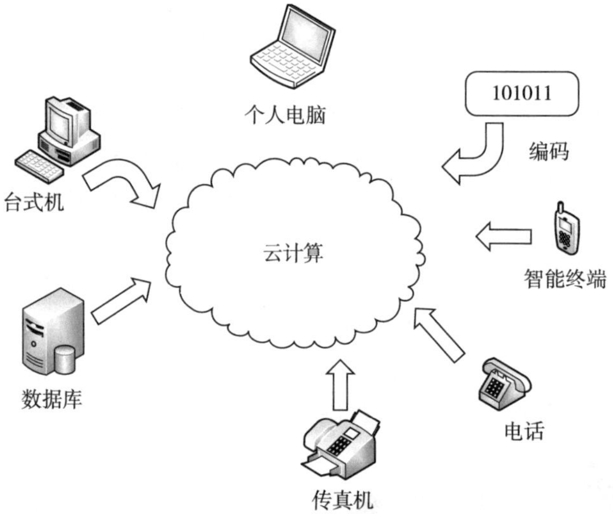

图 4-13　云计算服务模式示意图

4.4.1　基于云计算的技术服务模式

根据用户体验角度及技术服务模式类型，云计算主要分为三种技术服务模式，即 IaaS、PaaS 和 SaaS。

(1)IaaS。IaaS 主要是将虚拟机等资源作为服务提供给用户，它可以为用户提供按需租用的计算能力和存储能力。IaaS 通过互联网提供了数据中心、基础架构硬件和软件资源。IaaS 可以提供服务器、操作系统、磁盘存储、数据库及信息资源。IaaS 的主要用户是系统管理员。最高端 IaaS 的代表产品是亚马逊的弹性云计算，不过 IBM、Vmware、惠普及其他一些传统信息技术厂商也提供这类的服务。IaaS 通常会按照“弹性云”的模式引入其他的使用和计价模式，也就是在任何一个特定的时间，都只使用用户需要的服务，并且只为其付费。

(2)PaaS。PaaS 以服务形式提供给开发人员应用程序开发及部署平台，提高 Web 平台上可利用资源的效率。PaaS 提供了基础架构，软件开发者可以在这个基础架构之上建设新的应用，或者扩展已有的应用，但不必购买和管理服务器。Salesforce. com 的 Force. com、Google 的 App Engine 和微软的 Azure(微软云计算平台)都采用了 PaaS 的模式。这些平台允许公司创建个性化的应用，也允许独立软件厂商或者其他的第三方机构针对垂直细分行业创造新的解决方案。

(3)SaaS。SaaS 将应用作为服务提供给用户，采用这种服务模式，用户无需购买软件，由互联网提供软件，经过云计算分析处理的感知数据，由 Web 浏览器将应用和服务提供给用户。SaaS 是最为成熟、最出名，也是得到最广泛应用的一种云计算。可以将它理解为一种软件分布模式，在这种模式下，应用软件安装在厂商或者服务供应商那里，用户可以通过某个网络来使用这些软件，通常使用的网络是互联网。这种模式通常也被称为"随需应变"(on demand)软件，这是最成熟的云计算模式。因为这种模式具有高度的灵活性、可靠的支持服务能力、强大的可扩展性，因此能够降低客户的维护成本和投入，而且由于这种模式的多宗旨式的基础架构，运营成本也得以降低。

基于云计算的物流公共信息平台技术服务模式构成如图 4-14 所示，由三个自上而下的部分组成，即 SaaS、PaaS、IaaS。

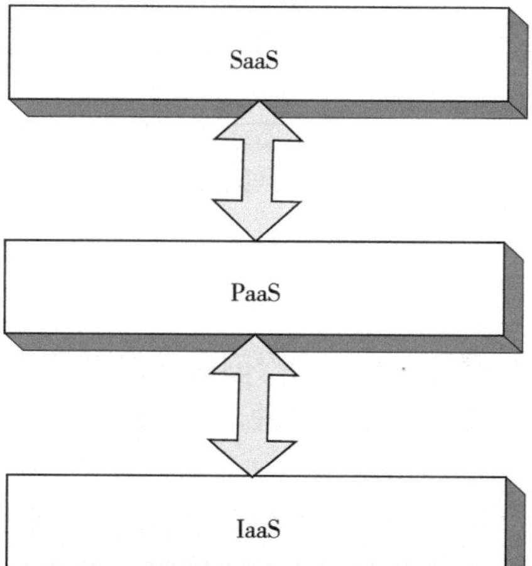

图 4-14 基于云计算的物流公共信息平台技术服务模式图

基于云计算的物流公共信息平台技术服务模式细化组成如图 4-15 所示。

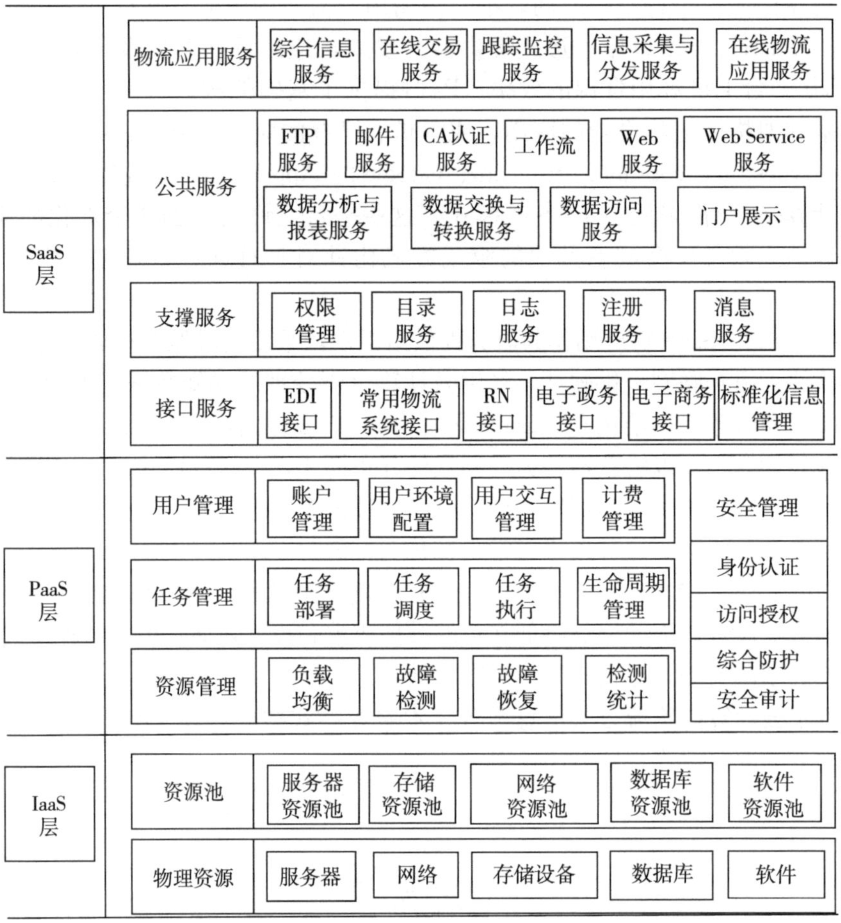

图 4-15 基于云计算的物流公共信息平台技术服务模式细化图

4.4.2 SaaS

SaaS模式通过 Web 浏览器根据用户的需求为用户提供定制的应用及信息服务。由物流公共信息平台提供和维护软件，用户随时随地都可以定制并使用其定制的相关物流服务。

这一技术服务模式主要是物流公共信息平台能够提供的基本服务及应用，包括接口服务、支撑服务、公共服务和物流应用服务。

(1)接口服务包括 EDI 接口、常用物流系统接口、RN(rosetta net)接口、电子政务接口、电子商务接口及标准化信息管理。

(2)支撑服务包括权限管理、目录服务、日志服务、注册服务和消息服务。

(3)公共服务包括 FTP 服务、邮件服务、CA 认证服务、工作流、Web 服务、Web Services 服务、数据分析与报表服务、数据交换与转换服务、数据访问服务及门户展示。

(4)物流应用服务包括综合信息服务、在线交易服务、跟踪监控服务、信息采集与分发服务、在线物流应用服务等。

集成服务通过标准、流程、配套工具和方法将所有可重用的软件和数据有机地集成在一起，构造一个软件基础设施，进而提高系统的互操作能力。集成服务从软件的开发、运行和管理三个方面对软件装备化建设提供支持。

SaaS 的特点主要是成本低(因为用户无需购买软件，由互联网提供软件)、部署迅速、定价灵活。这一层主要集成支持物流服务各个分系统所提供的访问信息资源的接口，包括标准化信息管理、EDI 接口、电子政务接口、电子商务接口、RN 接口和常见物流系统接口。

(1)标准化信息管理。标准化信息管理是构建物流公共信息平台很重要的一个环节。SaaS 这种服务模式能够更好地提供信息标准化的方案。标准化信息能够完成平台与平台之间、平台与系统之间的信息交换，以及完成物流的标准发布和企业之间信息的交换。标准化信息包括标准的分类信息、元数据信息、标准物流规范的定义及相关修改和维护的信息、标准信息的查询和下载信息，以及标准版本的通知和订阅等信息。

(2)EDI 接口。EDI 接口主要用来完成 EDI 系统的互联互通和格式的相互转换。其主要信息服务包括提供 EDI 报文所需数据信息和读取 EDI 报文物流数据信息。

(3)电子政务接口。电子政务接口主要提供国家制定的政府电子政务标准的数据交换或转换服务的接口与国家四大基础数据库连接的接口。

(4)电子商务接口。电子商务接口主要提供现在国家制定的电子商务标准的数据交换和转换服务的接口与国家四大基础数据库连接的接口。

(5)RN 接口。RN 接口主要提供与 RN 应用之间的数据交换/转换，产生基于 RN 的数据或从 RN 数据库中抽取所需数据的一系列接口函数。

(6)常见物流系统接口。物流公共信息平台可以为常见的物流系统，如运输管理系统、仓储管理系统、堆场管理系统和配送管理系统等提供对外服务接口，以实现 Web Services 服务，从而达到不同物流系统的集成。

4.4.3　PaaS

PaaS 模式除了可以为 SaaS 层提供技术支撑以外，还可以把服务器平台作为服务提供给用户，主要提供管理及服务。对用户的管理包括用户的身份验证、用户定制服务、用户许可管理；对资源的管理主要包括负载均衡、资源监控、故障检测处理等。

这一技术服务模式包括四部分管理，即用户管理、任务管理、资源管理和安全管理。用户管理主要包括识别用户身份、提供用户交互接口、创建用户程序的执行环境及对用户的使用计费等工作。任务管理主要是执行用户提交的任务，包括任务部署、任务调度、任务执行和生命周期管理。资源管理主要是负责均衡地调配资源，对服务过程出现的故障进行检测并处理故障使系统恢复正常运行，同时对资源的使用进行监视并统计。安全管理主要是通过身份认证、访问授权、综合防护和安全审计等环节来保障云计算设施整体的安全。

4.4.4 IaaS

IaaS 模式主要是将网络基础设施作为服务提供给用户。IaaS 分为资源层和资源池层。

(1)资源层主要包括计算机、存储器、网络设施、数据库、系统软件及其他硬件物理资源。在云计算时代，可以通过现有的网络技术和计算机技术将分散的计算机组成一个超强功能的计算机集群，来进行计算和存储等云计算操作。

(2)资源池层主要是指硬件虚拟化和应用虚拟化。通过构建资源池，可以实现具有一定功能的操作，但其本身是虚拟而不是真实的资源。通过软件技术可以实现包括虚拟环境、虚拟系统、虚拟平台等相关的虚拟化功能。构建资源池主要是对物理资源的集成和管理。资源池包括计算资源池、存储资源池、网络资源池、数据资源池和软件资源池。资源池实现对物理资源的集成和管理。

4.4.5 物流公共信息平台云服务模式的优势

物流公共信息平台云服务模式与传统的服务模式相比，具有以下优势。

(1)用户体验角度。传统的物流公共信息平台服务模式是将物流公共信息平台作为整体统一面向用户的，每层之间的联系比较紧密，底下各层无法直接向用户提供服务；而物流公共信息平台云服务模式的三层是相互独立的，每一层都为不同类型的用户提供服务。

(2)技术角度。传统的物流公共信息平台服务模式中，层与层之间是继承关系，每一层不能脱离其他层单独存在。而物流公共信息平台云服务模式中，三个服务模式不是简单的继承关系(SaaS 基于 PaaS，而 PaaS 基于 IaaS)。因为首先 SaaS 可以是基于 PaaS 或者直接部署于 IaaS 之上，其次 PaaS 可以构建于 IaaS 之上，也可以直接构建在物理资源之上。IaaS、PaaS、SaaS 三者之间界限正趋于模糊，严格区分 SaaS、PaaS、IaaS 三者的区别是次要的。因为这三种模式都要涉及外包负载、人员开支管理、服务器及网络的软硬件维护等问题。从更高层面来看，物流公共信息平台云服务模式三个层次都是为了解决用户的问题，都是为了业务而服务的。例如，它们都试图为用户降低信息技术基础设施成本、充分发挥信息技术资源规模经济效益、提供强大的扩展能力。SaaS 服务模式与传统许可模式软件有很大的不同，它是未来管理软件的发展趋势。相比传统服务方式而言，SaaS 具有很多独特之处：SaaS 不仅减少了或取消了传统的软件授权费用，而且厂商将应用软件部署在统一的服务器上，免除了最终用户的服务器硬件、网络安全设备和软件升级维护的支出，客户不需要除个人电脑和互联网连接之外的其他信息技术投资就可以通过互联网获得所需要的软件和服务。此外，大量的新技术，如 Web Services，提供了更简单、更灵活、更实用的 SaaS。另外，SaaS 供应商通常是按照客户所租用的软件模块来进行收费的，因此，用户可以按需订购软件应用服务，而且 SaaS 的供应商会负责系统的部署、升级和维护。而传统管理软件通常是买家需要一次支付一笔可观的费用才能正式启动。

(3)商业模式角度。传统的物流公共信息平台服务模式主要采用自建的思路，类似于工业时代早期的工厂，自己配备自己的发电设备、自己的供水设备，各层的建设以自己搭建为主；物流公共信息平台云服务模式采用更加开放的建设思路，类似于工业时代成熟之后，电力和自来水由负责基础设施的电厂和自来水厂统一提供，工厂只需要专注于自己的生产环节。物流公共信息平台云服务模式的 SaaS 可以基于别的云计算服务商提供的 PaaS 和 IaaS 搭建，而不一定需要每层都自己提供，物流公共信息平台云服务模式的 SaaS、PaaS 和 IaaS 都成为用户的基础设施，为用户提供更加便捷化的服务。

(4)未来发展趋势角度。可以预见，未来的物流公共信息平台将越来越多地采用物流公共信息平台云服务模式，采用这种模式，能够与大数据、物联网、移动商务等技术更好地结合，将具备更好的可扩展性和适应性。

4.5　本章小结

本章主要介绍了物流公共信息平台的体系结构、关键技术、数据中心建设和技术服务模式。首先介绍了物流公共信息平台的总体结构，以及物流公共信息平台的体系结构；其次介绍了物流公共信息平台数据中心的建设方案，包括系统结构、技术路线、项目管理等；最后详细地阐述了物流公共信息平台基于云计算的技术服务模式。本章为物流公共信息平台的开发建设提供技术支撑和理论框架依据。

第 5 章

物流公共信息平台运营管理

5.1 物流公共信息平台运营原则

物流公共信息平台将实现不同组织(政府、企业)间异构系统的数据交换及信息共享，实现整个物流作业链中众多业务主体相互间的协同作业。物流公共信息平台的建设和运营是一项复杂的社会系统工程，需要遵循一定的机制及规范以保证体系有序、安全、稳定地运行。物流公共信息平台的建设和运营应该遵循以下八大原则。

(1)交易和服务是物流公共信息平台建设与运营的核心。物流公共信息平台的核心作用是消除信息不对称，为物流资源需求方和供给方提供一个交易的桥梁，供需双方在一个公平透明的环境中交易物流资源。物流资源采购方和接收方通过物流公共信息平台获取交易与服务功能，完成物流资源交易。政府部门和公共服务人员也通过交易与服务功能获取自身所需的信息及服务，如图 5-1 所示。

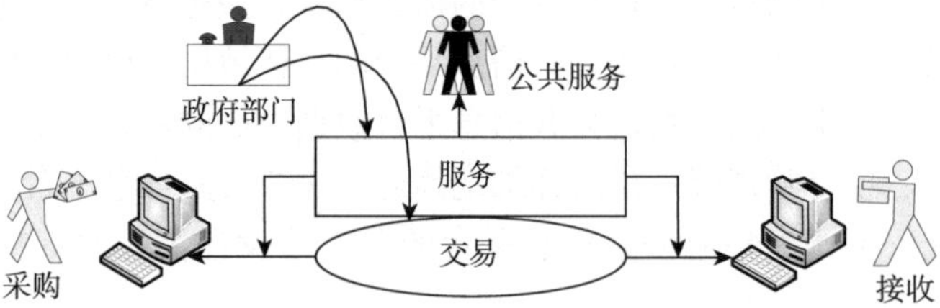

图 5-1　物流公共信息平台交易和物流示意图

(2)业务模式和营销模式是物流公共信息平台建设和运营的关键。业务模式和营销模式是现代信息服务企业运营的两个关键要素。业务模式的核心是如何设计功能和架构以满足用户的需要，并为用户带来相应的价值；营销模式的核心是能否吸引更多的企业参与并让其成为物流公共信息平台的实际客户。

(3)技术支撑和客户服务是物流公共信息平台建设和运营的保障。以服务为中心，以技术为支撑，从服务集成的角度设计应用，具有面向服务、松耦合、高重用性等特点，便于灵活部署、分步实施、分布业务负载和维护的模块化设计，充分考虑可用性和 Web/呼叫中心/移动终端的使用，融入物联网技术、网络安全技术、安全控制技术，打造先进适用的物流公共信息平台，满足客户服务的需求，是物流公共信息平台建设的保障，如图 5-2 所示。

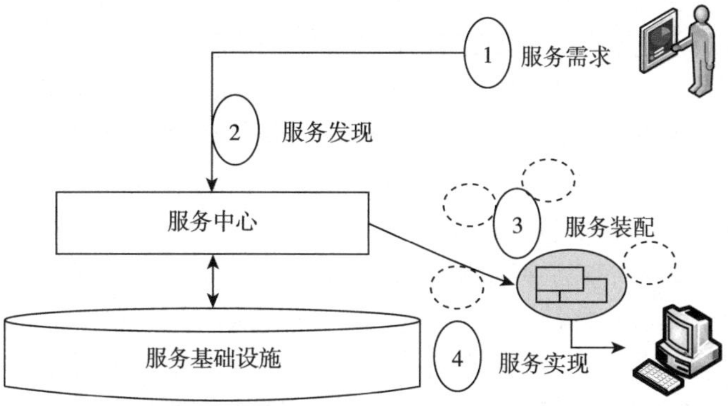

图 5-2　物流公共信息平台技术支撑和客户服务示意图

(4)行业信息和物流数据资源是物流公共信息平台建设与运营的基础。物流公共信息平台是一个数据系统，是物流行业的数据中心，承载了大量物流供需信息、物流服务信息及物流行业信息，完备的基础信息库、物流企业信息库、运输资源数据库、仓储资源数据库、地理信息数据库、物资资源数据库等数据库资源成为物流公共信息平台建设的基础，如图 5-3 所示。

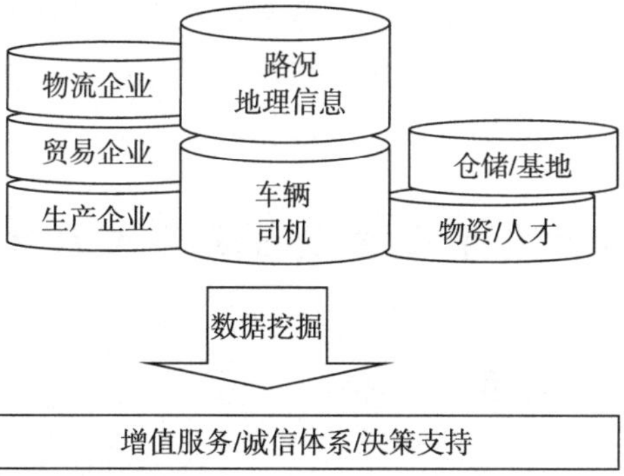

图 5-3　物流公共信息平台行业信息和物流数据资源示意图

(5)政府支持和推动是物流公共信息平台建设与运营的前提。物流公共信息平台的建设是一个具有一定公众属性的系统工程，涉及政府、行业协会、企业等多方面的通力合作，物流公共信息平台的建设离不开政府层面的大力支持和推动。若政府指定某物流公共信息平台为推荐平台，在企业、物流园区等范围进行推广，则可利用政府的权威性和信誉度建立更完善的第三方诚信体系，也可使物流公共信息平台与政府扶持资金捆绑，更好地协调与政务服务管理部门(工商部门、税务部门、质检部门、交通运输委员会等)的关系，以及与港口、空港、铁路等公共服务部门的关系。

(6)资源整合和市场化运作是物流公共信息平台建设与运营的根本。物流公共信息平台是具有社会化效应和企业化运作双重需求的组织形式，由此决定了物流公共信息平台不仅要有效地整合社会物流资源，还要坚持市场化运作方式。物流公共信息平台需集成多项资源，整合社会资源、政府资源和企业资源，最终实现与口岸/交通/检验检疫等行政管理部门的对接，与海港/空港/铁路等物流资源的整合，满足社会中物流相关行业和企业的需求。物流公共信息平台需坚持市场化运作方式，为客户提供最切合实际的应用和最佳的商业模式，达到客户与平台互利共赢的局面。

(7)规范行业和树立品牌(做强做大)是物流公共信息平台建设与运营的目标。一个功能完备、具有良好社会效应的物流公共信息平台，必将以规范行业运作、提升社会整体物流运作水平为己任和目标，物流行业的规范运作和物流公共信息平台的健康发展相辅相成，又将形成良性循环，在提高社会物流水平的同时提升物流公共信息平台的品牌，使物流公共信息平台成为有影响力的物流数据交换平台和物流服务平台，吸引更多客户进驻物流公共信息平台，进而不断将其做大做强。

(8)创新和发展是物流公共信息平台建设与运营的硬道理。创新和发展是一个企业长久发展的基石，同样也是物流公共信息平台持续健康发展的保障。随着社会物流应用水平的不断提升、客户服务理念的不断深入和新兴技术的日新月异，物流作为一个服务行业必然会出现大量的个性化服务需求，出现更加多样的物流服务内容。物流公共信息平台必须紧跟时代发展的脚步，持续不断地创新和发展，以更好地满足变化中的客户服务需求，帮助把企业的价值链发展为价值网络，如此才能实现物流公共信息平台的可持续发展。

5.2 物流公共信息平台建设与运营组织结构

5.2.1 建设方式与运营主体

物流公共信息平台按照投资主体和运营主体的性质不同，可以分为政府独资运营、政府控股委托运营、社会资本控股运营、社会资本独资运营、混合运营等几种类型，也可以简化为政府主导型物流公共信息平台、民营主导型物流公共信息平台和政府民营混合型物流公共信息平台。

1. 政府主导型物流公共信息平台

政府主导型物流公共信息平台由于有政府背景，通常资金和资源雄厚，更容易快速形成规模；缺点是市场化程度较低，内部激励机制较僵化，很容易演化成行政命令式的执行，“造血”能力和生存能力弱。例如，国家交通运输物流公共信息平台是由交通运输部和浙江省人民政府牵头建设的政府主导型物流公共信息平台，拥有得天独厚的政府资源优势。

政府主导型物流公共信息平台有两种主要的运营组织方式。

(1)由某一级政府牵头组织政府物流信息中心。由政府发起组建政府物流信息中心，政府负责平台的资金投入、建设和运营。也可等平台正式运行并取得一定市场预期后，吸引民间投资，并将该中心转制为有限责任公司。

该运营组织方式的优点是启动快，容易得到国家中央和地方各级政府资源，项目建设和运行初期政府推动的力度大，容易操作；缺点是转为市场运行的过渡期时，需要选择合适的时机和合适的单位。

(2)由某一级政府牵头发起组建物流信息股份公司。由政府牵头，动员相关监管部门和主要企业共同投资组建股份公司，并且由该公司负责建设和运营物流公共信息平台。以国内物流信息系统建设经验来看，初期往往投入远大于产出，这将给运营主体带来巨大的财务压力。只有参与投资的单位具有特殊的行业背景、强大的影响力和广阔的辐射面，能够为系统提供足够的初始业务量，才能保证系统运营的可持续发展。这些强力股东应该是行业内的大型企业，并同时具有充分的政府资源。

该运营组织方式的优点是起步时利用资本杠杆，最大限度争取各方的支持，并支持按市场方式运行物流公共信息平台；缺点是启动周期较长，需要二次市场化的过程。

2. 民营主导型物流公共信息平台

民营主导型物流公共信息平台对市场需求把握更敏锐，内部机制灵活；缺点是由于盈利压力大，通常缺乏较长远的规划。菜鸟物流网是阿里巴巴牵头的民营主导型物流公共信息平台，有着天然的市场优势。

3. 政府民营混合型物流公共信息平台

政府民营混合型物流公共信息平台在某些方面拥有独特的优势，但是如果处理不好政府和民营之间的关系，则很容易陷入股东纠纷，影响物流公共信息平台的发展。例如，上海航运运价交易有限公司是上海航运交易所、上海虹口区国有资产经营有限公司、中储物流在线有限责任公司等单位共同发起成立的，属于政府民营混合型物流公共信息平台，既有政府主导型的政策优势，又有民营主导型的市场优势，其作为全球首个航运运价第三方集中交易平台，填补了我国航运运价衍生品市场的空白。

5.2.2 运营组织结构

物流公共信息平台的建设和运营具备不同的特点，需要不同的组织体系和人员结构。物流公共信息平台的建设需要工程项目建设人才，需按照大型信息系统工程的项目管理组织方式进行项目组织建设。物流公共信息平台建成后，需要成立专门的运营团队负责平台的日常运营工作。对于很多自建型的物流公共信息平台，其建设团队经过组织机构调整后会演变为运营团队，由于参与了物流公共信息平台的建设过程，因此该团队在运营阶段对于物流公共信息平台的服务理念、服务规则和服务流程也会有相对深刻的认识和理解，有助于物流公共信息平台的成功运营。

物流公共信息平台运营团队的结构会随着物流公共信息平台服务功能的不同而有所不同。物流公共信息平台的运营团队通常由管理层、市场部门、业务部门、技术部门及行政部门等几种类型构成，具体包括以下部门：市场销售部、公共关系部、综合客户服务部(call center)、培训部、结算部；物流信息服务部、物流节点服务部、物流资源交易部、物流增值服务部、金融业务部、投融资部；产品研发部、平台技术部、数据交换部；战略规划部、人力资源管理部、行政管理部、稽查部、法务部、财务管理部等。物流公共信息平台运营组织结构如图 5-4 所示。

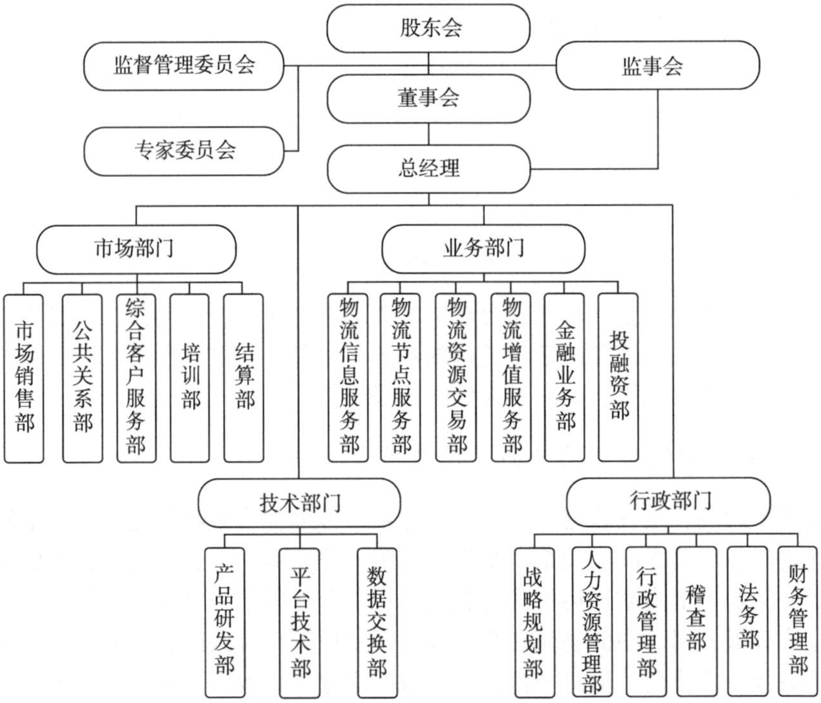

图 5-4 物流公共信息平台运营组织结构

物流公共信息平台各主要部门职责如表 5-1 所示。

表 5-1　物流公共信息平台各主要部门职责

序号	部门名称	部门职责
1	市场销售部	负责公司的品牌管理、市场开发、推介、招商和对外宣传、对外销售、发展会员与客户
2	公共关系部	负责公司公共关系维护、企业文化建设和企业形象识别系统建设，注重塑造公司公众形象，提高公司知名度
3	综合客户服务部	负责与客户的沟通和协调工作，提高客户服务能力，针对客户的咨询、疑问、意见和投诉等进行解答和反馈，负责客服热线电话和销售热线电话的接听与销售热线的任务分发
4	培训部	负责组织公司内部员工和外部客户的培训
5	结算部	负责物流综合结算管理、交易规则的制定与修改，风险控制，管理资金汇划业务
6	物流信息服务部	负责物流信息的采集、组织、加工、编辑和发布，行业门户与行业数据库建设与维护等；利用各种商业智能数据分析方法和工具对物流公共信息平台的数据进行分析研究
7	物流节点服务部	负责物流节点网络布局布点；负责选择、管理与评比，定点物流园区、物流基地、专业市场等物流节点的日常事务
8	物流资源交易部	负责管理物流资源供需信息的发布、物流资源交易、物流过程监控等相关事务
9	物流增值服务部	负责物流保险、进出口代理等相关事务
10	金融业务部	负责与境内外金融机构开展物流金融与供应链金融合作，为物流企业、供应商、采购商、大宗商品和消费品电子商务平台及相关企业提供金融信息、在线融资、金融担保、金融票据、金融结算等综合金融解决方案
11	投融资部	负责公司的融资管理、股权管理和资产管理工作
12	产品研发部	负责挖掘市场需求，组织研发公司新的服务产品，完成产品规划、产品设计、产品实施与交付运营部门上线运营
13	平台技术部	负责物流公共信息平台各系统的维护及安全管理，负责公司各业务部门软硬件技术支持
14	数据交换部	负责管理与公共服务设施、政府、物流基础设施、货主、物流企业数据交换的相关业务
15	战略规划部	负责公司战略的分析、制定、实施与评估
16	人力资源管理部	负责公司人力资源管理；负责建立公司人力资源管理体系，包括薪酬体系、培训体系、绩效考核体系等；负责办理员工的聘用、迁调、奖惩、离职、退休等手续
17	行政管理部	负责公司内部管理、文书档案、印鉴管理、收发文管理、安全保卫、对外接待、法律事务等职责
18	稽查部	负责公司内部审计与服务质量管理，代表公司对各部门、各岗位，以及各级人员的工作质量和执行制度情况进行检查、督导、奖惩和考评，维护公司的利益和形象，确保公司各项方针、政策和目标战略的顺利实施
19	法务部	负责公司法律事务
20	财务管理部	负责公司财务管理和预算管理

5.3 物流公共信息平台运营战略设计

物流公共信息平台作为平台经济学的一种具体表现形式，其运营方案应遵循平台经济学的一般规律，也就是打造以运营为基础，以物流服务为核心的价值链体系和物流生态圈。

物流公共信息平台最基本的功能是连接物流服务的需求方和供给方，解决双方的信息不对称，为他们提供互动机制，满足他们的需求，并巧妙地从中盈利。就像淘宝网连接了商品卖家和买家，使他们满足彼此的需求，同时实现自身的持续发展。

一个成功的物流公共信息平台并非仅提供简单的物流渠道或中介物流服务，物流公共信息平台运营的精髓，在于打造一个完善的、成长潜能强大的物流生态圈。物流公共信息平台拥有严格的业务规范和运行机制，能有效激励买卖双方和其他各方之间互动，达成物流公共信息平台的愿景。纵观全球许多重新定义产业架构的伟大企业就会发现它们成功的关键在于，连接两个以上群体，弯曲、打碎既有的产业链，建立起良好的平台生态圈。

物流公共信息平台生态圈里的一方群体，一旦因为需求增加而壮大，另一方群体的需求也会随之增长。如此一来，一个良性循环机制便建立了，通过此平台交流的各方也会促进对方的无限增长。通过平台模式达到战略目的，包括规模的壮大和生态圈的完善，乃至对抗竞争者，甚至是拆解产业现状、重塑市场格局，这些正是物流公共信息平台运营需要考虑的问题。

采用平台经济学运营模式，物流公共信息平台需要考虑很多因素，如在定位物流公共信息平台的收入来源时，应该向哪一方收费，应该补助哪一方，收费的模式是什么，定价的依据是什么，需要哪些核心机制来提高使用者的增长数量，需要哪些附加机制来延续用户对平台的依赖等。

5.3.1 运营机制

物流公共信息平台的运营机制是指平台的运作机理及运作管理方式，主要包括交易机制、诚信机制、业务机制、营销机制、会员机制及隔绝机制。

1. 交易机制

交易机制的确立是物流公共信息平台运营机制建立的核心。物流公共信息平台是企业宣传、信息发布、便民服务的工具，也是整合地区物流资源的平台。整合物流资源的核心在于缩短传统物流外包的链条，利用平台这一工具拉近货主和最终承运人的距离，这一过程就是物流资源的交易过程。

物流资源交易的核心在于匹配、撮合物流资源需求和物流资源信息，这种匹配需要考虑一系列的因素。匹配、撮合成功后，还需要对服务过程进行监控。在对服务评价的基础上按照预先协定付款、结算，这样整个交易过程才算结束。图 5-5 列举了一个典型的物流资源匹配模式的物流公共信息平台交易机制确立过程。

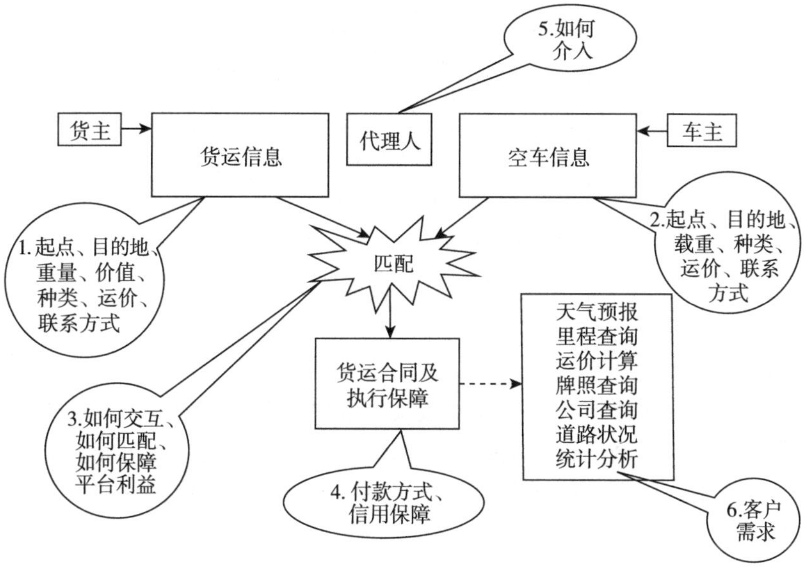

图 5-5 物流公共信息平台交易机制确立过程

物流资源交易是物流公共信息平台中最复杂的业务模式，是采用市场化手段解决物流资源配置最优化的问题，由于能够带给物流资源需求人和物流资源出卖人更低的物流成本、更多的商业机会，因此这一业务模式也是物流公共信息平台最吸引客户的模式。

物流资源交易应该适应和涵盖现有现实生活的交易方法，因此，一个适应性强的物流资源交易系统应该包括多种交易工具，如物流资源的在线拍卖、招投标、电子化询价、挂牌交易、专场交易等。

交易工具的单独使用往往无法满足现实中复杂的交易情况，往往需要多种交易工具组合才能达成交易。层次化的交易模式是把各种交易工具组合使用，用户在平台上建立自己的交易组合模式，可以为选择目标设置梯队，用户可以为梯队设定交易工具，如梯队一是招标模式，梯队二是竞拍模式，这样层次化的交易模式能够很好地涵盖现实生活中的情况。物流公共信息平台多层次的交易模式如图 5-6所示。

2. 诚信机制

在一个市场中，能够顺畅交易从而保证市场长期、正向发展的前提就是诚信

1.运输需求信息到达
2.连续招标
3.承运商应答
4.应答过程控制
5.广播招标
6.承运商应答控制
7.针对性竞拍
8.执行过程控制
如果确定了运输执行承运商平台，就会对运输情况进行跟踪，从而为相应系统反馈运输状态和细节

图 5-6　物流公共信息平台多层次的交易模式

体系和法律体系。法律体系具有事前威慑、事后处理的作用。但在法律之外的道德及行业约束就需要诚信体系来控制。因此，平台必须建立相对完整、可靠、可信的诚信体系来保障平台的运营，确保用户可以持久入驻物流公共信息平台，如图 5-7 所示。

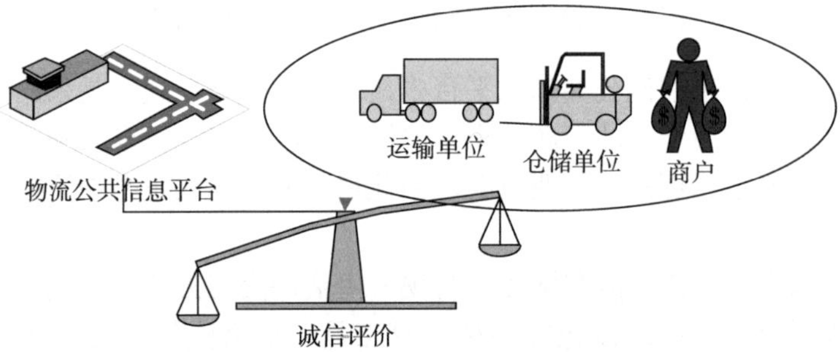

图 5-7　物流公共信息平台诚信机制示意

物流公共信息平台的诚信管理机制和用户过滤机制在平台运营中尤为重要，如果纳入不诚信的用户，甚至可能会导致欺诈等严重行为。物流公共信息平台必须一直杜绝这种情况的出现，避免对平台的声誉、形象产生负面的影响。

最基本的用户过滤机制，就是用户身份鉴定。例如，物流公共信息平台可以强制要求用户必须以真实身份注册账号，这样就有效地提升了物流公共信息平台的可靠度。此外，物流公共信息平台可以制定出一套奖励机制，让提供真实资料的用户获得更多的回报。例如，经过身份证、手机号码、企业营业执照、车辆照片等一道道程序的逐步确认后，用户能够获取等同于币值的积分回馈，并且在物流公共信息平台生态圈中享有良好的个人和企业声誉。通常情况下，其他用户更愿意与这些用户打交道。看似简单的身份核实机制，实际上有多重目的，即在提升用户自身声誉的同时，也让用户更加依赖物流公共信息平台生态圈，增加系统黏性。

物流公共信息平台可以参照目前已有的一些规则来建立平台的诚信体系和企业及个人的征信系统。例如，参照中国人民银行信用评价规则建立体系；参照购物网评价规则建立体系；参照企业评价规则建立体系。

征信就是专业化的、独立的第三方机构为企业或个人建立信用档案，依法采集、客观记录其信用信息，并依法对外提供信用信息服务的一种活动，它为专业化的授信机构提供了一个信用信息共享的平台。《征信业管理条例》(中华人民共和国国务院令第631号)于2012年12月26日在国务院第228次常务会议通过，自2013年3月15日起施行。

为贯彻落实党的十八届三中全会关于“建立健全社会征信体系”的要求，配合《征信业管理条例》实施，中国人民银行颁布了《征信机构管理办法》，自2013年12月20日起施行。

征信业务是指对企业、事业单位等组织(以下统称企业)的信用信息和个人的信用信息进行采集、整理、加工、保存，并向信息使用者提供的活动。

(1)企业信用信息基础数据库。中国人民银行于1997年开始筹建银行信贷登记咨询系统，2002年建成地市、省市和总行三级数据库体系，实现以地市级数据库为基础的省内数据共享。该系统主要从商业银行等金融机构采集企业的基本信息、在金融机构的借款、担保等信贷信息，以及企业主要的财务指标。在该系统多年运行的基础上，中国人民银行于2005年启动银行信贷登记咨询系统的升级工作，将原有的三级分布式数据库升级为全国集中统一的企业信用信息基础数据库，提高了信息采集范围和服务功能。企业信用信息基础数据库已于2006年7月实现全国联网查询。

(2)个人信用信息基础数据库。个人信用信息基础数据库最早是从1999年7月中国人民银行批准上海资信有限公司作为试点开始的。2004年年底实现15家全国性商业银行和8家城市商业银行在全国7个城市的成功联网试运行。2005年8月底完成与全国所有商业银行和部分有条件的农村信用社的联网运行。经过一年的试运行，2006年1月个人信用信息基础数据库正式运行。

中国人民银行数据统计显示，截至2012年12月底，中国人民银行征信中心的金融信用信息基础数据库已为1 859.6万户企业和8.2亿自然人建立了信用档案。

中国人民银行征信中心的金融信用信息基础数据库，以及国内其他征信机构的征信系统，为物流公共信息平台诚信体系的建设提供了强大的基础数据支持。

3. 业务机制

业务机制是物流公共信息平台运营的重要内容。物流公共信息平台业务机制的运营思路可以参照以下几点。

(1)需要对目标市场进行深入的调研分析和解读。以为公路货运服务的物流公共信息平台为例，见图 2-6 首先要理解我国物流问题产生的根源，即个体户控制卡车运力造成物流资源的分散；其次要理解哪个环节占据运输服务链的主导，每个地方都不太相同，这是由各地公路运输市场的成熟度决定的。例如，北京是信息部主导市场，占 80%以上，专线难以被货主发现；广州是专线主导市场，黄牛是市场配角；而上海则呈现中间状态，第三方物流、专线、信息部势均力敌。此外，还要理解现阶段与公路货运相关的各环节势力的消长情况。例如，取消燃油税，增强了卡车司机的谈判能力；转包过程的投机心理增长，有利于黄牛；物流总量降低，不利于成本较为刚性的专线；利润空间降低，物流公司和货主有动力跨环节与卡车直接衔接；等等。

以上这些内容都需要通过深入调研才能获得相应的数据和理解，这是物流公共信息平台做好业务模式运营的基础。

(2)描绘出物流生态体系图。物流公共信息平台搭建起来的物流生态体系，不再是单向流动的价值链，也不再是仅由一方供应成本、另一方获取收入的简单运营模式。对物流公共信息平台来说，每一个参与方可能同时代表着收入与成本。因此，物流公共信息平台需要同时制定能够纳入多边群体的策略，尽可能地满足每一方使用者的需求，这样才能真正有效地壮大市场规模。

在图 5-8 中，圆圈中的物流公共信息平台意味着交易服务的中心，一个能够包容多边市场的生态圈，两边分别是物流公共信息平台最基本的使用群体，即物流服务的需求方和供给方。需求方和供给方的使用情况类似金字塔的梯形，因为多数情况下，高端物流服务的使用者有更强烈的支付意愿。最后再以实线连接它们，表示双边群体用过物流公共信息平台。这便是一个以双边模式为核心的物流公共信息平台基础概念图。

图 5-8 物流公共信息平台基础概念图

调研获得相应的数据后，要根据数据和实际情况绘制物流生态体系图。通过物流生态体系图的绘制，来展示不同类型企业间的关系。同时要确定各种类型企业物流形态的数量所占的比重。确认这些数字的目的是细分平台的目标市场，并根据不同目标市场的特点有针对性地提供工具和服务。以公路货运服务的物流公共信息平台为例，图 2-5 是公路货运物流生态体系图。

物流公共信息平台物流生态体系调研最重要的内容就是确定物流形态和企业的比例关系。例如，运输需求来源包括大型生产、流通、贸易企业；零散运输需求包括中小生产、流通、贸易企业。物流企业包括大型的第三方物流企业，零担、快递、专线运输企业，以区域运输为主的中小物流企业。运输单位包括个体私有运输车辆、企业占股运输车辆。

此外，按照用户类型进行物流信息需求的挖掘也很重要。例如，小型运输企业(自有 2～10 辆)、个体运输车辆需求包括：货源信息的获取、业务量统计及对账管理。中大型运输企业(自有 20～50 辆)的需求包括货源信息的获取、业务量统计及对账管理；关注对车辆管理、对整合车辆诚信控制；运输过程管理，体现在对车辆定位、货物交接监控的需求；车辆成本控制(针对自有车辆，以及整合个体车辆管理费用)。托运人信息需求包括实时了解可用运输资源信息；关注对车辆管理、对整合车辆诚信控制；实时了解货物运输状态、在途状态；实时了解货物交接状态；及时获得运输方提供的业务量及费用结算清单。

(3)探索具体的业务功能。通过前几步分析，明确不同类型企业的不同需求，如车货交易需求、车辆运输监控服务需求、货物在途监控服务需求、结算服务需求。然后根据需求选择合适的运营机制，包括职责分工和收益分成，如表 5-2 所示。

表 5-2　运营机制选择

产业链	大型生产企业	物流公共信息平台	托运人	承运人
职责分工	·建立私有社区 ·共享资源信息 ·扩展资源范围	·信息交换服务 ·信息发布检索 ·物流资源交易 ·物流监控与结算 ·物流金融等增值服务 ·基础支撑服务 ·运营支撑	·发布信息 ·获取可靠物流资源 ·获取监控信息 ·结算 ·配合物流金融	·发布信息 ·获取更多业务机会 ·业务结算 ·获取基础服务 ·配合物流金融
收益分成	收入 ·信息增值缴纳 ·会员费用 ·交易费用	收入 ·会员费 ·交易费 ·增值费 ·电信费用缴纳 ·合作伙伴费用	缴纳 ·会员费 ·交易费 ·增值费用 ·电信费用	缴纳 ·会员费 ·交易费 ·增值费用 ·电信费用

在用户接触物流公共信息平台生态圈时，他们被多种精心策划的业务机制包围，这些机制吸引他们入驻到平台内，与其他用户互动，让他们久留而不想离去。以环环相扣的机制所建立的体系，更能达到有层次的、循序渐进的多重目标。设计适合物流产业与物流服务群体的整套机制是门艰深的艺术，其成功的关键就在于运用网络效应。

物流公共信息平台的网络效应大体分为两类，即同边网络效应和跨边网络效应。同边网络效应是指当某一边市场群体的用户规模增长时，会影响到同一边群体内的其他用户所得到的效用。例如，作为物流供给方的司机口口相传物流公共信息平台的实用性，则其他有业务需求的司机也会迅速加入到物流公共信息平台中。跨边网络效应是指一边用户的规模增长将会影响另一边用户的增长。例如，需要运送货物的托运人在物流公共信息平台上不断发布运输需求信息，有业务需求的承运人就会源源不断地入驻物流公共信息平台。

因此，建立足以激发同边网络效应和跨边网络效应的功能机制，将对物流公共信息平台的成功产生决定性影响。

(4)简单便捷的使用方式。物流公共信息平台用户分布广泛，平台仅提供计算机一种模式，对一些客户的使用造成了障碍，必须要有其他方式进行补充。在物流园、服务区设置触摸屏和大屏幕是解决此问题的方法之一，但无法解决移动时的使用需求。随着移动通信技术和物联网技术的发展，物流公共信息平台的应用“简单、便捷、随时、随地、随心”不再是一句口号，如图 5-9 和图 5-10 所示。

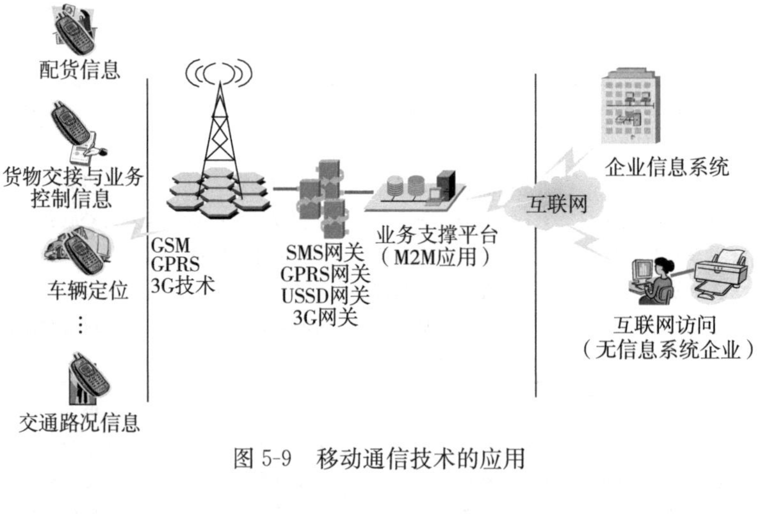

图 5-9　移动通信技术的应用

4. 营销机制

1)采用“鼠标加水泥”的线上到线下(online to offline，O2O)营销模式

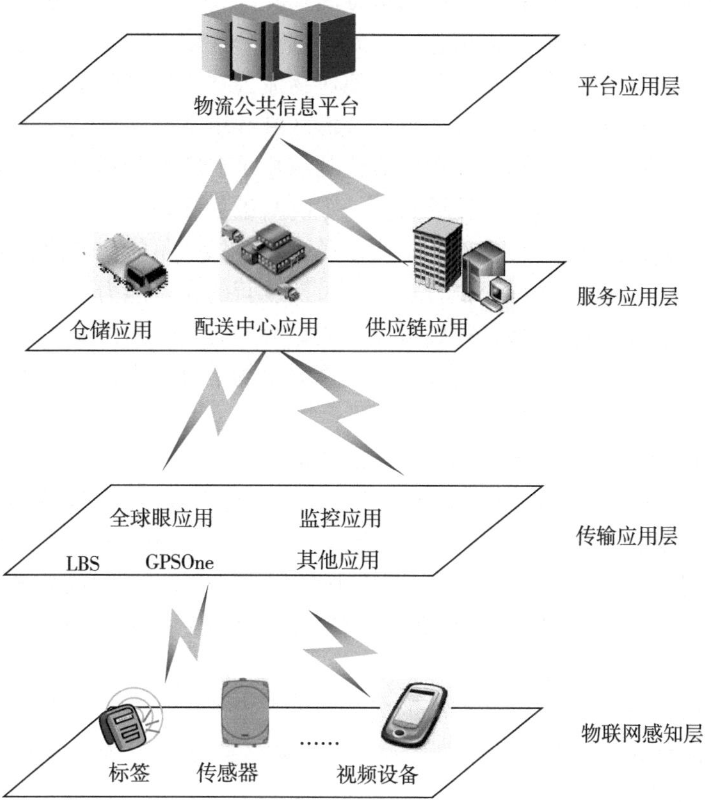

图 5-10　物联网技术的应用

一个经营实体且从事网络销售的公司被称为拥有多渠道销售模式的公司，这样的公司属于"鼠标加水泥"公司，根据国外管理学界的研究，多数市场的最终胜出者都使用"鼠标加水泥"方式。

从国外的物流发展历程来看，整合物流资源之道主要有三种方式：①以物流公共信息平台为纽带的资源整合；②以物流园区为纽带的资源整合；③以收购、兼并、控股等资产为纽带的资源整合。

从国内的实际情况也可以看到，物流园区内往往汇集了大量车辆、货源信息，因此物流园区作为"水泥"，物流公共信息平台作为"鼠标"，从而形成物流公共信息平台的"鼠标加水泥"模式，这是最有前途和最具发展潜力的模式。

2)设定付费方和补贴方

双边模式赋予了物流公共信息平台在定价方面的弹性，物流公共信息平台可以选择补贴某一边，促进其使用者数量的增长，进而吸引另一边群体支付更多的费用。

作为买方市场，物流服务需求方一般是被补贴方，物流公共信息平台需要制定一定的补贴策略来吸引物流服务需求方的入驻。物流服务供给方一般更愿意支付一定的费用来获取物流需求信息，因此，物流公共信息平台可以向物流供给方收取一定的费用。但是作为公共基础设施，物流公共信息平台不能简单地如此设置收费方式，还要根据实际情况，综合考虑区域环境来制定合适的盈利模式。

除了上述策略之外，为了实现物流公共信息平台的顺利建设和后期良好、有效的运营，物流公共信息平台需要具备一定的基础条件和环境。第一是专业化运营，物流公共信息平台需要准确地定位市场，以提供完整的业务信息链服务；第二是充裕的资金保障，能够提供较长一段时期运营的支持能力；第三是有力的公信力基础，这样就能够较快地得到行业认同；第四是较强的市场号召力，以便能够较快地提升人气和平台的流动性；第五是完善的整合能力，这需要掌握一定的市场资源。

3)以物流园区、专业市场作为平台的落地点

物流公共信息平台的目标是拉近物流需求和物流资源的距离，从而整合资源、提高效率。如果能够掌握货源信息、掌握物流资源信息，就可以为物流公共信息平台的运营和市场推广打下良好的基础。由于物流园区聚集了大量的物流资源信息和货源信息，专业市场汇聚了大量的货源信息，因此物流园区和专业市场就成为物流公共信息平台的理想落地点。

物流公共信息平台各服务中心的运营模式有以下几种。

(1)物流公共信息平台服务中心。以物流园区或专业市场为落地点，成立物流公共信息平台服务中心。

(2)物流公共信息平台分中心。地市级成立物流公共信息平台分中心，管理区域内物流公共信息服务中心。

(3)物流公共信息平台中心。省会城市成立大区域物流公共信息平台中心，管理各物流公共信息平台分中心。

4)虚实结合，占据资源

物流公共信息平台基于互联网实现物流资源的整合，相对于实体的物流园区，物流公共信息平台可以看做“虚”，则物流园区和专业市场平台看做“实”。物流公共信息平台把服务中心开设到物流园区和专业市场，从而实现虚实结合。

“虚”的好处在于可以不受地域和“实”的限制，利用物流公共信息平台的影响力还可以促进物流园区和专业市场的建设；“虚”的另外一个好处是可以整合社会已有的物流园区和专业市场资源，帮助物流公共信息平台实现快速拓展。

5)业务模式快速复制、快速推广

物流公共信息平台利用互联网的便利性，在社会上已有的物流园区/专业市场落地服务，可采用免费提供应用系统的方式发展客户，实现快速推广。

在推广过程中，也可以与各地物流协会或知名企业等共建当地物流公共信息

平台，或者同国外的相关组织和协会建立联盟，实现“应用系统推广到哪里，服务和交易就延伸到那里，网络就覆盖到那里”的目标。

6)建立统一、规范的形象

物流公共信息平台要建设运营中心、结算中心、管理中心，每一个异地中心、分中心均为营销中心和结算分中心。

物流公共信息平台要建设完整的交易规则、结算规则、推广模式、价格体系，确保物流公共信息平台具有“统一品牌、统一形象、统一业务规则”。

5. 会员机制

物流公共信息平台的会员分为免费会员和收费会员，免费注册的用户只能看到有限的信息发布情况和一般的服务。收费会员注册将会收取年费，根据不同等级可以查看到不同的信息和相应的增值服务。核心会员(VIP 会员)是最高等级会员。

1)普通会员

普通会员在运输资源方面的服务，由会员在运输资源交易管理平台上依据平台所赋予的功能自行进行查找和选定相应的运输公司和运输车辆，车辆的信誉和信用保证由会员自行进行查证；车辆和货物的在途监控信息由会员自行负责。运输资源交易管理平台对车辆信誉问题或是货物运输过程中出现的问题不予保证。

仓储资源服务由会员在仓库资源管理平台上，依据平台所赋予的功能自行查找和选定相应的仓库仓储资源，仓库的信誉和信用保证由会员自行查证。仓库资源管理平台对仓储过程中出现的问题不予保证。

2)核心会员(VIP 会员)

为了确保物流交易服务各方的安全，物流公共信息平台建立核心会员准入制度，核心会员主要面向有一定实力的企业。核心会员必须要有企业信用的基础，企业只有任何以合同形式确定的交易都委托银行代办结算业务，才能成为核心会员。企业若成为核心会员，必须签订物流公共信息平台、企业、银行参与的三方合同。

3)规范运营，全程管理

对于平台中的核心会员，平台提供规范的管理制度以确保核心会员按照制度进行操作，如核心会员企业操作人员管理制度、授权制度等。

对于平台的普通企业会员，也会有专门的信用管理制度，保证企业身份的认证和企业信用的记录。

4)规范有效的信用管理

建立企业信用等级评价制度，建立与信用制度对应的信用惩戒制度。如果有企业违约并造成对方损失，必须制定相应的赔偿办法、确定赔偿范围；针对赔偿和不赔偿后的结果，平台能够按照信用标准降低其信用等级，依照经营规范制度做出处罚，直至取消会员资格。

建立联合惩戒制度，通过与银行联合降低企业信用等级，减少贷款授信额度。通过与政府联合，根据企业情况，考虑是否给予该核心会员企业享受政府优惠政策待遇、是否给予其评优评先资格等。

5)核心会员服务范围

核心会员可以享受的运力资源服务包括以下几个方面。

(1)业务委托。接受托运人和车辆的委托，在平台上对货主的运输需求和车辆的信息进行发布，并寻找适合的资源进行交易。

(2)物流服务社区。物流服务社区相当于物流联盟，一定数量的企业加入到这个网络中来，在运输合作社区中的商业伙伴可以共享和交易运力。

(3)车辆信用保证。对车辆的信用提供保证，提供车辆详细的司机信息(工作单位、家庭地址、电话号码、身份证复印件、驾照复印件、证明人联系电话等)，并提供平台验证证明。

(4)车辆在途监控。提供车辆跟踪和监控的详细信息及车辆监控的服务内容，保证货物安全、准确、及时到达。

(5)信用评价。在业务完成之后对实际结果进行评价，包括对托运方信用和车辆信用的评价，提供评价的内容和评级，作为以后选取车辆资源的排名标准(信用高的、评价好的排名靠前)。

(6)代收代付。提供第三方支付结算功能，收款付款过程都在第三方支付平台的监控之下，从而保证双方的诚信交易。

核心会员可享受的仓储资源服务包括以下几个方面。

(1)业务委托。接受货主或者仓库的委托进行信息发布，并寻找适合的资源进行交易。

(2)仓库信用保证。对仓库的信用提供保证，验证仓库的真实名称、详细地址、联系方式、联系人、邮箱、注册资金、员工人数、资质认证、认证证书、企业介绍、企业优势等。其他认证包括第三方认证(企业资信调查机构提供信用认证，认证的内容包括工商部门的合法注册记录、业务授权等)、证书和荣誉、会员活动记录、会员评价、资信参考人等。

(3)信用评价。在业务完成之后对实际结果进行评价，包括对货主信用和仓库信用的评价，提供评价的内容和评级，作为以后选取仓库资源的排名标准(信用高的、评价好的排名靠前)。

(4)代收代付。提供第三方支付结算功能，收款付款过程都在第三方支付平台的监控之下，从而保证双方的诚信交易。

6)运输资源服务核心会员可用工具

第一，建立物流社区。

物流社区相当于物流联盟，一定数量的企业加入到这个网络中来，在运输合作社区中的商业伙伴可以共享运力，相当于把自己的运输需求及运输能力同其他企业的需求和能力连接在一起来增强物流采购能力，共享物流资源的规模。核心会员可以参加由平台建立起来的物流公共社区，也可以建立自己的专有物流服务社区。

第二，提供交易工具。

在物流服务社区中，平台可以提供多样化的工具，帮助企业进行物流交易服务。平台为运力需求信息及运力信息提供自动和人工的撮合、匹配，从而提高运输资源整合的效率和成功率。

具体的交易工具包括在线拍卖交易管理、电子化询价、信息公开交易、专有交易、交易社区等多种方式。

具体的实现方式和流程：用户在平台上建立自己的运输资源社区，可以在社区里添加车辆、车队、专线代理，可以为自己社区里的成员设置选择梯队，梯队中的成员拥有同样的被选择机会，一个梯队未能满足需求，下一个梯队继续提供选择机会。

用户可以为梯队设定选择方式，可以设定为人工选择、询价模式、招投标模式，也可以设定为消息广播模式。平台支持长期合作车辆的自动成交方式。

第三，交易模式。

第一种交易模式是物流公共信息平台根据托运方发布的运输需求信息，利用公共或私有物流社区，在车辆信息中找到相匹配的车辆，并形成列表展示给托运人，由托运方在列表中进行选择并进行交易。其主要流程包括：托运方发布运输需求(也可以委托给平台由平台进行发布)；平台根据运输需求信息，自动查找匹配车辆并列表展示给托运方；平台提供车辆信用验证信息，托运方选定车辆；托运方与车辆签约进行运输；平台提供车辆在途监控信息；计费并结算；车辆信用评价。

第二种交易模式是货主签约委托平台为货物的运输查找适合的运输资源。货主提供详细的运输需求和可接受的价格范围给平台，并委托平台查找适合的运输资源，平台自行选择最优的车辆为货主进行货物运输。其主要流程包括：货主提供运输需求和可接受的价格范围给平台；平台受理该业务，进行信息发布并选择最优的车辆为货主运输(平台对所选车辆提供信用担保)；平台与车辆签约进行运输；平台提供车辆在途监控信息；计费并结算。

第三种交易模式是结合前两种交易模式的混合模式。会员可以在平台上建立自己的运输资源社区，可以在社区里添加车辆、车队、专线代理，可以为自己社区里的成员设置优选梯队，可以为不同的梯队设定不同的交易模式。

会员可以设定第一梯队，通过平台向指定梯队企业发送采购信息，采购信息包括时间、装货地点、卸货地点、货物、数量、对运载工具的要求信息、价格信息。

此时平台可以起到信息传递的作用，一方面把托运方的要求信息发送到指定的潜在承运方，另一方面把反馈的信息发送给托运方。

如果未能达成运力协议，平台会根据托运方设定向指定的承运方发送招标信息，根据反馈回的信息结果，托运方判断是否成交。

若仍然未能达成协议，在托运方允许的情况下，平台将向托运方推荐运输资源信息，对在线的承运方采用竞卖的方式进行交易，对不在线的承运方，按照与平台预先达成的协议，根据市场行情价格由平台代为交易。

7)仓储资源服务核心会员可用工具

对于签约会员，与仓库资源管理有委托协议的签约会员，平台为其提供两种工具。

第一种是平台根据货主的仓储需求信息，自动在发布的仓库资源信息中找到相匹配的仓库，并以电子地图或是列表方式展示给货主，由货主在列表中进行选择并进行交易。其主要流程是：货主发布并提供仓储需求(也可以委托给平台由平台进行发布)；平台根据仓储需求信息，自动查找匹配仓库并以电子地图标识或列表方式展示给货主；平台提供仓库信用验证信息，货主选定仓库；货主与仓库签约，下订单，进行仓储；计费并结算；仓库信用评价。

第二种是货主签约委托平台查找适合的仓库资源。货主提供详细的仓储需求和可接受的价格范围给平台，并委托平台查找适合的仓库资源，平台自行选择最优的仓库。其主要流程是：货主提供仓储需求和可接受的价格范围给平台；平台受理该业务，进行信息发布并选择最优的仓库(平台对所选仓库提供信用担保)；平台与仓库签约，下订单，进行货主货物仓储；计费并结算；仓库信用评价。

6. 隔绝机制

隔绝机制能够形成竞争对手模仿企业资源和能力的壁垒，从而实现企业的持续竞争优势。对用户来说，物流公共信息平台的隔绝机制也就是转换平台所带来的成本。所谓“转换成本”，是指当用户离开物流公共信息平台时(往往是加入竞争对手的平台)，用户所需要承担的损失。阻止用户脱离平台有效的方法之一，就是让他们与其他用户之间建立深厚的关系。

物流公共信息平台上的核心用户就是物流服务供需双方，他们具有开放性的特征，即他们自由地选择是否加入平台或者加入竞争对手的平台。尤其是当物流公共信息平台发展之初对某一边的用户(如物流企业)进行大幅补贴时，建立起防止他们后续任意流失的壁垒就显得尤为重要，否则补贴策略产生的成本便无法收回了。一旦转换平台过于简单，补贴模式很可能导致灾难。建立起这样的壁垒其实就是建立起高昂的平台转换成本，用户想要离开平台，必须花费高额的转换成本，这样才能迫使他们留在平台，使平台能够持续发展。

转换成本可以以各种不同的形式出现。

第一，用户对物流公共信息平台投入的时间和精力。例如，物流公共信息平台上的用户会花心思进行注册、信息发布、资格认证、等级提升等。这些机制可以使物流公共信息平台和用户以及用户之间更紧密地联系起来。当用户考虑转换到另一个物流公共信息平台时，目前所建立的一切都必须放弃，因此以往投注在此物流公共信息平台上的时间和精力，此时变成阻止用户离去的一股力量。

第二，用户对物流公共信息平台的固定投资。例如，物流企业为了能够使用物流公共信息平台而购买的适应平台特殊要求的软硬件系统，为了获取更多服务而购买的增值服务等，用户在短时间内不会再花费大钱购买类似的设备或服务，所以这也是平台转换成本的一种表现方式。

第三，转换物流公共信息平台而造成的商机损失。这点尤其体现在物流服务提供商上。物流公共信息平台上的物流提供商有着大量的成交记录和良好的评价记录，这些记录会帮助物流提供商获取更多的物流服务需求方。如果转换到另一个物流公共信息平台，他们会因此失去这些让物流服务需求方安心的良好记录。

增加上述这些转换成本，能够提升锁定用户的概率，使他们无法轻易离开物流公共信息平台，这也是物流公共信息平台建立隔绝机制的一种有效手段。

5.3.2　运营阶段划分

物流公共信息平台的运营将紧紧围绕所属公司的发展战略及建设阶段展开。根据物流公共信息平台三阶段的战略目标，物流公共信息平台的运营可分为三阶段。

(1)第一阶段(2～3 年)：物流公共信息平台核心业务建设阶段。物流公共信息平台的运营团队基本成型，物流公共信息平台的业务、服务模式已建设完毕并投入运营。在区域甚至全国内形成有影响力的物流服务品牌。

(2)第二阶段(2～3 年)：完成运营网络的设点与布局。物流公共信息平台的运营网络基本完善，在物流公共信息平台自有物流园区、专业市场布设运营网点的基础上，实现对区域大多数物流园区及专业市场运营网络的全覆盖。

(3)第三阶段(4～5 年)：运营网络跨区域扩张进入全国市场。随着物流公共信息平台运营的不断成熟和完善，物流公共信息平台的经营网络不断扩张，逐渐拓展至邻近省市和全国，实现物流公共信息平台从一个区域性信息平台向一个全国性信息平台转变的同时，将物流公共信息平台的影响力扩展至全国。

5.4 数据中心运行维护与管理

物流公共信息平台的运营实质上包括两个层面：一是数据中心的建设和系统维护管理，从技术上保障物流公共信息平台的正常运行；二是物流公共信息平台作为企业组织运行，通过客户开发和服务实现企业组织的发展。

在物流公共信息平台的技术实现时，往往是采取数据中心的建设模式。因此，数据中心的运行维护和管理成为物流公共信息平台技术运营的核心内容。第4章已经介绍了物流公共信息平台数据中心的相关建设内容，本节重点介绍数据中心的运行维护和管理。

5.4.1 数据中心运行维护方案

1. 运行维护管理工作内容

为了保证物流公共信息平台的设备和网络环境能够安全平稳地运行，需要事先制定内部管理制度。

(1)机房日常管理。建立机房值班制度，每天派专人值班，每天派专人定时进行机房巡检。所有出入机房的人员，严格执行机房签到制度。各开发商上门调试和部署要严格执行提前预约制度。

(2)机房巡检。每天定时检查服务器等硬件设备面板及系统的报警情况，发现报警和异常及时解决；每天定时检查网络联通情况，发现故障和异常及时解决；利用现有的系统监控软件，监控整个子项相关软硬件设备运行情况，发现报警和异常及时解决。发现故障要及时协调有关单位一起解决，并上报领导。

上述机房巡检的全部内容，都需要由巡检人员现场记录在案。

2. 运行维护人员组成

针对物流公共信息平台数据中心的运行维护工作要求，在平台总部的领导下，平台技术部门负责具体的数据集中处理应用系统和附属于平台应用系统的部署和运行维护。一般来讲，物流公共信息平台数据中心的运行维护人员包括服务台值班人员、系统管理员、系统维护员、网络与安全技术员、文档管理员等。物流公共信息平台的技术部根据运行维护服务工作内容和流程，确定各项工作中的岗位设置和职责分工，并按照相应岗位的要求配备所需不同专业、不同层次的人员，组成专业分工下高效协作的运行维护队伍。

3. 运行故障处理

机房故障分为两类，即自查和用户申告。两类故障的处理流程基本一样，包括自查故障/用户申告故障、故障分析、故障处理、处理结果验证、处理过程记录、故障上报管理单位等，具体流程如图 5-11 所示。

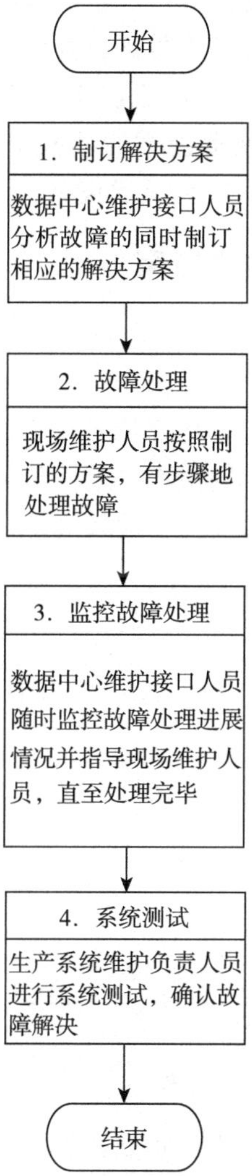

图 5-11　运行故障处理流程

若在故障处理过程各环节处，无法及时联系到指定的数据中心维护接口人员或现场维护人员，有第二接口人员或现场维护人员的就联系第二接口人员或现场维护人员，否则通知当事人的直接上级。若其直接上级也无法联系到，则再往高层通报，最高可至总经理。

当生产系统发生网络故障或硬件故障时，首先由生产系统维护负责人员通知数据中心维护接口人员，其次由数据中心维护接口人员通知现场维护人员赶往机房，并同时联系 IDC 机房重启设备。当数据中心维护接口人员或现场维护人员联系不上时，则联系第二维护接口人员或第二现场维护人员。

如果属于主机或网络设备硬件故障，由数据中心维护接口人员联系厂家进行现场维护或更换硬件，由现场维护人员现场配合。

现场维护人员必须随身携带 IDC 机房出入证，当发生故障时，在第一时间赶往 IDC 机房。公司事先预留加盖公章的授权书，当需要重启设备时，可以及时传真到 IDC 机房，在最短的时间内重启设备。

5.4.2 数据中心人员培训方案

1. 管理人员培训方案

为了保障系统的管理人员能够更好地进行工作，需要使相关管理人员了解基本系统运行的基本内容(如数据的标准、数据的运行维护等)、相关的操作情况，以及系统运行中的相关制度，这就需要对管理人员进行培训，具体的培训内容和课时如表 5-3 所示。

表 5-3 管理人员培训表

培训内容		培训课时	培训单位	授课人员	受训人员数量	培训费用	培训地点	备注
标准	数据资源标准							
	数据质量标准							
	项目管理标准							
操作	系统使用说明							
制度	安全保障制度							
	其他相关制度							

2. 数据运行维护人员培训方案

为了保障系统的数据量及数据的更新维护程度能够满足需求，需要对系统的相关人员就数据资源的操作情况以及相关的质量保障和安全制度等进行培训，具体的培训内容和课时如表 5-4 所示。

表 5-4　数据运行维护人员培训表

培训内容		培训课时	培训单位	授课人员	受训人员数量	培训费用	培训地点	备注
标准	数据质量标准							
	数据资源标准							
相关工作流程	数据库建设流程							
	数据库更新流程							
相关制度	安全保障制度							
	其他相关制度							

3. 系统运行维护人员培训方案

系统的正常运转需要有相关软硬件的支撑，而软硬件在具体的操作过程中有一些相关的注意事项和操作说明，同时为了实现数据的共享和交换需要一些必备的知识，这些都需要对相关人员进行培训，以保障系统能够正常运转，具体的培训内容和课时如表 5-5 所示。

表 5-5　系统运行维护人员培训表

培训内容		培训课时	培训单位	授课人员	受训人员数量	培训费用	培训地点	备注
操作手册	软件使用说明							
	硬件的操作说明							
相关制度	安全保障制度							
	其他相关制度							

5.5　本章小结

本章主要介绍了物流公共信息平台的运营管理。首先介绍了物流公共信息平台运营的几大原则；其次详细介绍了物流公共信息平台建设与运营的组织结构；再次介绍了物流公共信息平台的运营战略设计，包括运营机制和运营阶段划分；最后介绍了物流公共信息平台数据中心的运行维护与管理，为物流公共信息平台的运营管理提供了借鉴和参考。

第 6 章

物流公共信息平台典型案例分析

物流公共信息平台在我国发展已有十余年，在此期间大批市场主体纷纷涌入这一领域，尤其是在 2009 年前后，国务院将物流公共信息平台作为《物流业调整和振兴规划》中重点建设的九大工程之一，各地政府也纷纷建设起物流公共信息平台以发展当地物流业。但是在国内众多物流公共信息平台中，无论是民营资本投资建设的，还是国有资本投资建设的，很多物流公共信息平台仍未找到合适的商业模式。如何实现物流公共信息平台的持续健康运营，仍然是目前国内大多数物流信息平台运营者共同面临的难题。作为经营成本和维护费用都非常高昂的互联网业态，物流公共信息平台的出路在于寻找到合适的商业模式和盈利模式，拥有持续稳定的盈利点，才能使物流信息平台实现可持续发展。

本章选择了四个国内比较典型的物流公共信息平台案例，对其商业模式进行剖析，并给出经验启示，从而为国内其他物流公共信息平台的建设和运营提供借鉴与参考。

6.1 公路港模式——传化物流平台

在我国的现实实践中，公路货运主力是依附于大大小小的停车场运营的、被称为“马路货运”的传统货运市场，其分布零散，规模较小，经营松散，信息滞后。虽然中国公路物流市场规模高达 2.6 万亿元，但 95%以上是小而散的第三方物流公司，“货找不到车，车找不到货”是常态，造成高达 40%的卡车空载率。在这种公路货运背景下，一种新的物流模式——公路港模式应运而生。在该模式下，通过大型公路港平台集聚与整合物流资源，实现物流企业和社会车辆这两大物流主体在平台内“集约化经营、信息化管理”的目标。公路港模式的本质是搭建一个管理和服务的区域物流公共信息平台，吸引各级中小物流企业加盟运作，变过去中小物流企业各自为政、单兵作战的松散经营模式为现代化的集成化管理，形成以信息化、集约化为特征的现代物流企业群。

公路港模式由浙江传化集团投资的传化公路港物流有限公司(简称传化物流)所开创，经过探索和实践，已形成了完整的运营体系。传化物流的公路港模式也被称为无水港模式、路港模式，其中，传化物流基地是传化物流公路港模式的实体承载体，传化物流平台是公路港模式的网络承载体，两者共同构成传化物流公路港模式的“鼠标加水泥”模式。因此，本章通过同时对传化物流基地和传化物流平台的运作进行描述和剖析，来展示传化物流的公路港模式。

6.1.1　平台简介

按照公路港模式，传化集团从 2002 年开始到 2014 年，已建设运营了传化公路港萧山基地、成都基地、苏州基地和富阳基地，同时建设了宁波(镇海)国际物流商务信息港等多个项目，形成了多个公路港物流平台协同运营的网络雏形。

1. 发展历程

传化集团涉入物流产业缘于解决企业自身物流业务的需要，在了解行业状况、洞悉市场需求的基础上不断探索实践，并抓住中国经济快速稳健发展带来的物流服务需求剧增契机，创立了传化公路港物流模式，为国内公路物流提出解决“工商企业物流业务外包难、中小物流企业创业发展难、社会车辆停车配货难”三难问题的新样板。

1)模式变革，开创物流服务多赢局面

创建于 1986 年的传化集团，为了解决企业运输任务而建立起企业自备车队，经过几年的发展，车队已经壮大到几十辆车的规模。1997 年，传化从转换经营体制着手，将“传化车队”改组成“杭州传化储运有限公司”。

传化储运公司的成立迈出了传化物流的第一步，亦是整合物流资源、突破发展瓶颈的第一步，传化储运公司作为提供运输服务的单独核算企业，实现了三赢的局面，即工业企业的运输和仓储成本下降 25%，传化储运公司自身实现盈利 30 万元，司机收入大幅度增长。社会上许多个体车辆，在看到这一情况后，纷纷加盟传化储运公司，使得传化储运公司规模迅速扩大，同时也使得传化集团有了整合物流资源的最初体验。

2)资源整合，实现物流服务市场化运作

1998 年，传化集团的日化产品市场快速扩张到全国十多个省市，这使得产品生产与消费的空间距离迅速扩大。长距离运输，由于时间长、成本高，一方面导致市场上产品销售经常断档，另一方面致使运输成本直线上升。这一问题的出现，严重影响到工业企业的市场销售与盈利水平。面对这一问题，传化集团敏锐地意识到仅依靠自身力量是无法解决的。于是，传化集团将经营目光转移到利用社会资源上，开始启用社会回程车辆。

当时，由于传化储运公司自身缺乏整合分散的来自全国各个省(自治区、直辖市)回程车辆的能力，而社会上许多小型的、分散的货代企业却正好拥有整合某一区域回程车辆资源的能力。经过筛选，传化储运公司将整个传化集团的运输业务外包给有实力的货代企业，从而初步实现了对车源、货源这两大物流资源的整合——当年运输成本就下降40%，节约运费300余万元。

3)层层推进，成为面向市场的第三方物流企业

1998年年底，传化储运公司拥有运输车120多辆，拥有合作的货代和运输企业30多家，取得20多家工业企业的运输业务外包，拥有回程车几千辆，年运输经营额达到5 000万元。传化储运公司开始具备物流资源的整合输出能力，能够向外界企业提供运输服务，这使得传化开始进入简单的第三方物流业务领域。

这时，一方面传化储运公司通过探索与实践，感受到物流市场良好的前景，增强了其涉足第三方物流的信心。另一方面，传化储运公司认识到如果能够搭建物流平台，通过建设物流基地进一步整合物流资源，不但能为自己的客户、周边的企业提供更好的服务，还能促进与其他物流企业间的资源共享，对推进物流产业发展有很大作用。同时，这也是传化储运公司为社会尽责、实现自我发展的契机。

4)搭建平台，全面促进物流资源整合与集约运营

至此，传化储运公司清晰地意识到，要进一步整合物流资源，进一步做大第三方物流业务，必须要有一个能承载物流要素集聚发展的平台。自1999年起，传化储运公司开始关注、调查、分析关于物流平台的建设，计划通过建设一个大型的现代化物流平台来突破当时传化物流发展的瓶颈。2002年，浙江传化物流基地正式破土动工。经过为期一年的建设与招商，2003年4月18日，传化物流基地正式开业，并快速整合各类资源。

开业后，传化储运公司积极地进行了大胆探索、实践、总结、提升、再探索、再实践、再总结、再提升的“在实践中学习，在学习中实践”的循序渐进道路，通过建立以客户为中心的“一站式”服务和基本服务保障的组织体系，从而较好地发挥了机制的优势，保证了平台的基本要求。

传化储运公司继续整合各种物流资源，同时进一步研究各种资源的放大作用、互动作用。在这个过程中，传化储运公司将物流企业群资源、物流工具资源、物流货物资源、中介组织资源(银行、保险等)的服务管理进行了整合和协同，发挥了集聚效应。2004年，首个基地经营成功之后，传化物流退出第三方物流业务运作领域，专注于物流平台的运营管理。

在各级政府部门、行业协会、社会各界的关心和支持下，传化物流平台的资源集聚效应逐步凸显，先后荣获“浙江省首批电子商务试点单位”、“交通部重点

联系道路运输企业”、“中国物流实验基地”等荣誉称号。2006 年，萧山基地被评为“中国物流示范基地”；2009 年，成都基地被评为“中国物流示范基地”，苏州基地入选“中国物流园区投资环境 50 强”并获得“最具发展潜力奖”；2010 年，公路港物流模式被评为“国家管理创新一等奖”，并获得国家九项自主知识产权证书。

由上可见，传化物流的发展也不是一蹴而就的，它大致经历了以下几个阶段。

(1)企业物流。从自备车队开始，传化物流经历了“集团企业内部运输企业”的物流发展阶段。在此阶段，物流主要是服务于传化企业的内部，这也适应当时运输资源紧张的需要。

(2)物流企业。储运公司的成立标志着传化物流开始从“集团企业内部运输企业”到“为集团内外企业提供运输配送服务的企业”的转变。

(3)从物流提供商到物流平台提供商。萧山公路港物流平台的建立意味着传化物流已经从“集团企业内部运输企业”发展到“物流平台经营企业”的阶段。这个平台可以提供交易、信息、专业运输、专业仓储、流通配送、转运等物流服务，同时还可以提供工商、税务、银行、保险、通信、汽修等一系列增值服务。

(4)从物流平台到物流公共信息平台。现代物流最重要的特点是信息化。传化物流平台利用信息化技术，从一个实体的物流平台延伸到虚拟的物流信息平台，这样的扩展不但扩大了资源利用范围，而且也提高了整个平台的效率。值得注意的是，传化物流平台不仅仅是一个物流技术的应用商，而且还是一个物流技术的开发商。到目前为止，传化物流平台已经有 10 多个软件平台获得国家的自主知识产权，而且传化物流基地也已经被认定为国家的高新技术企业。

(5)从省内到全国。成功的商业模式是可以被复制的。传化物流平台作为成功的物流信息平台，已经以浙江萧山基地为基础，在全国复制了三个公路港网点，分别位于成都、苏州和富阳。

(6)从自营到合营。2011 年传化物流与国际仓储物流巨头普洛斯达成战略合作，这一合作不仅突破了传化公路港发展的资金瓶颈，而且可以实现双方物流业务的互补协同，优化提升公路港的商业模式，大大加快全国网络化布局的步伐。而后基于战略合作，传化物流还积极推进并完成了重资产公司和轻资产公司的分离与专业化运作，为双方的合作提供了坚实的组织保障。

2. 发展现状

1)公路港总体现状

传化物流是一个“以促进信息交易和服务效率为核心，以组织化、信息化、标准化为切入点，以物流资源集聚为基础，以网络化为载体，以整合提升供应链效率为方向”的物流企业集成发展平台，同时也可以被称为服务于公路物流的一个综合性、平台型的物流企业。定位于“公路物流平台整合服务商”，传化物流一直是在“与您共同成就事业，推动区域经济发展”的经营理念指导下，严格按照现代物流基地的要求进行着规划和建设。通过信息交易、仓储、运输、配送、零担快运、管理六大服务中心和相关配套服务功能模块，传化物流基地快速地汇集了物流服务、物流载体、物流需求、物流管理四大资源。信息交易、商务配套和物业等系统服务的提供，使传化物流基地培育出很多专业的第三方物流企业。

目前，传化物流组织结构设置如图 6-1 所示。

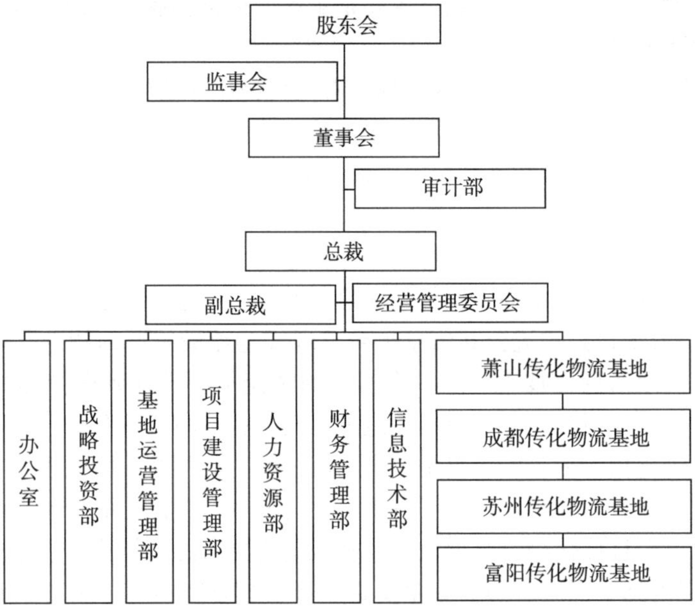

图 6-1　组织结构设置

传化物流平台的创新性商业模式还表现出极好的适应性，即它不仅适用于像长江三角洲这样的发达地区，也同样可以在西部地区发展壮大。下面就主要以传化四个主要的基地及其新业务路港快线来具体说明传化物流平台的发展现状。

(1)萧山传化物流基地。坐落于浙江萧山经济技术开发区沪杭甬高速公路萧山出口处的萧山传化物流基地是传化公路港物流探索实践的首个平台，其占地 560 亩(1 亩≈666.67 平方米)，总投资达 3 亿元，现在已成为杭州湾及长江三角洲地区一个重要的物流公共运营基地。

萧山传化物流基地开业于 2003 年 4 月，仅用了半年时间就吸引了浙江省内外 350 多家物流相关企业进入。截至 2012 年，进驻的物流相关企业已经多达 480 余家。该基地日整合车达 3 000 辆，已经形成了拥有 40 多万社会车辆和 180

多条在运营的、覆盖全国的城际货运班车专线的运输网络，直接提供就业岗位 5 000多个，并同时为 21 000 多家工商企业提供服务，通过周全的货物仓储运输、配送，为服务企业降低物流成本超过 20%，日货物交易量达 30 000～50 000 吨，每日发布的交易信息达 7 000 条以上。2012 年，萧山传化物流平台实现营业总收入 33.9 亿元，上税 1.6 亿元，其已逐步成为杭州湾及长江三角洲地区的综合型现代物流基地。

浙江传化公路港正在积极地探索物流中心与区域总部协同经营的枢纽港模式，致力于大杭州经济圈最大范围内整合物流资源，以期成为长江三角洲南翼“经营规模最大、服务功能最齐全、交易环境最优质”的综合型物流枢纽，为该地区的经济发展提供更大的助力。

(2)成都传化公路港。成都传化公路港对传化公路港在西部的连锁经营具有战略性的意义。该公路港坐落于成都北部的新都物流中心，为四川省、成都市及新都区政府的重点项目，占地 1 150 亩，总投资达 15 亿元。该基地交通便利，东靠成德大件路，南至毗河，西临货运大道，北通物流大道。该公路港自 2010 年投入使用以来，业绩一直在不断突破。在 2010 年的前 10 个月，公路港的总营业收入就达到了 10 亿元，当年共缴纳了 7 000 万元的税款。与此同时，成都传化公路港不仅仅吸引了一大批传统、中小型物流企业的进驻，还吸引了一些如长虹、富士康等大型工业贸易流通业的物流服务供应商。

截至 2012 年，成都传化公路港已成为一个拥有 1 000 多家入驻物流企业、50 多万社会车辆、200 多条覆盖全国的货运专线、20 000 多家周边服务企业的物流平台。至 2012 年，其总营业额达 47 亿元，上税总额达 2 亿元。在平台各个功能中心协同运作的基础上，成都传化公路港基本实现了物流服务、物流载体和物流需求三大资源的整合。成都传化公路港致力于为所有入驻平台的物流企业和货运司机提供“一站式”的服务，最大幅度地降低其经营成本，提升运营效率。

成都传化公路港一直努力发挥着平台“六大效应”和“十项社会效益”的作用，不断培育出专业的第三方物流企业，通过促进社会分工合作和不断优化，来推动物流产业的前进，最终该平台会成为四川省，乃至我国西南地区的重要公路物流枢纽，成为推动区域经济快速和谐发展、促进和谐社会的重要力量。

(3)苏州传化公路港。苏州传化公路港是传化公路港在长江三角洲地区连锁经营的重要一步，其东临虎泉路，南至金筑街，西邻京杭大运河，北靠黄花泾河，坐落于苏州市金阊新城内。苏州传化公路港作为苏州市的重点工程，也是金阊新城的核心项目，总投资为 10 亿元，占地面积共 588 亩。

投入运营以来，该公路港逐步形成包括 500 多家物流企业、10 万多辆社会车、185 条覆盖全国的城际货运班车专线、10 000 多家苏州市及周边地区的被服务工商企业的巨大运营网络。在已经逐步完善了管理服务、信息交易、零担快运、车源、后勤配套等功能中心的基础上，通过各个功能中心的协同运作，物流服务、物流载体、物流需求三大资源也得到了很好的整合，入驻平台的第三方物流企业和货运公司可以享受到“一站式”的服务，运作效率大大提高。至2012年苏州传化公路港营业总额高达21亿元，上税总额达0.88亿元，创造直接就业机会上千个，为苏州鼓励创业、扩大就业做出突出贡献。苏州传化公路港运营以来使得城市空间得以节约，运输的效率得到提升，空载率减少，油耗和排放较少也解决了交通拥堵和环境污染的问题，城市的形象也随之提升。整个物流产业协同运作，在苏州传化公路港的运营下，苏南公路物流的整体水平也有所提升，更加密集的公路物流网络将会扩展到长江三角洲地区，服务全国。

(4)富阳传化公路港。富阳传化公路港是大杭州西部“经营规模最大、服务功能最齐全、交易环境最优质”的综合型现代化物流枢纽，坐落于杭新景高速灵桥出口处，规划占地460亩，总建筑面积约330亩，总投资4亿元，当前，已被列入“浙江省服务业重点项目”、“2012年浙江省服务业重大项目计划”。

和其他传化公路港一样，富阳传化公路港继续秉承了传化集团独特的公路港物流模式建设运营大型公路港平台。在完善了物流信息交易中心、运输中心、专线快运中心、仓储中心、配套服务中心“4＋1”功能模块的基础上，实现了物流资源的整合，实现了物流企业和社会车辆的平台内“集约化经营、信息化管理”的目标。预计平台建成后，将会入驻各类物流企业250多家；容纳日流动车2 000多辆，很快就能建起辐射全国的零担快运专线。通过各个功能中心的有效协同作用，物流服务、物流载体、物流需求三大资源集聚在一起，实现了为入驻平台的第三方物流企业和货运司机提供“一站式”服务的目标，运作效率也大大提高。

整个项目旨在立足富阳，着眼大杭州经济圈，实现与传化公路港物流全国连锁枢纽节点的信息无缝对接，扩大物流资源整合范围，建立起全新的物流平台。该项目投资建设正常运营后，可以实现年物流服务收入25亿元以上，每年上缴地方税费超过1.2亿元。富阳传化公路港的成功运营，对加快富阳现代物流产业的发展步伐具有重大意义。这样一来，富阳的投资环境也得到改善，该区域的招商引资工作也会全面展开。富阳传化公路港创造就业岗位2 000个以上，为其服务的周边企业降低30%～40%的物流成本；促进了整个富阳市经济的快速发展，对富阳市实现“富裕阳光之城”具有战略性意义。

2)“路港快线”业务

“路港快线”业务属于高端的零担货物服务产品，由苏州传化公路港在2012年9月首次提出。这项业务的开展是传化公路港重大战略调整的产物，对传化公路港转型为物流集成服务平台具有极大的推进作用。具体来说，公路港平台由以前的只服务于中小型专线物流企业，到现在的组织优秀中小运输企业提供全国统一的标准化服务，平台角色发生了重大改变。也就是说，传化公路港从“一站式物流地产服务商”转化为“提供优质服务产品的物流集成服务平台”，传化公路港的商业模式已经发生了变化。

传化公路港的“路港快线”是对“港”这个字极好的解释和实践，同时对整个公路运输行业来说也是一个商业模式上的创新。传化集团总裁徐水波曾经指出，“港”的特点是，飞机和轮船都不归机场或港口所有，但是却归机场和港口管理。传化公路港的“路港快线”也是按照这个思维发展起来的，虽然车和货物都不归公路港所有，但都必须按照公路港的货物标准化要求来运作。按照标准化运作对公路运输服务是首次，公路提出专线运输标准在中国也是首次。

“路港快线”大部分货主的物流要求都具有多频次、中小批量的特点。“路港快线”通过整合这些中小型专线运输企业的优质资源，在行业内首先提出安全、准时、快速、经济的新一代中高端零担货运产品，实现了“点点直达”、“安快准省”的服务特点。

所谓点点直达，就是速度快。当前许多中国的第三方物流都是中转模式，货量小的时候需要集货。以苏州到山东临沂的公路货运来说，之前是无法专线直达的，物流公司通过门店进行揽货，还需要运到分拨中心进行若干次中转，才能发到目的地的门店，经历一圈，一般需要三天的时间。而通过“路港快线”发货，从揽货到最后卸货，一共只要 19 个小时，这不仅节省了三分之二的时间，在成本上也节约了 30％～50％。

除了速度快，“经济”是专线整合产品的另一大优势。将运价定在高端快运产品和普通专线之间，对于用户来说就可以凭借较低的价格获得较好的货运服务，而对于参与整合的专线企业来说也可以得到更大的利润。这样一来那些追求高质量服务并且对价格敏感的中高端用户也有了自己的产品选择，整个公路快运市场得到了进一步的分化。

点点直达还有安全这一特点，企业的客户对货物的安全性和差错率一直十分看重。在一次中转中货物可能会经历多次的装载卸，增加一次装卸，就增加了 1％～2％的货损率，采用点点直达就能够省略中转这一环节，从而降低货损率。

“路港快线”严格遵守“五定”规范，即“定点、定线、定班、定时、定价”来做到统一品牌形象、网络规划。运营并准、客户服务、运单及流程、保险及理赔、GPS 在途跟踪和网络平台的“六统一”服务标准，有效地解决了中小专线企业和货主间的供需矛盾。

“路港快线”是在调查研究了 3 000 多家相关企业之后，由传化公路港推出的产品，对于解决众多专线企业利润低和安全性差等难点具有重要意义。2011 年，传化公路港的平台发货吨位数达到了中国大型第三方物流企业发货量的 10 倍左右。货量的保证是点点直达顺利运行的保证，也是经济性的一个基础。通过信息平台，传化公路港成功建立了线路信息库，准时出发、准点到达，缩短了在途时间，所有会员企业的车辆实现了统一运单、统一保险、统一理赔、统一服务，统一化的服务使得货运成本也大大降低。

6.1.2 商业模式

传化物流平台属于典型的基于物流业务流程管理的供应链集成整合模式，整合且优化了公路运输资源，建设模式上采用“鼠标加水泥”模式。“鼠标加水泥”模式是指将互联网线上资源与传统的线下优势资源相结合，利用信息技术来提高传统业务的竞争力，实现多渠道运作的经营模式。对于传化物流平台来说，“水泥”是指传化物流基地平台，包括传化物流基地内的各种硬件设施，“鼠标”是指传化物流基地信息平台，包括基地内各种信息系统。“鼠标加水泥”模式跟目前互联网流行的“O2O 模式”有类似的地方，也可以看做 O2O 模式在工业和生产资料互联网应用领域或产业互联网领域的另一种表述方式。

作为首创公路港物流模式的物流平台整合运营商，传化物流基地打造了一个以信息技术为核心支撑，集聚了各类管理服务资源、物流设备和设施资源、物流客户资源的物流交易平台。该平台结合了无形的信息交易及有形的物流实体业务，极大地推动了无形的信息交易市场与有形的实体物流业务的联合发展，显示出巨大的整合力量，为中国物流行业的发展提供了新的方向。

1. 服务对象

(1)目标市场。传化公路港以第四方物流集成服务商为自身的发展定位，致力于提升中国公路物流效率，从供应链角度解决中国公路物流货与车信息不畅的难题。传化公路港以网络化来形成“公路港”效应，从而达到“路港专线”能够辐射全国的效果。多元化的网络化发展是传化物流公路港模式实施的一个战略化方向。多元化是指新的物流节点可以由传化公路港自己来建，也可以采取别人建成而由传化来管理的模式，同样可以采取共同开发建设的合作共赢模式。

(2)目标客户。传化物流平台的目标客户定位于以公路运输为主的中小物流企业和社会车辆。传化物流定位于公路运输，这是由平台创建的目的和目标决定的。传化公路港的服务对象(客户群)包括总包型物流企业、零担企业、仓储企业、社会货运车辆司机、三产经营户、汽配汽修户，以及轮胎、车辆制造商等配套供应商。以传化公路港现有的三个基地来看，其服务范围辐射区为长江三角洲地区、大西南和苏南区域。将中小型企业作为优先发展的对象，究其原因，首先目前我国第三方物流企业基数庞大，将它们聚集到一起，为他们提供优质的服务，可使平台获得长尾经济效益。其次，中小型企业有加入物流公共信息平台的需求，虽然聚集在同一区域，但它们之间的最大困境就是渠道不畅通。物流信息的畅通流动，对提高区域物流运作效率至关重要。通过加入公平中立的第三方物流服务平台，中小型企业可以打通沟通渠道获得双赢，而且中小型企业管理灵活、反应迅速、容易接受新生事物，所以很适合开展物流电子商务。因此，开发中小型企业市场，利用长尾经济理论拓展新的利润空间，并以此提高平台覆盖率和达到信息化规模效应是传化物流公共信息平台运营初期的主要策略。

除了中小企业之外，进入传化物流基地的客户还包括政府职能部门、中介机构和企业，这些附加客户可为物流企业提供工商、税务、运管、银行、保险、通信、网络、商务、培训、咨询等一条龙体系化的平台支持服务，如图 6-2 所示。传化物流除了有营销职能直接为客户提供服务之外，还可以通过引进政府职能部门和中介服务机构等外部力量来实现其“一站式”服务。其中，政府服务职能有“工商、税务、运管、公安”等，中介服务机构有“银行、保险、通信、邮政”等。随着这些职能和机构的逐一引进，进港的中小物流企业和社会车辆逐渐享有大客户才能享有的“一站式”服务，而且最终促进“公路港服务于中小物流企业群和社会车辆，中小物流企业群和社会车辆服务于工商企业群”产业服务链的形成。

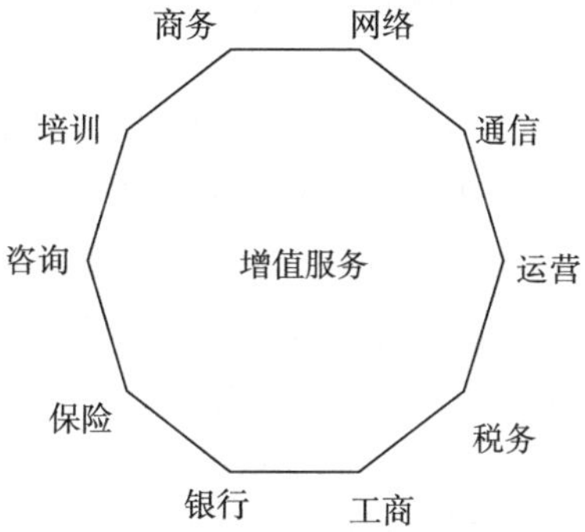

图 6-2　传化公路港的客户类型

2. 服务内容

1)服务产品和功能

传化公路港物流业务战略、总体规划与布局是：致力于成为中国公路港物流的领航者，大力推进以长江三角洲为中心、覆盖全国重点城市的公路港物流平台连锁复制战略，构筑起高效的物流平台网络，实现在更大范围内整合物流资源，培育物流企业，推动行业发展，促进和谐社会与节约型社会的建设。

传化公路港单个平台业务种类和功能布局是：通过集聚与整合物流服务资源、物流需求资源和物流载体资源，为物流价值链提供服务，其核心是运用信息化手段为第三方物流企业与货运车辆之间搭建一个快速、透明、安全的车货匹配平台。公路港物流平台的基本功能模块在传化公路港萧山基地具体体现为“6＋1”

功能模式，即通过“管理服务、信息交易、运输、仓储、配送、零担快运”六大服务及完善的配套服务功能模块，最终形成专业化运营的公路港物流服务平台，为吸引、整合、集聚资源创建一个有形的载体。

以“公路港物流”作为平台的运营方式，通过大型公路港平台集聚和对物流资源的整合，传化物流平台成功地解决了困扰公路物流的“物流企业创业发展难、工商企业物流业务外包难、社会车辆停车配货难”的问题，实现了物流企业和社会车辆包括两大物流主体在内的平台集约化、信息化管理的目标。因地制宜，每个基地分别设立了具有自身特点的管理服务、物流信息交易、智能停车、零担快运、仓储配送、后勤配套、展示展销、物流商务八大中心。

(1)信息发布。传化物流平台主要发布货源信息和企业信息。解决空车返程问题的关键就是要打通阻塞货源信息的障碍。由于货源信息具有很强的时效性，信息的更新速度直接影响着交易的成功与否，所以相比运输价格，返程车辆对货源信息的更新速度更加敏感，这就要求平台提供及时准确的货源信息。企业信息包括制造商贸企业信息、物流企业信息及社会车辆信息，这些信息都是平台经过严格的资格审查后才录入的，而且每个企业信息都与诚信管理系统挂钩，这个措施起到了很好的信用监督作用。

(2)信息化服务。传化物流基地为进驻的所有物流企业提供完善的信息化服务，让物流企业随时可以在传化基地构建的网络上查到公司的货物信息，包括所处的位置、流转过程等。对于有特殊软件需求的物流企业，基地信息技术部可以提供定制开发的功能，为物流企业量身提供软件服务。同时，传化物流基地还定期对物流企业员工进行物流专业知识方面的培训，尤其是运输方面知识的培训，以提高物流公司的理论水平，引导公司适应社会需要，向高水平发展。对于生产企业在货物运输中，物流企业和司机的相互选择、运输路线的控制，传化物流设有专门的部门，在需要的时候提供咨询服务、业务支持。对于小规模的物流公司，运营风险相对很大，保额相对较低，在保险公司不好投保而且无法取得优惠。传化物流业务部通过和保险公司的洽谈，统一替内部的物流企业进行投保，增大了业务量，也加强了对保险公司的议价能力，对物流企业和保险公司进行双赢的保护性开发。

(3)增值服务。传化物流在基地固定区域引导第三产业进入，为物流企业和司机提供财务、汽配、汽修、餐饮、购物、住宿、娱乐、通信、后勤、物业等服务，形成了物流为进驻单位服务、进驻单位为货主企业服务、货主企业为最终客户服务的服务链条和相互依托关系。例如，在财务服务方面，传化物流为基地进驻企业提供多样化的财务服务。在基地内部引入各大银行，方便物流企业和社会车辆司机交易往来。传化物流基地为物流企业统一开发票、统一缴纳税收。物流基地的财务部不仅完成基地自身的财务管理工作，还向客户、物流企业提供财务服务，完成财务相关工作，并整理账目为税务工作所用。同时，利用每年客户的财务状况，对其进行评分，给予相应经济奖励，引导鼓励客户往适合基地资源聚集的方向发展。同时，传化物流基地还提供法律和车辆管理服务。

2)服务流程

(1)价格撮合机制。传化物流平台的价格撮合机制主要是固定价格和议价。物流企业在平台上发布固定运费供货主选择，货主一旦选定某个物流公司和对应的线路后即可下单交易。少量不满意固定价格的货主还可以与物流企业取得联系，进入议价流程。议价过程是双方争夺和协调利益的过程，成交与否取决于双方的技巧和耐心，最后可能以低于平台的固定价格成交，也可能不成交。

(2)诚信机制。传化物流平台拥有自己的诚信管理系统保证诚信交易来减少货物丢失或者货车司机拿不到运费的现象。在这个诚信管理系统中，每一个物流公司都被建立相应的档案，每一个司机都可以举报其不诚信的行为。系统中的车辆也得到了相应的诚信车辆认证服务，通过对车辆牌照、驾驶证、车主或者司机身份证三位一体的权威验证，保障货主不被骗货。在传统的货运停车场中，监督管理机制是不健全的，货物丢失、司机权益被侵犯的情况常有发生。传化物流基地的诚信交易管理系统，不仅建立起一个统一便捷的信用监督体系，更是为当代货运市场的监管指引未来的发展方向。

(3)流程整合。传化物流平台的流程整合优势在于信息化与实体物流基地的无缝结合。空车返程一直是困扰我国公路运输的最大问题，传化物流平台通过建立物流基地将物流产业链上的各种资源聚集到一起，同时提供准确及时的货源信息，有效地提升了车货匹配效率。而按需供应、即付即用的云计算业务流程也为其他物流信息平台的模式创新提供了很好的流程整合模式。

3. 盈利模式

1)运营模式

社会资本控股型平台，也就是民营主导型平台，是指民营企业投资运营并占有多数股份的平台，传化物流平台便是典型的民营主导型平台。该模式的好处是明显的，如与市场联系紧密，因为有了市场竞争，所以服务水平和服务效率都会明显优于国有主导型平台。由于不受行政干扰，平台的积极性和创新性相比国有主导型平台要明显。但这种模式弊端也不容忽视，如企业视野的狭隘性可能导致平台全局规划性不强，企业的盈利性导致服务的公平公正性得不到保证，而且平台可能面临着投资融资压力大、风险系数高、不具备权威性等困境。

2)收入模式

传化物流平台的主要收入来自硬件租赁费和信息服务费。

(1)硬件租赁费。平台出租营业用房，如仓库、办公室等实体设施，从场地租金中增加收入；吸引运输车辆，从停车费中实现收益。

(2)信息服务费。以“电子商务”为平台，从信息服务中盈利。

除此之外，平台以政府优惠政策为契机，从规模经济中盈利，而且通过为入住企业提供的增值服务，如财务、汽配、汽修、餐饮、购物、住宿、娱乐、通信、后勤、物业等，也为平台增加了收入。

为实现持续盈利，平台实行两种制度，一种是会员制，不同等级的会员享受不同的服务；另一种是类似于云计算中的 SaaS 模式，即平台把不同的服务模块明码标价，有需要的用户交相应的费用后即可使用。在平台初期，硬件租赁费在收入中占了绝大部分，随着平台的不断发展，信息服务费所占比重越来越大。在盈利模式上，传化物流平台探索在硬件收费和信息服务费上的一个平衡。

3)效益分析

(1)创新性平台集聚物流资源，促进制造业发展。传化公路港物流平台经过十多年的探索与践行，大大促进了制造业的发展，有效地降低了物流成本，提升了企业的核心竞争力，在创造“第三方利润源泉”方面的贡献尤为突出。

传化公路港各基地运营情况如下：①传化公路港萧山基地目前已有 480 多家来自省内外的物流企业入驻，整合了 40 多万社会车辆，年承运货物达 1 300 多万吨。在物流基地各个功能模块的协同运作下，该基地能够为周边 21 000 多家制造和商贸企业提供专业的物流服务，2002～2007 年周边企业的外包率从 36% 上升到 80%，物流成本降低了 40%左右。统计数据显示，浙江传化物流基地为其服务企业节省的物流成本在 2006 年达到 15 亿元，2007 年达到 21 亿元，2008 年在 25 亿元以上。该基地作为公共信息平台，平台信息量和交易量还在逐月提升，集聚效应和成本节省的优势还在继续体现。正是这一公共性的平台为物流企业和制造企业提供了良好的纽带，使二者实现了联动发展。②传化公路港成都基地于 2009 年 5 月 20 日开业以来，已入驻物流企业 1 000 多家，日均整合 2 万～3 万社会车辆，每天发布货运信息 3 000 多条，日均车流量达 7 000 多辆，日均营业额达 700 多万元，日均上缴税款达 30 多万元。公路港公共物流平台作用的发挥，使基地逐渐成为大西南区域重要的公路物流枢纽。③传化公路港苏州基地目前入驻物流企业 450 多家，每天发布货运信息近千条，日均车流量达 3 000 辆，从 2010 年 5 月试运营到 2010 年 7 月累计营业额已达 1.2 亿元。随着公路港公共物流平台作用的发挥，基地将成为苏南区域重要的公路物流枢纽。

(2)创新性平台孵化促进物流企业成长。第三方物流作为物流市场的主体，随着制造企业不断增加的外包需求和不断提升的配送要求，正在面临严峻的挑战。目前，我国第三方物流企业的现状是散、小、乱、管理水平低、综合性差、信息化水平低。第三方物流企业再不发展就会成为实现制造企业和物流企业有效协同的短板。

传化物流利用信息化手段建设的创新性平台，有效地整合了物流服务资源、物流设备资源、物流客户资源、管理服务资源，更加有利于培育出专业的物流企业，促进物流行业的快速发展。浙江传化物流基地在 2002 年发展初期，进驻物流企业只有 150 家，2007 年达到 480 多家。随着信息化的建设，交易的流程也实现了全面信息化覆盖。平台年营业额呈上升趋势，从 2003 年只有 0.317 4 亿元到 2007 年达到 30.9 亿元，入驻企业的平均营业规模 5 年提升了 10 倍之多。入驻物流企业的发展能够有效地适应日益增加的外包需求，社会分工得以促进，物流业务运营效率得以提高，大大节约了物流成本。

(3)创新性平台促进制造业和物流业的联动发展。在信息化建设的推动下，传化物流平台实现了信息共享、业务协同等功能，使得物流企业交易链缩短、环节化简、交易成本大大降低。信息化的流程为整个社会运输经营户节约的营销成本高达 50%以上。由于高速的信息交换与发布，空车配货的时间由平均 72 小时缩短到 6 小时。物流效率的提升也为制造业和物流企业供应链的快速交易提供了条件，运价指数大幅下降。此外，公共的信息平台还在不断吸引着更多的物流信息和资源。浙江传化物流基地信息平台的日交易信息量高达 7 000 多条，入驻物流企业的业务量得到更大的拓展，并实现了与制造行业的联动发展。如此循环，制造企业和物流企业也就实现了共赢。

传化公路港物流凭借创新性的商业模式取得了良好的经济效用和社会效益，并得到了社会各界的广泛认可，先后获得“国家管理创新一等奖”和 10 项国家自主知识产权证书。该公路港平台也被评为“最佳物流平台模式创新企业”、“中国物流示范基地”、“国家 5A 级物流企业”、“国家高新技术企业”、“浙江省重点市场”等，入选交通运输部与浙江省“部省共建”项目重点扶持示范物流园区，并参与了《物流园区分类与基本要求》、《社会物流统计指标体系》等国家标准的制定。继萧山基地之后，成都基地也被评为“中国物流示范园区”，并在 2010 年获得“中国物流接触企业”的称号。苏州传化物流基地也备受关注，先后荣获“中国物流园区投资环境大奖”50 强、“最具发展潜力奖企业”、“江苏省道路货运十佳质量信誉站场”，并成为苏州唯一入选“江苏省‘十二五’交通物流基地规划”的企业。

6.1.3　技术实现

1. 信息化发展历程

由传化物流组织结构可见，信息技术部门是一个关键的职能部门，它直属于总裁，向企业最高决策层直接汇报工作。由此可以看出，信息化建设工作不论是在企业内部还是在客户管理中都得到了极高的重视，肩负着整个公司的信息化建设工作。信息技术部门被叫做公司的数据中心，所提供的数据可以为公司的各项决定提供充分的支持，发挥着物流信息化战略规划、信息化管理标准控制、连锁基地建筑智能化建设、物流电子化服务提供、物流网络架构和信息安全建设、连锁基地信息系统复制实施、连锁基地信息运维和增值服务监督指导的作用。纵观1997～2014年这十几年的规划与建设里程，传化物流的发展经历了信息化探索、运营支撑、优化提升、信息化复制及创造价值五个阶段，如图6-3所示。

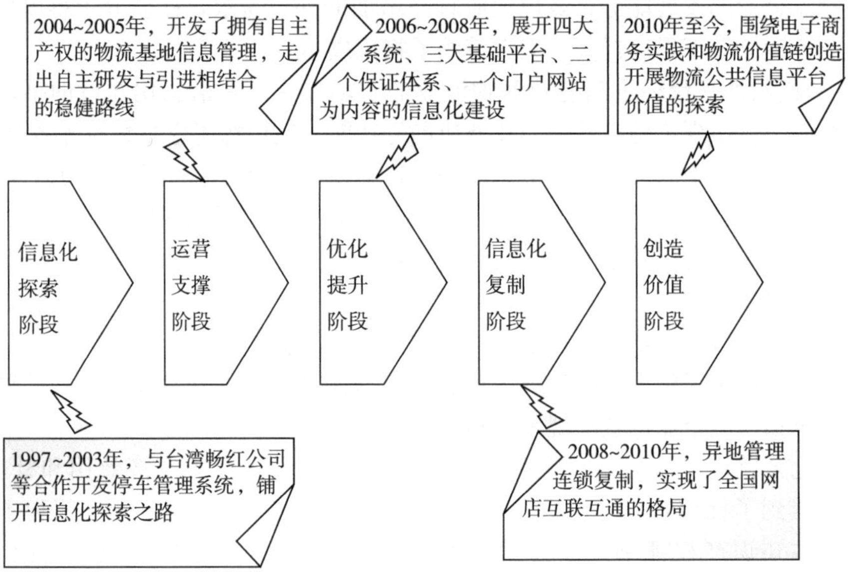

图6-3　传化物流基地有限公司信息化发展历程

(1)信息化探索阶段。2002年，国内的物流信息化管理还处在初步的发展阶段，传化物流作为物流平台运营商，凭借创新性的“公路港物流”商业模式展开运营，这与现有的第三方物流管理模式有着根本的区别。当时国内物流领域中还尚未出现成功的信息化建设模式可以供传化物流借鉴经验，更不用说可以直接获取成熟的物流业务管理软件。2003年，与台湾畅红公司合作开发的停车管理系统使传化物流走上信息化之路。最早开发的停车管理系统由于功能太过简单和无法适应平台激增的业务量，已经无法继续满足车辆进出基地的服务需求。于是，传化物流决定自主研发信息系统——“停车收费智能管理系统”，这也是传化物流第一款自主研发的管理软件。

(2)运营支撑阶段。定位于第四方物流，即专业的物流平台运营商，传化物流从2004年起不再运营相关的第三方物流业务。该平台的核心功能是以信息服务为主，这一点可以从传化物流对其的大量投入看到。平台信息服务功能主要覆盖货主、司机和承运人登记、检验、信息受理、投保、查询、交易等业务，为第三方物流企业提供运营平台。为此，传化物流陆续自主研发了物流基地信息管理系统，其中包含停车管理系统、信息发布管理系统、客户管理系统等，从而逐步走上了自主开发和引进相结合的发展道路，为基地的信息化建设和运营创造了良好的基础。

(3)优化提升阶段。从 2006 年开始，传化物流的信息化建设进入优化提升阶段。以战略信息化驱动作为发展管理理念，利用高新信息技术将有形无形的平台相结合形成综合型平台，为复制连锁的管理和资源整合提供全面支持，进一步扩大、维护已有的有形平台网络资源，对广泛的社会物流资源进行更好的整合。通过挖掘萧山物流基地管理和客户的信息化需求，进一步展开以四大系统、三大基础平台、两个保证体系、一个门户网站为内容的信息化建设。

(4)信息化复制阶段。2009 年后，为了实现一体化，传化物流实施了一系列异地管理连锁复制策略，随着各大公路港的开通，如成都传化公路港、苏州传化公路港、富阳传化公路港等，先前在萧山的信息平台扩展到新的节点，全国的网点正逐渐实现互联。

(5)创造价值阶段。2010 年起，传化物流围绕电子商务实践、物流价值链创造、物流信息平台价值展开进一步探索。信息化建设的对象主要为客户，为统一平台的不同客户群提供流程、单表、数据和信息等标准化与规范化的服务；基地内客户之间信息共享和业务协同，基地与基地之间客户信息共享和业务协同，平台内外信息共享和业务协同，并不断通过信息化开拓新的增值服务。

贯穿以上五个发展阶段，传化物流在信息化建设的总投资达 5 000 万元，其中不仅包括用于机房改造、装修、计算机硬件和软件的费用，还包括主机及数据中心系统、数据交换和共享平台建设、计算机网络、其他配套设施等的费用。

2. 信息平台体系结构

信息化建设是传化物流业务扩张和终端渠道管理的必经之路。通过物流信息的优化，实现终端渠道的管理，企业中信息流、物流、资金流才能得到更好的整合。当前已经建设好的物流信息化平台已经包括计算机局域网络、数据库、数据交换、数字认证、数字签名等技术。

传化物流平台的信息化为其发展起到了重要作用。传化物流在有形市场的基础上，与信息化系统协同运作适应当代物流发展需要，是典型的“鼠标加水泥”式平台。传化物流开发了一系列基地业务管理系统，实现了信息中心、交易中心、运输中心、仓储中心、配送中心、运转中心的车辆和仓库及业务一体化管理，还实现了平台上的信息发布与交易、信息查询、开票管理、停车收费、短信平台等功能。

浙江传化物流基地的信息化平台建设在总体结构上采用的是分层技术，一共分三个层次，即基础层、平台层和应用层。

(1)基础层。这是一个计算机广域网络系统，联结了以公司总部为核心的全国各个连锁物流基地、业务网点及集团总部。

(2)平台层。采用 TCP/IP 协议和先进、可靠的网络管理软件，使传化物流基地物流信息化平台具有可集异种局域网、异种操作系统于一身的开放性系统。中心数据库采用 Oracle 或 SQL Server 数据库。

(3)应用层。基地物流信息化平台建设系统的各个功能模块组成了系统的应用层，主要功能模块包括：面向公共信息化服务平台营运商的“物流基地网业务管理系统”；面向物流企业的“基于供应链的物流企业业务管理系统”；面向公众的“会员企业诚信管理系统”及“公共服务系统”。

传化物流通过先进的信息数据技术，正在建立一个“准确、及时、标准、高效、安全”的全功能、多层次、开放式、智能化、协同化的物流信息平台；在已经掌握的实体资源的基础上，迎合客户需求，发展并制定相关服务和功能，实现基地内部客户的协同；通过基地的内部信息系统实现内部信息的网络化管理，由网站对外发挥作用，获取支持基础服务的收益等。

传化物流平台的主要功能可以概括为四大应用系统、三大基础平台、两个保证体系、一个门户网站，如图 6-4 所示。

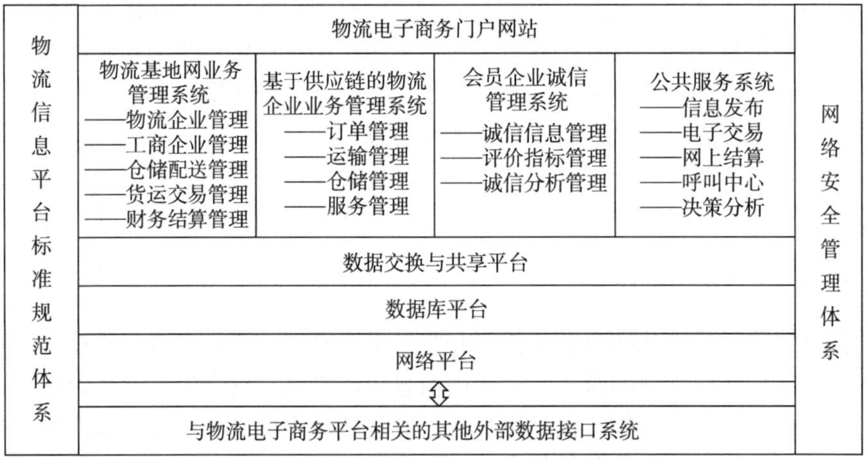

图 6-4　传化公路港物流信息化平台体系结构

3. 四大应用系统

传化物流平台四大应用系统包括面向公共信息化服务平台营运商的“物流基地网业务管理系统”、面向物流企业的“基于供应链的物流企业业务管理系统”、面向公众的“会员企业诚信管理系统”及“公共服务系统”。

1)物流基地网业务管理系统

物流基地业务的网络化管理是在基地原有运作模式和主要业务上开展建设的，旨在通过基地之间、基地与物流企业之间的网络联系，更好地整合社会物流资源，实现对物流信息的一体化管理；通过对物流企业管理、工商企业管理、仓储配送管理、货运交易管理、财务结算管理等，为客户提供物流过程的全套服务和个性化服务。整合多个基地的网络化资源，更好地为客户进行仓储、运输、配送服务。物流基地网业务管理系统流程如图 6-5 所示。

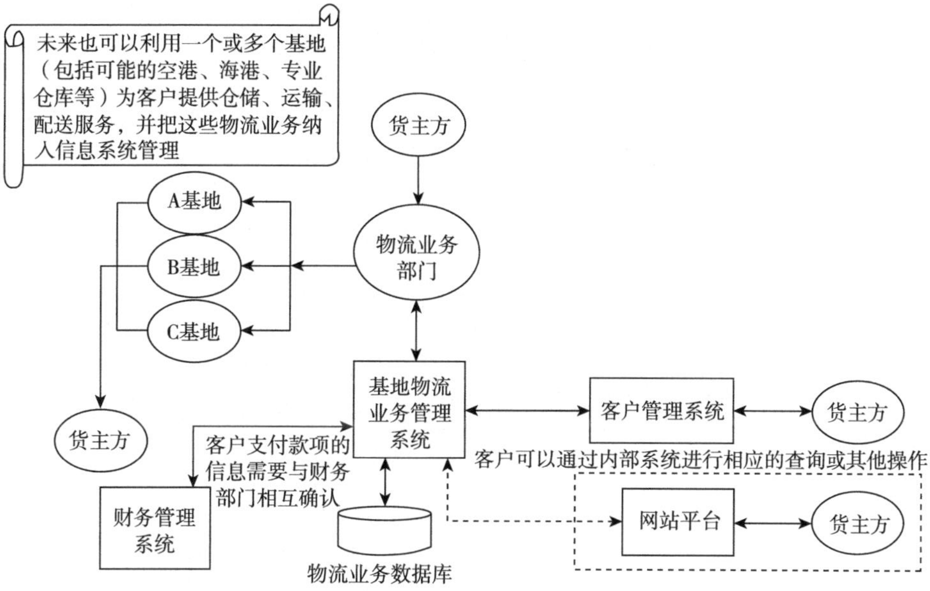

图 6-5　物流基地网业务管理系统流程

2)基于供应链的物流企业业务管理系统

物流企业业务信息管理和处理模式的创新点在于它开发出基于供应链的适用于物流企业的业务管理系统。从以公司为中心的管理模式过渡到了以供应链为基本单元的管理模式。货物直接配送和仓储虚拟整合等手段的运用，使得物流企业的管理水平有了大幅度的提升。传化物流研发出基于 ASP 服务的众多面向物流企业的业务信息管理系统，并推广到各个中小物流企业，对这些企业的信息化建设和综合竞争能力的提升起到了重要作用，并且和公共的信息平台相呼应。

物流企业管理系统是供应链的基础，主要包括仓储管理系统和客户业务管理系统。仓储管理系统主要为工商企业提供仓储信息管理和维护，帮助其展开业务。仓储管理系统的功能及其流程如图 6-6 所示。

客户业务管理系统的功能及其流程如图 6-7 所示，主要是为基地的客户管理中心提供管理、维护客户档案信息服务，并通过电子化的客户服务流程，为基地

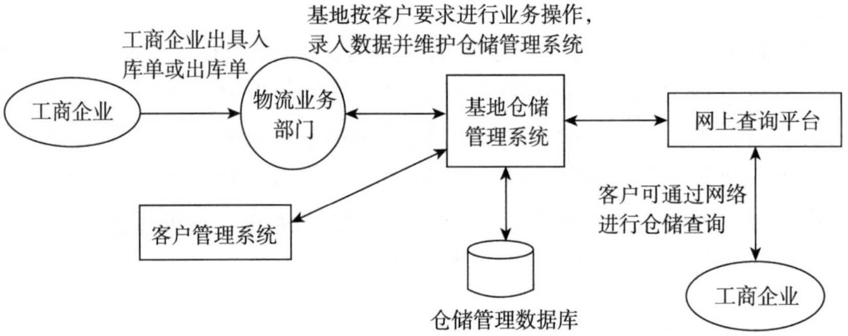

图 6-6　仓储管理系统的功能及其流程

内客户提供相应的查询服务，且提供到其他系统功能模块的转换功能，这不仅提高了服务能力，也大大方便了对基地内客户服务的管理。

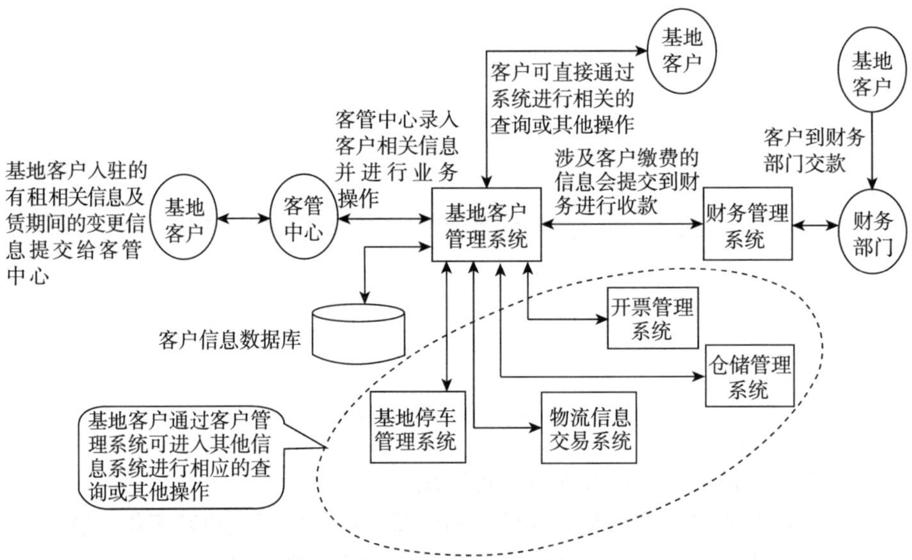

图 6-7　客户业务管理系统的功能及其流程

3)会员企业诚信管理系统

诚信车辆系统的功能及其流程如图 6-8 所示，平台通过会员的诚信管理系统，对会员的信用进行评价，利用会员管理机制展开自评、行业协会评价、第三方评价。运输的车辆也要进行车辆的诚信认证服务，建立诚信车辆认证系统，对车辆牌照、驾驶证、车主或司机身份证进行权威的验证，这样避免了货主被骗货的可能。对于诚信车主，也可以通过申请诚信车辆的认证，加入到诚信车辆数据库中来提升自己的公信心和竞争力。通过诚信管理系统的认证，传化物流平台也为实现网上交易、网上结算创造信用保证。

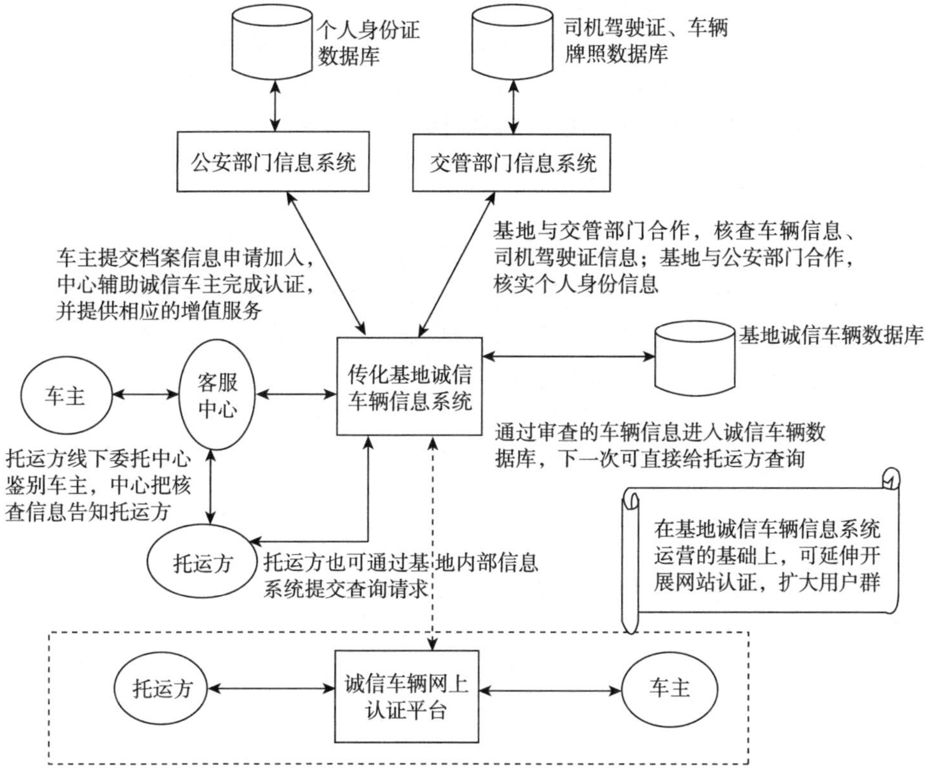

图 6-8　诚信车辆系统的功能及其流程

注：图中虚线引出的是内部复杂的业务系统，也就是诚信车辆信息系统是如何操作的

4)公共服务系统

公共服务系统包括信息发布、电子交易、网上结算、呼叫中心、决策分析等子系统。信息发布子系统的主要功能是即时发布和查询物流信息。利用传化物流信息平台可以对运力车源信息等资源信息进行整合，有助于托运方和承运方更加便捷地获取物流信息，并在线下及时展开商议达成交易协议。

4. 三大基础平台

传化物流平台三大基础平台由网络平台、数据库平台及数据交换与共享平台共同构成。

(1)网络平台。以物流基地的局域网为基础，建立连接各物流基地节点的内部网络和面向服务对象的外联网；手机、掌上电脑等移动设备也可以在公共无线网络平台进行接入。

(2)数据库平台。数据库平台是由物流企业数据库、工商企业数据库、交易数据库、综合数据库等共同组建起来的大型关系数据库管理系统，其为整个系统物流信息的交换与未来挖掘奠定了基础。

(3)数据交换与共享平台。通过规范、高效、安全的数据机制，数据交换与共享平台为内部的信息系统之间、信息系统与公共信息服务平台网站之间、内部与外部信息系统之间的数据交换与共享提供了技术保障。

5. 两个保证体系

(1)物流信息平台标准规范体系。物流信息平台标准规范体系的建立实现了贯穿物流业务的全程管理，将物流环节的各个节点有机地连接起来。标准规范体系为物流信息化平台的建设奠定了良好的基础，保障了数据交换标准一致、物流服务操作符合规范和客户服务规范等。

(2)网络安全管理体系。防火墙、入侵检测、防病毒、基于 PKI/CA 的数字认证等网络安全管理技术和安全管理制度共同构成信息网络的安全管理体系。

6. 一个门户网站

基地物流电子商务门户网站的各个功能如图 6-9 所示。整个物流电子商务门户网站以四大应用系统为依托，实现了有形市场服务向虚拟市场服务的转变，能够在任意时间、任意地点为各类客户提供个性化的物流服务，如信息服务、货物追踪、车辆验证、咨询服务、查询服务、物流业务处理的 ASP 服务等。

6.1.4 经验启示

传化物流构建的物流平台，是“公路港物流”模式的一个创新性实践。经过多年来的探索研究，传化物流已经基本实现了信息化建设和服务与有形的物流平台之间的协同，增强了物流平台发展模式的核心竞争力。信息化的到来，使物流平台在解决制造业和物流业之间矛盾时发挥了重要的作用。

传化物流的企业愿景是“成为中国最大的运力组织公司，实现货运班车开遍全国，构建中国公路物流一张网，形成高效的公路物流生态系统”。为了中国薄弱的公路运输发展，传化物流进行不断的探索并取得了突破。

突破一：传化物流通过构建物流枢纽的综合体，改变了中国公路物流一直以来缺少调度系统的缺口。传化物流历经五年，终于于 2008 年在杭州建成首个平台，形成了第一代的公路港模式。五年之后，传化物流通过对公路港模式的完善与不断升级，形成公路港模式的第二代版本，并成功落地于西部的成都和长江三角洲地区的苏州。凭借更大的视野和内涵深度，传化物流因地制宜，针对不同区域的发展特点，逐步形成了整个公路港枢纽平台体系，并且全国的网络化布局也在快速的覆盖当中。

突破二：建立诚信体系，规范行业发展，传化物流创造出公路港平台特有的

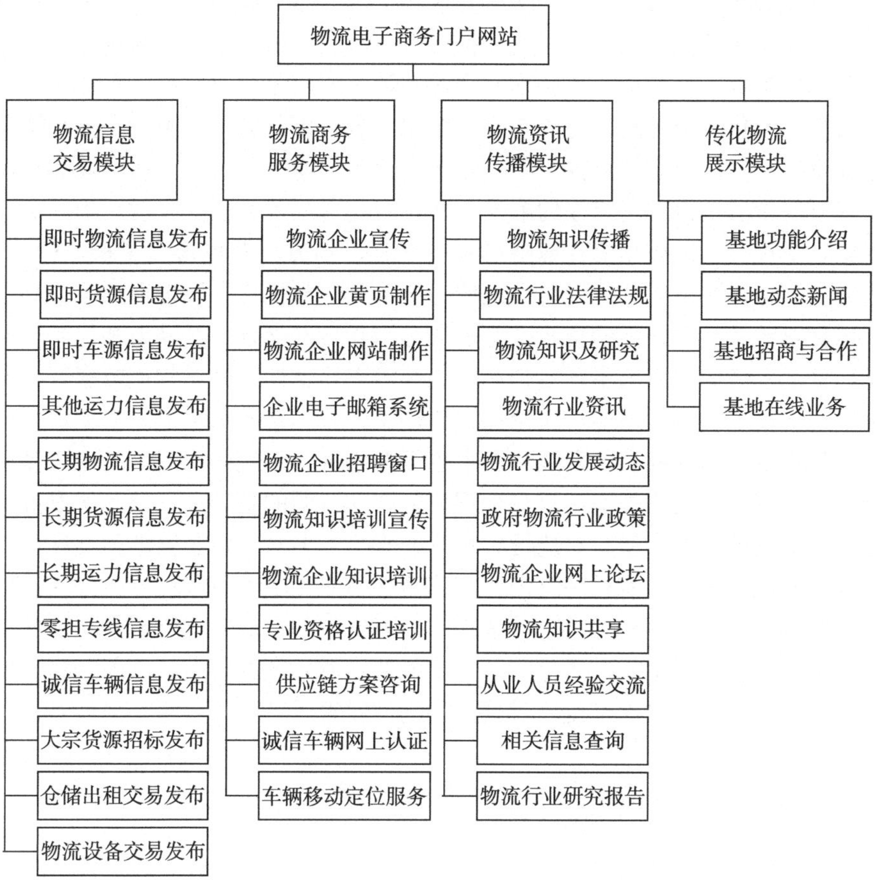

图 6-9 基地物流信息化服务平台网站功能图

规范，以及稳定和繁荣的市场环境。传化物流通过建立并执行物流服务单元、货运车辆诚信认证与评价体系，每年能够为上万个物流服务单元、600 多万车次的货运车辆，提供物流信息交易诚信认证和评价服务，保障了行业的规范发展。

突破三：信息化平台的建立促进行业转型。行业信息化平台应用现代信息技术，自主研发的信息管理服务系统，是一个能为物流供需双方提供便捷、安全、高效信息服务的平台，传化物流因此提升了运力与货物匹配的效率，对货车司机的异地配货也成为现实，大大丰富了公路港实体平台的内涵。

突破四：深化分工提升物流服务水平。传化物流通过吸引政府公共服务部门和商业服务机构入驻基地，设立相应的配套服务中心，为进驻平台经营的物流单元和社会车辆提供“一站式”的综合服务，从而提升了物流服务单元的专业化运营能力，深化了物流产业链中各环节主体的分工与协作，提升了整体物流服务水平。

传化物流致力于打造以信息交易为核心、以公路运输为依托、以国内物流为基础的物流企业集群发展平台，实现物流平台对运营商的整合。通过对整个社会物流资源的整合，该物流平台为工商企业和第三方物流企业提供了专业化的综合物流服务。传化物流基地的建成与投入使用，也为该区域内的工商企业和第三方物流提供了一个优质的综合性服务平台。在全新的物流平台中，制造业和物流业供需双方的矛盾也得到了有效的解决，两者之间形成了良性的互动，当地的物流效率实现了提升，区域投资环境也得到了优化，物流产业也得到了快速的发展，社会分工的合作体系得到了优化，区域经济的和谐与快速发展也得到了推动。

传化物流基地公路港的核心功能是资源与功能的整合，其潜力和优越性显而易见。社会经济的发展离不开对物流的刚性需求，也离不开对物流效率和技术的要求。之前传统的货运市场，无论在设施还是在管理技术水平上，都无法适应社会发展的速度。随着社会的发展，需求也逐渐增加，传统的货运市场由于基础的功能设施不完善，运营技术落后和管理混乱，在资源的整合上已经无法发挥更大的作用，对功能的整合最多只能维持现有的水平。但对于以公路港为发展模式的传化物流基地来说，政府对物流产业的高度重视使其得以配备完善的基础设施、先进的管理模式以及领先的信息技术。在面对未来的发展时，资源和功能的整合能力还有很大的发展空间，传化物流平台能够随着发展的要求，不断调整自身的资源和功能整合能力以满足发展对物流的刚性需求。

6.2 社交网络模式——易流社区平台

6.2.1 平台简介

深圳市易流科技有限公司(简称易流)是一家专门向物流运输行业提供运输过程透明管理与物流信息服务的运营商，其致力于将互联网、位置服务、电子地图、移动通信、移动互联网、大数据等先进技术应用到物流运输领域，构建全国性的货运车辆运力资源池和云运力社区平台。该公司“专业、专注、专精”于物流，其99%的客户是各类物流运输企业。

易流是国家级高新技术企业，是深圳市重点扶持的创新型科技企业，其主营业务是向各类运输企业提供车载GPS硬件终端、车载多媒体触摸屏(multi media interface，MMI)、GPS终端接入通信中心、物流网络地理信息(Web-GIS)监控系统、物流信息平台等。该公司还根据客户要求进行灵活二次开发，提供对接SAP、Oracle系统的技术服务。

易流的所有平台都是其自主开发的，拥有自主知识产权，目前易流在物流GPS监控调度领域已经获得14项国家软件著作权。

6.2.2　商业模式

易流社区平台是典型的社交网络模式。社区化平台是针对有社区属性的用户搭建的交流或交易平台。社区化物流公共信息平台是针对具有一定社区属性的物流企业和主体单位搭建的物流信息平台。例如，港口物流信息平台是为所有与港口有关的船公司、进出口贸易公司提供通关手续办理和远洋托运服务，以及运单查询等信息服务的物流信息服务平台。目前，比较成熟的社区化平台是人人网、校友网等社交平台。

社区化平台强调身份信息的真实性，强调交流内容的真实性。社区化的物流信息平台与传统物流信息平台的区别在于，强调运力信息和货源信息的真实性、交易的可靠性。

易流的社区化平台是为了把真实的车源信息、货源信息、线路信息等在社区平台里共享，促成运力与货源的对接，促成货主与车主的交易。如图 6-10 所示，易流社区平台登录界面直接传递的信息是“便捷：运单直接绑定车辆，实时显示车辆位置信息”、“精准：独有车辆擅长线路、用户习惯分析技术”、“透明：基于车流监控技术，所有运力可监控”、“真实：实名制，完善的车主货主互评机制”、“高效：基于圈子的商务理念，打破传统管理思维”。这些信息都是在强调易流社区平台的社区理念。在易流社区平台中，只有被授权的企业和个人才有资格获得这些信息。易流社区平台服务 4 000 多家物流企业，这些企业都是“易流”服务多年的客户，这些企业以易流为中心形成一个物流行业的“社区”，也叫做“圈子”。

图 6-10　易流社区平台的登录界面

1. 服务对象

由于成立伊始就坚持聚焦于物流行业的发展方针，并提出“专业、专注、专精”于物流的三专精神，所以，目前公司服务的客户 99%是各类物流运输企业，典型的客户有富士康、伊利集团、京东商城、宅急送、招商局物流、新奥能源、太原钢运物流等。

易流的客户群体类型包括以下几种。

(1)物流企业。其包括快递企业、零担企业、冷链物流企业、城市配送物流企业、综合物流企业。

(2)生产企业。其包括食品生产企业、电子产品制造企业、能源化工生产企业、日用品生产企业等。

(3)商贸企业。其包括电子商务平台企业、连锁超市企业、连锁专卖店企业。

(4)服务业企业。其包括连锁餐饮企业、连锁洗衣店等。

在快递和冷链两个细分的物流行业，易流占据了主要的市场份额。顺丰、宅急送、圆通、申通、韵达、国通、全峰等都是易流的客户。在冷链物流领域，郑明现代物流、荣庆物流、众荣物流等企业是易流的客户；全国的主要乳品企业及其承运商是易流的客户，已经与易流合作的有伊利、辉山、银桥、三元、完达山等乳品企业，蒙牛、光明的承运商也有很多是易流的客户。易流社区平台的部分典型客户如图 6-11 所示。

图 6-11　易流社区平台的部分典型客户

2. 服务内容

1)服务产品和功能

易流社区平台的服务内容有定位服务、轨迹回放、物流地图、车辆管理、找车、找货、充值缴费、业务办理，如图 6-12 所示。易流社区平台提供车辆监控、货源发布、运输管理、在线交易等全方位的服务。

图 6-12　易流社区平台的服务内容

易流社区平台的首页由三个部分组成，即“车辆分布/运营走势”、“应用功能菜单/菜单导航栏”和“物流信息服务”，如图 6-13 所示。

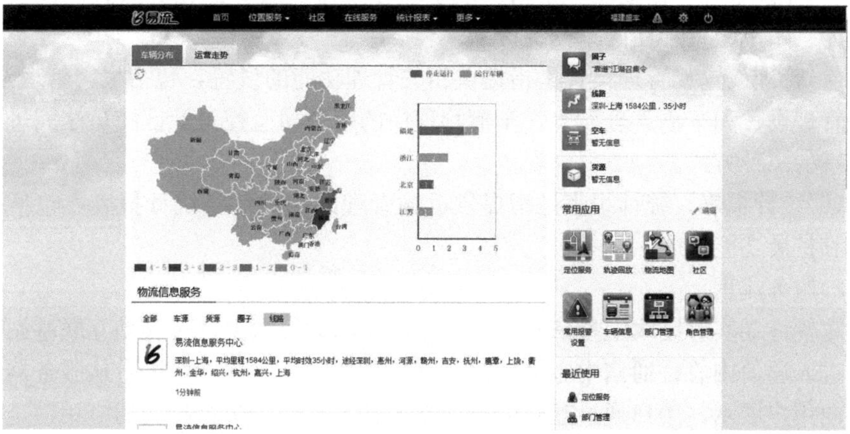

图 6-13　易流社区平台的首页

“车辆分布/运营走势”直观地反映用户企业的运力使用情况；“应用功能菜单/菜单导航栏”方便用户直接进入所需要操作的模块；“物流信息服务”发布车源

信息、货源信息、圈子信息、线路信息，为用户提供有价值的参考信息。

易流社区平台菜单导航栏的内容如图 6-14 所示。

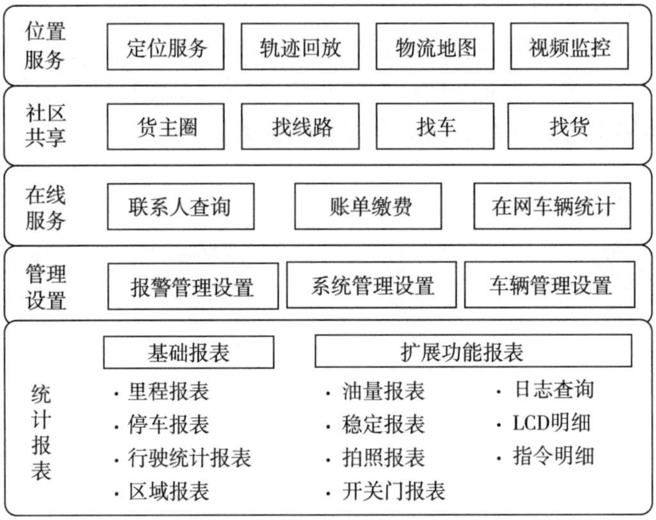

图 6-14　易流社区平台菜单导航栏的内容

(1)位置服务。通常的位置监控管理包括定位服务、轨迹回放、物流地图和视频监控。

(2)社区共享。社区共享是指提供社区成员之间的信息共享和资源互补沟通，包括货主圈、找线路、找车、找货。

(3)在线服务。在线服务是指提供车辆在线监控服务的相关信息，包括联系人查询、账单缴费、在网车辆统计。

(4)管理设置。管理设置是指提供相关管理功能的设置，包括报警管理设置、系统管理设置和车辆管理设置。车辆管理中的跨公司监控是社区成员之间进行资源共享的一种方式。

(5)统计报表。统计报表是指提供运输管理的相关信息统计报表，包括基础报表和扩展功能报表。

2)服务流程

车辆终端实时接收卫星信号，采集到的车辆运行数据通过移动互联基站和万维网进入通信中心；通信中心将数据存储到数据库，易流社区平台从服务器调取数据向用户展示，用户通过互联网访问易流社区平台，进行相关的应用，这就是易流社区平台的服务流程。

具体来说，易流社区平台是运用卫星定位技术、移动通信技术、地理信息技术、云信息技术、互联网技术把物流运作过程中的车辆位置、里程、速度、线路、周边环境、路况等信息展现在互联网上，任何人只要可以上网，都可以通过访问互联网实时获得运输过程的最新信息，这使得运输过程对物流企业、车辆管理者和客户全透明，从而提升运输过程管理的效果，如图 6-15 所示。

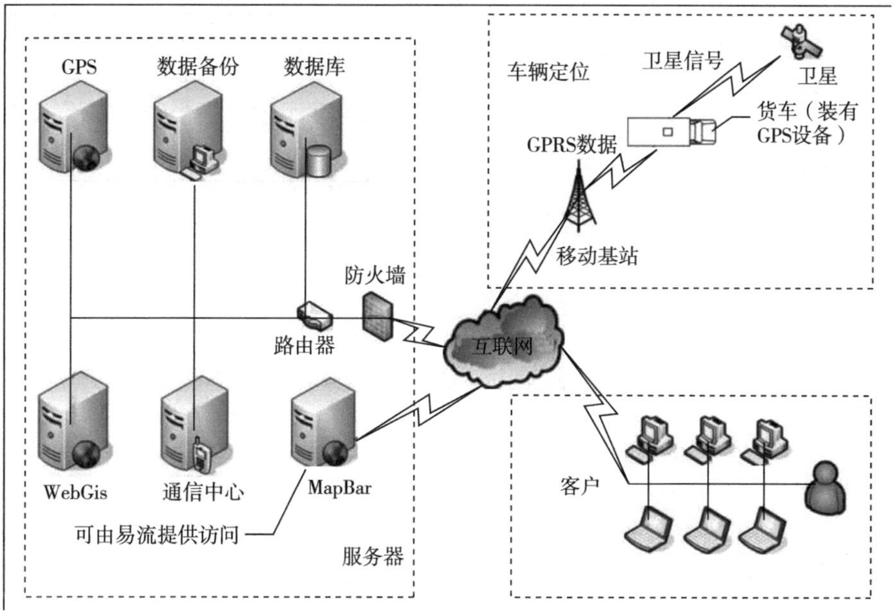

图 6-15　易流社区平台的逻辑架构

实际上，易流社区平台是易流最新推出的物流信息平台，易流过去的主营业务是利用 V5 平台、电商快递平台等为客户提供相关的管理服务。易流社区平台的服务流程与其他平台的服务流程相同，都是以客户为中心进行服务和运作，如图 6-16 所示。易流的门户网站提供登录窗口并与平台登录界面相关联，这主要是为了让客户了解公司的动态，以达到宣传的目的。

3. 盈利模式

1)运营模式

易流的运营模式是运营商的运营模式，即通过终端信息采集对数据进行加工，以平台的方式向物流企业、货主企业、个体车主提供运输管理平台的运营服务和信息服务。

易流的服务对象包括物流企业、货主企业和个体车主，服务方式是提供平台管理、平台服务和增值服务。平台管理主要是向企业型客户提供相应的企业运输管理平台；平台服务主要是以易流社区平台向社会提供车源信息、货运信息等服务；增值服务主要包括车辆的保险代理、加油卡代理等服务。

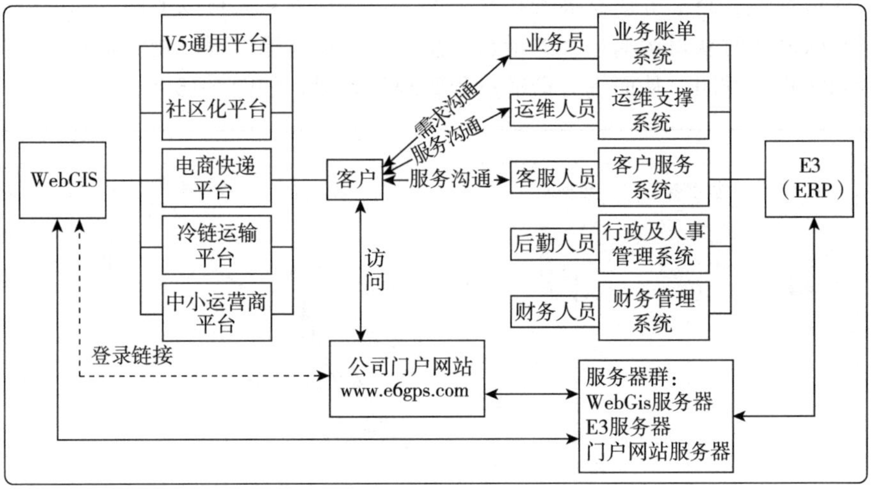

图 6-16　以客户为中心的易流社区平台运作逻辑

易流的运营模式中实行的是以客户为中心、以服务为支撑、以研发为基础的内部运营管理，如图 6-17 和图 6-18 所示，易流的组织架构中，有三个部门直接面向客户，营销中心负责市场开拓和项目服务的协调，运维中心负责工程的实施服务，客服中心负责售后服务并辅助市场宣传；有两个部门间接面向客户，产品中心负责终端设备的监测，研发中心负责平台开发和终端的软件开发及平台系统的维护。

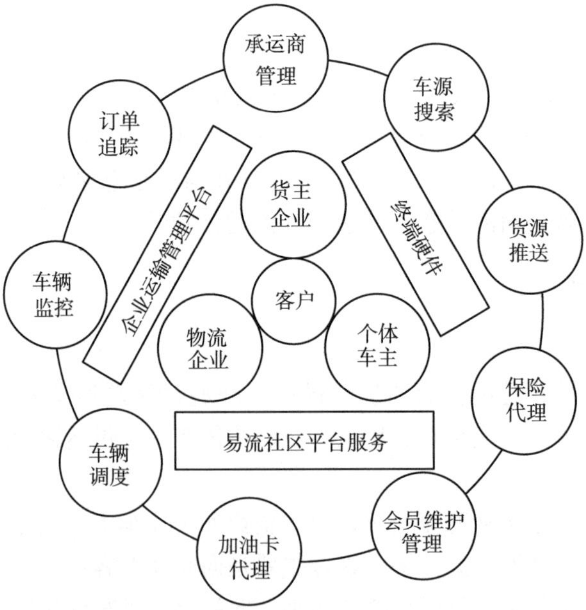

图 6-17　易流社区平台的服务对象与服务方式

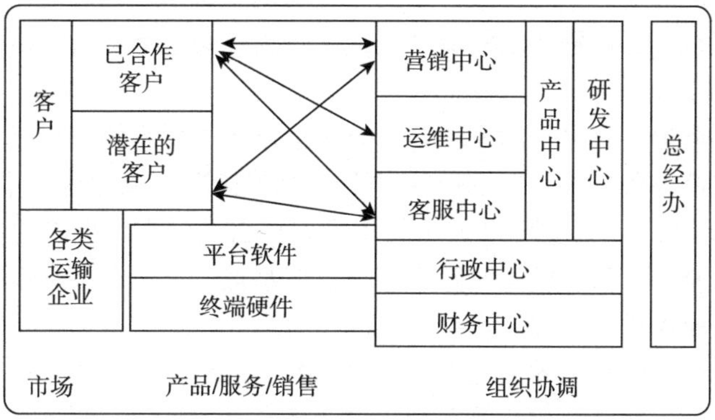

图 6-18　易流社区平台的企业运营模式

2)盈利模式

易流是提供运输过程透明管理和物流信息服务的运营商，主要的盈利模式是运营服务收益。

易流是通过运营服务和终端硬件销售来盈利的。从本质上讲，运营服务是盈利的主要方式，硬件只是支撑运营服务所必备的信息采集工具。此外，增值服务提成具有巨大的盈利空间，如图 6-19 所示。

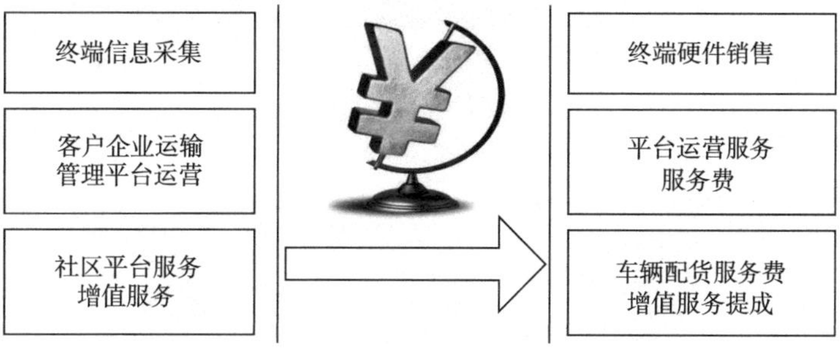

图 6-19　易流社区平台的盈利内容

6.2.3　应用情况

1. 富士康易流 GPS 平台

富士康是全球最大的电子产品代工企业，在珠江三角洲、长江三角洲、环渤海地区，在中西部地区的太原、郑州、成都、武汉、南宁等都有工业园区。仅以珠江三角洲的富士康中央物流为例，每天的运力需求量是 200～300 辆卡车，其中 100 多辆的运力为浮动需求。富士康在全国范围内的一级承运商就有几十家，一级承运商是能够直接与富士康签订承运合同的国际贸易公司或物流公司。而富士康的二级承运商则有好几百家，是由一级承运商将承运合同的任务分解给其他不具备国际贸易进出口资质的物流公司的。因为一级承运商的自由运力不能够满足富士康的运输量。

富士康对承运商有严格的要求，所有承运富士康货物的车辆必须安装固定式的车载卫星监控设备，并且在承运的过程中能够让富士康的物流中心实时监控。富士康生产的 iPhone5S 应苹果公司的要求，从出厂到出口口岸的过程中需要全程的实时视频监控。为了组织和管理好这么多承运商、这么多承运车辆，富士康引进了由易流所提供的“社区平台”。

富士康个性化的登录界面如图 6-20 所示。在社区平台中，富士康有一个符合富士康监控需求的个性化监控平台，这个平台有“社区平台”的相关功能。各个承运商都有易流社区平台的账号，而且这些承运商的车辆都在相应的账号下由易流提供监控服务。一旦某辆车承运富士康的货物，富士康物流中心就通过平台的“跨公司监控”功能监控到该辆车。一旦承运结束，承运商可以在平台上解除跨区域监控链接。

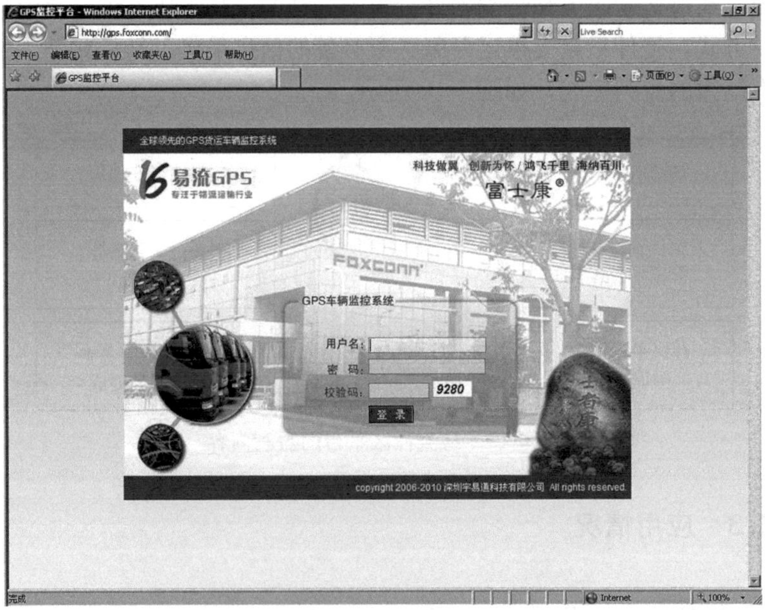

图 6-20　富士康个性化的登录界面

2. 伊利物流运输过程管控平台

伊利集团有原奶事业部、酸奶事业部、液态奶事业部、冷饮事业部，这四个事业部的产品类型都不一样，需要采取的运输方式和乳品品质安全的保障措施也不相同，而且涉及的承运商也有好几百个。

伊利的原奶运输需要全程的拍照监控，以防运输过程中原奶被偷、被加水等，确保原奶品质。伊利的成品奶运输需要全程的冷链监控，其中酸奶的储运温度范围为 0～6℃，冷饮的储运温度为－18℃，常温液态奶的储运温度为 20℃，因而对承运商的承运要求严格、苛刻。为加强管理上的监控力度以及与承运商的协同力度，伊利引进易流的技术支持，打造了一个个性化的运输监控平台。

与富士康类似，伊利的承运商也都拥有一个易流社区平台的登录账户，在这个账户下享受易流所提供的监控服务，其登录界面如图 6-21 所示。一旦车辆承运伊利的乳品，平台就启动跨公司监控机制直到承运结束。伊利平台与富士康平台的不同之处在于，伊利的成品奶销售订单可以在监控平台上直接生成运单并将运单派发给相应的承运商，从而实现对运单的全程监控。这不仅满足了伊利作为承运商 VIP 客户的监控需要，也满足了承运商日常的运输管理需要。

图 6-21　伊利个性化的登录界面

6.2.4　经验启示

运输过程透明管理是易流率先在物流行业内提出的、旨在优化物流运输过程的管理理念和操作方法，该理念运用先进的物流技术如 GPS、云信息技术、地理信息技术等，将运输过程中的信息实时传递到互联网上，任何人只要可以上网，都可以通过访问互联网实时获得运输过程的最新信息，这使得运输过程对物流企业、车辆管理者和客户全透明，提升了运输过程管理的效果。

运输过程透明的实现方式是每一辆车都安装上固定式的车载卫星监控设备，对车辆进行 24 小时不间断的监控，这就确保了车辆信息的真实性。另外，易流社区平台所服务的客户都有相应的服务合同，服务的企业均通过易流的核查，且大多数企业都是具有行业影响力的企业，社区成员的诚信有监督，社区的圈子可靠。实际上，社区成员都在应用运输过程透明管理以提高运输的服务品质。运输过程透明管理的相关应用内容如图 6-22 所示。

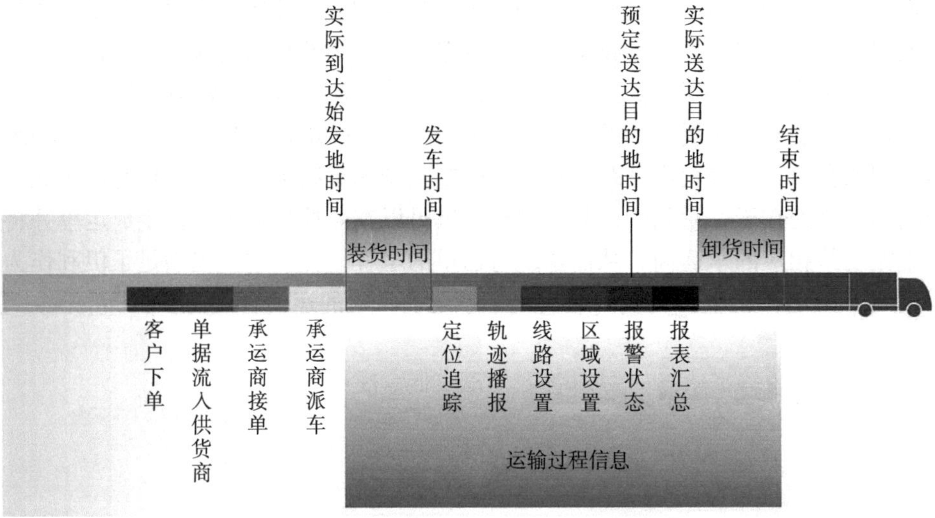

图 6-22　运输过程透明管理的相关应用

运输过程透明管理其实有两个层次的问题需要解决。第一个层次是借助 GPS(将来可以用我国的北斗卫星导航系统)、GPRS(可以演进到 3G 甚至 4G)及各种传感器，将车辆的运行信息完全透明监控起来；第二个层次是将运输过程和企业的供应链集成起来，实现 ERP 系统和运输过程管理系统的互动。

运输过程透明是为了确保车辆信息的真实性，平台用户都是易流所提供车辆位置监控服务的用户。这一点有别于传统的物流信息平台。运输过程透明奠定了易流社区平台有效性的基础。

6.3　指数交易模式——上海航运运价交易有限公司

6.3.1　公司简介

近年来，上海港基础设施建设的推进和吞吐量的不断攀升提高了上海港的国际地位，与此同时，中国港航界也逐渐意识到，吞吐量并非成为国际航运中心的决定性因素，提高国际中转量、发展航运金融、强化航运信息发布等功能才是衡量港口竞争力的核心要素。相比之下，上海国际航运中心与国际公认的航运中心还存在很大差距，主要表现在航运支持性服务在世界上没有话语权。为此，国家明确了积极稳妥发展航运金融服务和多种融资方式的目标，这为上海国际航运中心建设积极发展航运金融等高端服务业创造了机会，推动了上海积极发展船舶融资、海上保险、资金结算等业务，从而使上海港掌握行业制高点和话语权，通过发展高端服务业提高航运软实力，这也是国际金融中心建设和国际航运中心建设的有益结合点。

围绕国务院加快推进上海“两个中心”建设意见，以及国内航运的大背景，上海航运交易所积极推进船舶交易、航运指数、运价报备、船员市场、航运经纪、信息中心等重点项目建设，不断拓展航运服务产业链，完善航运服务功能，并取得了突破性进展，其中标志性的事件便是上海航运运价交易有限公司(Shanghai Shipping Freight Exchange Co.，Itd，SSEFC)的成立。

上海航运运价交易有限公司于 2011 年 3 月 25 日成立，它是全球首个航运运价第三方集中交易平台，由上海航运交易所、上海市虹口区国有资产经营有限公司等单位发起成立，是为贯彻落实《国务院关于推进上海加快发展现代服务业和先进制造业建设国际金融中心和国际航运中心的意见》(国发〔2009〕19 号)和上海市人民政府与交通运输部发布的《加快推进上海国际航运中心建设合作备忘录》的要求而建立的。国务院发布的 2009 年第 19 号文件，专门指出“丰富航运金融产品，加快开发航运运价指数衍生品，为我国航运企业控制船运风险创造条件”。该意见的出台为上海市大力发展航运金融产业提供了有力的支撑，业界也开始采取具体措施。一些银行、保险公司、上海航运交易所等机构纷纷针对新政策做出相应部署，如银行纷纷成立航运金融部、上海航运交易所推出新的集装箱运价指数等。

成立航运运价交易公司是国家政策的推动及市场的需求。国务院发布的 2009 年第 19 号文件明确要求，加快开发航运运价指数衍生品的工作，为中国航运企业控制运输风险创造条件。作为全球仅有的两家国家级航运交易所之一，上海航运交易所承担了落实建设航运运价衍生品交易市场的工作。此外，航运市场运价波动剧烈，这也是促成衍生品市场发展的主要原因。

长期以来，在运价市场中，远洋干散货市场一直以波罗的海航运交易所的波罗的海干散货指数(Baltic dry index，BDI)为价格风向标。例如，2008 年随着国际金融危机的爆发，BDI 从年中 11 793 点的高位，狂跌至 663 点，跌幅超过 90%。而进入 2012 年，航运业的运价又大幅上升，特别是集装箱运价翻了两番。显然，运价的涨跌幅度远远超过市场上大宗商品的价格变动幅度。我国是对外贸易大国，有为数众多的航运企业，对市场的保值避险有着很大的需求。如何拥有自己的定价权，如何用保值避险的工具来维护自身利益，是中国航运界普遍关注的问题。

上海航运运价交易有限公司由上海航运交易所控股，接受上海市人民政府与交通运输部的管理。上海航运交易所是交通部下属企业，是经国务院批准，由交通运输部和上海市人民政府共同组建，于 1996 年 11 月 28 日成立，是我国唯一一家国家级航运交易所。本着“利国利民，公正创新”的原则，上海航运运价交易有限公司为船公司、货主、货代、无船承运人、贸易商和投资人等进行航运运价交易活动提供服务，为他们提供和营造一个公平有序及高度透明的航运运价交易中心，并努力成为立足国内、影响全球的国家航运定价中心。

目前，上海航运运价交易有限公司已陆续推出上海出口集装箱、中国沿海干散货、国际远洋干散货等航运运价衍生品交易，填补了我国航运运价衍生品市场的空白，为我国航运企业控制船运风险创造了条件。2011 年 6 月 28 日，中国银行、中国工商银行、兴业银行、南京银行、深圳发展银行、上海农商银行已成为结算银行。截至 2012 年 3 月，运价交易成交量已经超过 2 000 万手。

上海航运运价交易有限公司的目标是成为立足国内、面向世界的国际航运运价交易中心和定价中心。这不仅是 3 000 年航运史上一场理念、技术和服务的变革，是建设上海国际金融中心和国际航运中心的一个标志性突破，也是推进人民币国际化、提升我国航运大国地位和国际市场话语权的一个重要里程碑。上海航运运价交易有限公司网站首页如图 6-23 所示。

图 6-23　上海航运运价交易有限公司网站首页

6.3.2　航运运价指数简介

航运运价指数就是运价变动的相对数，国际航运市场采用运价指数来反映运价水平和动态，具体来说就是指某种类型的船舶在考虑了全球多个典型航线的运价情况后，通过各个航线所占的权重，计算出这种船舶的一种指导性运价综合指数。运价指数反映了相应市场的运费价格动态走势，体现了市场的运力供需情况，可作为船东制定自己运费率的参考依据。世界上比较著名的运价指数有波罗的海好望角型船运价指数(Baltic capesize index，BCI)、波罗的海巴拿马型船运价指数(Baltic Panamax index，BPI)、波罗的海灵便型船运价指数(Baltic supramax index，BSI)、BDI。目前，中国出口集装箱运价指数(China containerized freight index，CCFI)也已经具有较高的知名度，逐渐为国际航运界所接受。

随着海运界第一个期货产品——波罗的海运费指数期货的出现，海运衍生品市场也正式步入高速发展时期。1985 年，波罗的海航运交易所开设波罗的海国际运价期货市场(Baltic international freight futures exchange，BIFFEX)，开始进行波罗的海运费指数期货交易，其标的为波罗的海运费指数。参与者使用 BIFFEX 提供的标准格式合约，利用 11 条标准航线计算得出的波罗的海运费指数进行套期保值。BIFFEX 一度得到市场的追捧，但其固有的套期保值效率低和流动性不足等问题，最终导致 BIFFEX 在 2002 年退出交易市场。目前，远期运费合约(forward freight agreement，FFA)取代了波罗的海运费指数期货，成为航运市场新的避险工具。

1. 集装箱运价指数

上海航运运价交易公司率先推出上海出口集装箱中远期运价交易。与其他大宗商品相比，集装箱运价波动较大，同时涉及众多相关企业和人群。我国被称为“世界工厂”，是全球最大的制造业基地和出口大国。随着我国产业结构的调整，高附加值的进出口货物将增多，集装箱运量将不断增长，相关联的行业也会越来越多，影响面越来越广。目前很多大宗商品都有了保值避险的方式，但集装箱市场还没有，企业很难进行完整的保值。这些都促使上海航运运价交易平台首先推出集装箱运价产品。

在集装箱的远期运价交易中，以上海—欧洲、上海—美西两条航线的运价作为交易产品，主要是因为这两条航线极具代表性。根据我国集装箱进出口量，美东、美西、地中海和欧洲四条航线的吞吐量占到了总量的一半。而从上海航运交易所编制的上海出口集装箱运价指数(Shanghai containerized freight index，SCFI)中不难发现，其欧洲线与地中海线的运价走势非常相似，选择其中一条航线进行交易，即可体现欧洲线及地中海线的价格波动。而美西线和美东线的绝对价格虽有所不同，但变动的幅度和走势同样具有很高的相似度，只需要通过简单的计算，即可将美东航线的运价换算成美西航线，进行交易。因此，这两项运价产品就可以涵盖四条主干航线，在交易中可实现保值避险的功能。

至于参与企业如何利用运价产品进行实际操作，可以通过举例来说明。例如，假设某外资公司每个月都有一批货物通过集装箱海运运往境外，如果预期未来运价下跌，便可先卖出一单远期运价，待未来运价下跌之后，再低价买入，便可降低当前的运价成本。反之，若担心集装箱运价上涨，则可在运价市场上逆向操作，先买后卖，对冲集装箱运价上涨风险。新推出的集装箱运价交易产品以远期合约为主，实行20%保证金制度，拟设立幅度为5%的涨跌停板，并且施行每日强制平仓。又如，沿海南北航线的煤炭运输非常混合，运价波动太频繁，此刻还是30元/吨，一瞬间又变为150元/吨。30元/吨的时候，船东不愿意承运，150元/吨的时候，煤商又不愿意付运，从而影响经济的正常运行。因此，市场需要有规避风险的产品和手段，上海航运交易所推出中国沿海煤炭每日运价指数，并根据每日运价指数开发中远期运价交易产品，可以让买卖双方进行套期保值。

此外，上海航运交易所之所以推出中国沿海煤炭每日运价指数交易产品，是希望给市场更多的选择。每种交易产品都是针对不同航线、不同货种的，针对的对象不完全一样，但都是主要为市场服务。平台未来将根据市场需求，并参考会员和交易商的要求，推出中国沿海干散货中远期运价交易、国际航运干散货中远期运价交易及其他相关产品，填补我国航运运价衍生品市场的空白，为我国航运企业控制航运风险创造条件。

2. SCFI与BDI的联系与区别

SCFI与国际上流行的BDI之间既存在联系，也有着显著的区别。SCFI和BDI作为航运市场的重要指标，对航运市场的经营状况和行业景气度能在一定程度上做出反应，两者之间也会产生相互的影响，而不同之处主要体现在以下几个方面。

首先，成立时间不同。BDI是波罗的海干散货指数简称。这个指数是由波罗的海航运交易所发布的。波罗的海航运交易所是世界上第一个也是历史最悠久的航运市场，其1744年诞生于美国弗吉尼亚波罗的海咖啡屋，目前是设在英国伦敦的世界著名的航运交易所，全球46个国家的656家公司都是波罗的海航运交易所的会员。新版SCFI以2009年10月16日为基期，非常新，相对于古老的BDI，被市场接受还需要一个了解和适应的过程。

其次，代表的指数不同。BDI一向是散装原物料的运费指数，散装船运以运输钢材、纸浆、谷物、煤、矿砂、磷矿石、铝矾土等民生物资及工业原料为主。因此，散装航运业营运状况与全球经济景气荣枯、原物料行情高低息息相关，故BDI可视为经济领先指标。而SCFI为集装箱运价指数，并且是从上海出口到其他地区的集装箱运价指数。

再次，计算方法不同。新版SCFI包括1个综合运价指数和15个分航线市场运价指数，BDI是由几条主要航线的即期运费(spot rate)加权计算而成，反映的是即期市场的行情。

最后，航线覆盖范围不同。新版SCFI航线覆盖上海出口集装箱运输的主要贸易流向及出口地区，分别为上海至欧洲、地中海、美西、美东、波斯湾、澳新、西非、南非、南美、日本关西、日本关东、东南亚、韩国、中国台湾和中国香港。BDI 构成航线选择要求地理分布平衡，航线既反映大西洋贸易又反映太平洋贸易，还有各大洋间的贸易(保持往返航线的平衡)，每条航线权重不超过 20%。且航线上的成交要有一定的成交额，或者重要的相关航线，季节性航线不予考虑，能反映全球主要航线的状况，是国际间贸易情况的领先指数。

3. 运价指数的公平性

运价交易的公平性、权威性是市场最关注的，如何能做到公平与权威，也是每一个市场参与者迫切想要了解的。

上海航运交易所是国有非营利性事业单位，公布的运价指数作为运价交易的标的，本身就具有权威性。这一运价指数是由编制委员会认定的，有公信力的大型船公司、货主货代企业进行报价后，再通过上海航运交易所专业队伍建立的一套完善的管理制度、科学的数学模型运算得出的。而上海航运运价交易有限公司是国有企业，所有远期交易价格都由买方和卖方自行申报到运价交易公司后，按照“价格优先、时间优先”的原则撮合成交，成交后的价格才是市场表现出来的价格，而不是完全依靠航运交易所公布的运价指数。另外，上海航运交易所编制的 SCFI 已经过国际市场的检验，与伦敦清算所、挪威奥斯陆交易所、新加坡交易所等，都已经开展了包括集装箱在内的远期运费协议。

此外，和使用波罗的海交易所发布 BDI 开展的 FFA 相比，波罗的海交易所是由经纪人组建起来的，代表经纪人的利益，FFA 要想进一步发展，多少会受到来自经纪人的压力，而我国上海出口集装箱的中远期运价交易则没有这方面的阻力。一方面，国内船公司可以参考运价指数进行定价；另一方面，可以使用远期交易建立新的现货交易模式。

运价交易的宗旨是为了促进中国航运业的发展，让国内航运企业受益。一直以来，国内航运业都是使用较为落后的手段抵御风险。例如，长期协议，它只能抵御部分较小的风险，一旦价格超过长期协议所能承受的范围，双方就不会轻易地履行合同。放眼世界，长期协议的方式只存在于那些价格波动较小的领域，运价波动较大的领域已逐渐淘汰了这种长期协议。而推出中远期运价交易后，在剧烈的市场波动下，仍能使船东、货主、货代得到较为稳定的收益，增加抗风险能力和盈利能力。

6.3.3　商业模式

上海航运运价交易有限公司是典型的指数交易模式。指数交易模式以物流运价指数为交易标的，提供运价指数在线交易服务，具备物流资源交易与金融衍生品交易的双重属性，属于一种较特殊的物流公共信息平台形式。

1. 服务对象

在目标客户方面，上海航运运价交易有限公司的目标市场主要定位于航运产业链上的船公司和货主，为他们提供动态的运价指数。

2. 服务内容

1)服务产品和功能

上海航运运价交易有限公司的服务产品主要有运价指数交易、航运交易行情、政策信息等。由于集装箱运价波动较大，同时涉及众多相关企业和人群，因此，运价指数交易的主要功能就是为与航运相关联的企业提供保值避险的途径。

在集中撮合的价格形成机制下，开盘收盘价、最高最低价等交易行情对交易商的决策有着重要的影响。交易商大多都熟悉航运行情，能根据收集到的信息对运价走势进行判断和预测，所以，即使是交易中心发布的很细小的信息，也可能对交易商的决策产生关键作用，这就要求交易中心发布的信息要有真实性和高质性。上海航运运价交易有限公司的诚信度主要与其发布的运价指数的真实性有关，真实性不是通过国有企业的权威性来体现，而是通过市场来检验的。所以平台的运价指数样本范围要广泛，信息披露制度要完善，要及时公布形成运价指数的原始数据采集、指数计算公式、指数编制方法及其修改与维护等信息，以增加运价指数的客观性，从而提高平台的诚信度和影响力。

2)服务流程

上海航运运价交易有限公司主要涉及两大业务流程，即交易流程和结算流程。

(1)交易流程。上海航运运价交易平台的交易流程主要由交易中心和交易商两大主体完成，主要步骤分为下单、成交及撤单，如图 6-24 所示。首先是具备交易条件的交易商在规定的交易日和交易时间内，在平台上进行下单；其次是交易中心判断该交易商的资金是否充足，若资金不足，则显示下单失败，如资金充足，则下单后平台对该交易商的资金进行冻结，紧接着进行撮合成交匹配。交易中心寻找到符合匹配的买家/卖家后，就自动生成买卖成交单，然后计算相应的买卖资金，发送生成回报，最后交易商就会收到相应的成交回报。如果交易中心没有寻找到匹配的买家/卖家，则会提示交易商该订单未成交，交易商就会进入撤单步骤。在撤单中，首先是交易商提交撤单申请，其次交易中心释放报单冻结资金，发送撤单通知给交易商，最后交易商就会收到撤单回报。

以上是上海航运运价交易有限公司正常的交易流程，对于大额入出资金，该公司有专门的一套流程。首先依然是具备交易条件的交易商在规定的交易日和交易时间内，在平台上提出大额入出金申请，其次是交易中心进行复核，如果符合

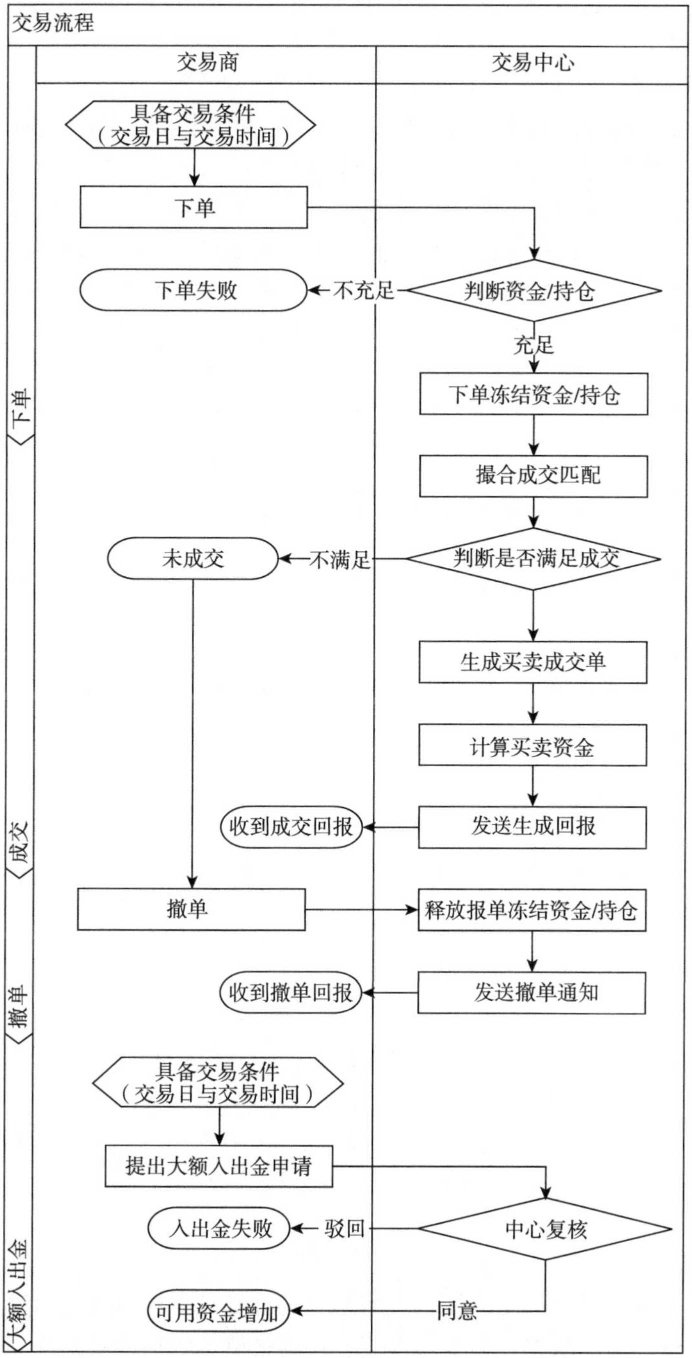

图 6-24　上海航运运价交易有限公司交易流程描述

相关规定，则同意该申请，交易商的可用资金就会相应增加，反之，则提示交易商入出金申请失败。

(2)结算流程。上海航运运价交易有限公司的结算流程描述如下：当日交易结束后，平台对已有的订单进行审核，查看成交的合同是否到达交割日，如果确定是交割日，则进行现金交割，然后收取当日交易商手续费和定金。如果不是交割日，则直接进行收取当日交易商手续费和定金的步骤。接着，交易中心对交易商昨日的仓位保证金进行重新核算，然后转交给银行进行账单核对，最后生成交易商中心报表，表明结算流程的结束，具体结算流程如图 6-25 所示。

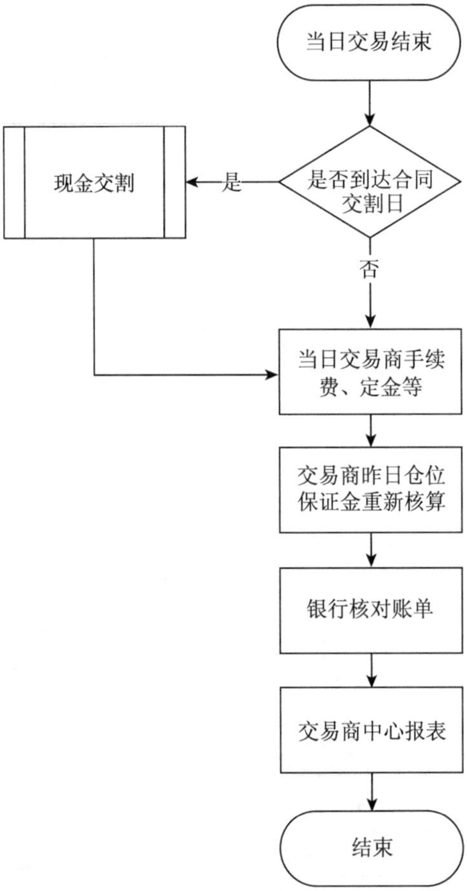

图 6-25 上海航运运价交易有限公司结算流程描述

此外，在价格撮合机制方面，上海航运运价交易平台主要是通过集中撮合的方式形成运价。买卖双方先向平台提交各自的报单，包括商品品种、价格和数量等，平台按照价格优先和时间优先两个原则进行自动配对完成交易。所谓价格优先，是指最优的价格最先成交，即出价最高的买家和出价最低的卖家提交的报单先成交。时间优先原则是指在价格一致的情况下先提交报单的先成交。

在流程整合方面，上海航运运价交易平台的流程整合优势在于创新性地将物流服务平台与航运衍生品结合起来，提供更高级的物流服务，为我国航运企业提供规避风险的航运交易平台。平台为航运行业提供实时客观的运价信息，不仅方便使用者制定合适的套保策略，较好地维护了航运市场的秩序和服务质量，避免了零运价的恶性压价竞争局面；也使我国在航运业的运价上有了自己的定价权，使国内航运企业不受国际航运业的干扰和波动。

3. 盈利模式

(1)运营模式。在运营模式方面，上海航运运价交易平台是上海航运交易所和民营物流企业合资建立的，属于混合型平台，既有政府主导型的政策优势，建设速度快，具有高度的权威性、公益性及非营利性，可通过政策使平台在较短时间内得到推广应用；又有民营主导型的市场优势，作为全球首个航运运价第三方集中交易平台，填补了我国航运运价衍生品市场的空白。

(2)收入模式。在盈利模式方面，上海航运运价交易平台发布的运价指数免费对外公布以供船主和货主参考，免费服务使得国有主导型平台带来的社会福利要大于自身的经济利益。上海航运运价交易平台为了能持续发展，采用了社会资本介入及市场化运作的运营方式，相应地开发了很多增值服务平台，这些增值服务是主要的利润来源。例如，上海航运运价交易平台向交易商收取一定的交易手续费，交易手续费根据买卖双方成交合约的总价值按照一定比例收取。

(3)效益分析。上海航运运价交易有限公司是运价指数交易的典型平台，在国内外拥有广泛的影响力，作为全球首个航运运价第三方集中交易平台，其填补了我国航运运价衍生品市场的空白。上海航运运价交易平台为船公司、货主、货代、无船承运人、贸易商和投资人等进行航运运价交易活动提供服务，开展出口集装箱、中国沿海干散货、国际远洋干散货等航运运价衍生品交易，为航运企业创造套期保值的条件。

6.3.4　技术实现

上海航运运价交易平台的核心运营支撑系统就是上海航运运价电子交易系统，该系统的建立目的是为上海航运运价交易有限公司提供稳定可靠、性能卓越的核心电子交易系统软件和简单、易用、实用的交易客户端软件，其具有方便实用、技术先进、高可靠性与安全性、高性能与可扩展性等特点，充分满足了上海航运运价交易有限公司的电子交易需求。

上海航运运价电子交易系统由时力永联科技有限公司负责开发建设，其目的是实现中远期撮合交易模式的交易、结算及交易管理、行情分析、统计查询、交易监控(风险控制)等功能。

上海航运运价电子交易应用系统包括以下八个子系统，即交易子系统(及交易客户端)、结算子系统、交易管理子系统、市场开拓子系统、交易监控(风险控制)子系统、财务管理(结算)子系统、系统管理子系统及统计查询子系统，如图 6-26 所示。

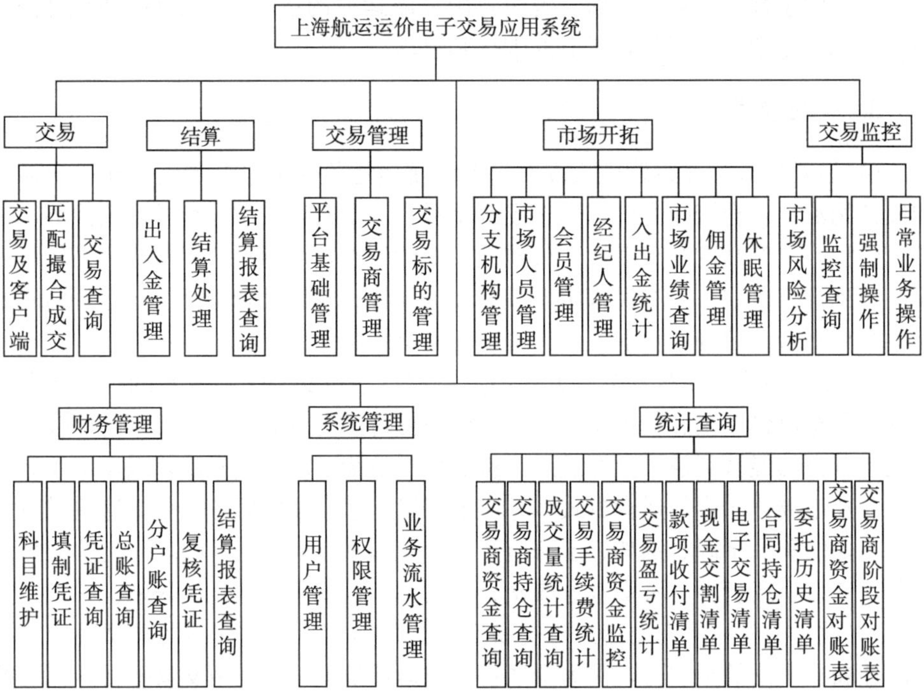

图 6-26 上海航运运价电子交易应用系统模型

其中，交易子系统(及交易客户端)、结算子系统整合了中远期电子交易模式、现金交割方式的核心运营流程；交易管理子系统使上海航运运价交易有限公司能够对交易中心基础配置、交易主体、经纪会员、交易标的、交易权限、交易特殊待遇等进行管理，为系统正常运转提供坚实的基础；市场开拓子系统对市场人员、经纪会员等进行管理，并能够进行市场业绩的查询；交易监控(风险控制)子系统使上海航运运价交易有限公司可以全面监督系统的当前交易状态，进行监控查询、市场风险分析和强制操作；财务管理子系统按照财务上科目凭证的概念对各种资金流进行管理；统计查询子系统为上海航运运价交易有限公司在指定阶段的运营提供查询手段和汇总结果；系统管理子系统设定、查询系统相关的各种信息(如账号、菜单权限等)。

同时，上海航运运价电子交易系统可根据上海航运运价交易有限公司的需要，提供第三方保证金存管银行的财务接口，供存管银行查询、划转交易商子账户资金。银行接口可根据上海航运运价交易有限公司和监管银行的合作协议进行实时连接。

6.3.5　经验启示

上海航运运价交易有限公司经过几年的平稳运营，已经在将上海市建设成为国际金融中心和国际航运中心方面发挥了积极的作用。上海航运运价交易有限公司逐步发展成为全球化的航运风险管理工具，主要经验启示包括以下几个方面。

(1)设定标准严谨的交易规则，提供专业高效的交易平台。只有设立标准严格的交易规程，才能使平台成为专业高效的交易平台。上海航运运价交易有限公司独创了航运运价衍生品交易的新形式——场内集中交易方式，并以标准化的合同为交易标的。上海航运运价交易有限公司场内集中交易方式可进行双向操作，实行保证金制度、$T+0$ 制度、每日结算制度和到期现金交割制度。为了全面反映市场最真实的价格，上海航运运价交易有限公司在交割价格的设计上进行了大胆创新，不是仅仅以场内交易的价格作为唯一标准，而是将当期的现货市场价格即 SCFI 引入交割价的计算当中，依据现货指数和交易价格的价差范围计算最合理的交割价。

(2)强化风险控制力度，构筑稳健安全的发展模式。作为国内第一个航运金融衍生品交易平台，公司不仅在入市门槛、交易规则中制定严格的交易风险预防体系，还在交割与结算环节严格把关、控制风险，并制订了一套市场异常情况下的应急处理方案。

为了保证交易平台真正实现套期保值、规避航运风险的初衷，上海航运运价交易有限公司对交易商的资质进行严格甄选，提高准入门槛，优先允许有行业、职业背景，并具备一定资产的货主、船东等真正需要进行对冲运价波动风险的交易商参与交易。为了严格控制交易过程中的流动性风险，上海航运运价交易有限公司设置了每日价格的最大波动幅度、单笔最大下单量，以及单个交易商最大持仓量。为了保障交易商的资金安全，上海航运运价交易有限公司委托符合结算资质的商业银行单独立户承担上海航运运价交易有限公司的第三方保证金存管业务，提供交易商的资金存取、出入金划转、手续费、交易费结算等资金管理服务，“上海航运运价交易有限公司管交易、银行管资金”的模式能有效防范现金流风险。对于可能出现的其他交易风险，上海航运运价交易有限公司会对交易商进行风险提示，并在开户之前以风险告知书的形式呈现。

(3)建立健全市场机制，培育新兴的交易发展环境。积极开发国内市场，吸引优质会员单位协助开拓市场，通过以点带面政策的落实，分步骤、有重点地启动市场，激发交易商会员的参与热情。虽然境外机构投资者因受到国家外汇管理政策的制约，暂时无法引进，但是上海航运运价交易有限公司正在积极地探索海外市场的发展模式。

(4)完善现代企业制度，强化员工队伍建设。公司虽然是国有化的管理机制，但严格按照现代企业制度运营，实行董事会领导下的总裁负责制，共设立商务部、市场部、客服部、会员部、交易部、结算部、信息部、财务部、总裁办公室九个部门，以及北京、浙江、深圳三个外地办事机构。人才是企业发展的核心竞争力，公司始终坚持“外引内升”的人才队伍建设原则，不仅积极引进航运、金融领域的创新人才和高端人才，还制订完善的员工培养计划和培训体系，提高员工的整体素质，形成公司发展壮大的长效机制。公司应注重加强企业文化建设，培养员工的社会责任感和对公司的认同感。公司逐步内化了“利国利民、公正创新”的企业文化和“正直、大度、勤奋、高效”的行为准则，为公司的经营和管理打下了坚实的基础。

(5)制定长远发展目标，规划战略路线图。积极推进产品发展战略，参与国际运价衍生品市场的竞争。为贴近市场需求，为更多的航运企业创造套期保值条件，上海航运运价交易有限公司在推出首个交易产品集装箱运价衍生品交易产品的基础上，继续丰富交易产品。上海航运运价交易有限公司的产品运价指数覆盖了集装箱、干散货、油轮等航运行业的各个领域，成为全球化的航运风险管理工具。同时，上海航运运价交易有限公司根据不同领域各条航线的特点制定相应的运价交易合同，满足全球主要船公司、货主、贸易商的套保诉求，进一步丰富上海航运运价衍生品交易平台的产品线，加强市场流动性。

在经营策略上，公司积极引进有效的金融资本，除增资扩股外，公司还逐步完成股份制改造，充分发挥市场融资功能，不断加强公司的风险控制和管理能力，加大人才和技术方面的投入，为下一步的战略实施和各项工作的开展创造有利条件。

6.4 区域枢纽模式——广州物流公共信息平台

6.4.1 平台简介

现代物流已成为城市经济发展的重要支撑。广州是华南地区的中心城市和区域经济活动的聚集点与经济交流的枢纽，形成了区域物资集散地和对外贸易中转站，融汇了庞大的人流、物流、信息流和资金流，并且拥有完善的综合服务体系和良好的基础设施，在区域生产、流通、经营和消费中占据极其重要的地位。随着广州“南拓、北优、西联、东进”战略的确立，以及《广州市现代物流发展实施纲要》的出台，广州已明确提出全力打造深水港、航空港和信息港，加快实现建成中国南方国际现代物流中心的目标。根据《广州市现代物流发展实施纲要》，广州物流发展的定位是：以国际现代物流为主导，以市域现代物流为基础，以珠江三角洲现代物流为依托，以华南—大西南—东南亚区域现代物流为主体，服务全国、全球，以最快速度融入全球现代物流的分工和合作体系。

目前，广州已确定了以汽车、石化、钢铁、造船等为龙头，走新型工业化道路的发展战略。而这无疑又推动了物流行业的进一步发展。2010 年广州物流业市场规模达 1 160 亿元。广州对专业化物流需求潜力巨大，第三方物流发展有很大的市场空间，物流企业对全方位的物流信息电子化、资讯化需求越来越迫切。物流市场需求催生物流公共信息平台。广州物流公共信息平台的建立为广州物流现代化信息体系的打造奠定了夯实的基础。广州物流公共信息平台整体结构如图 6-27 所示。

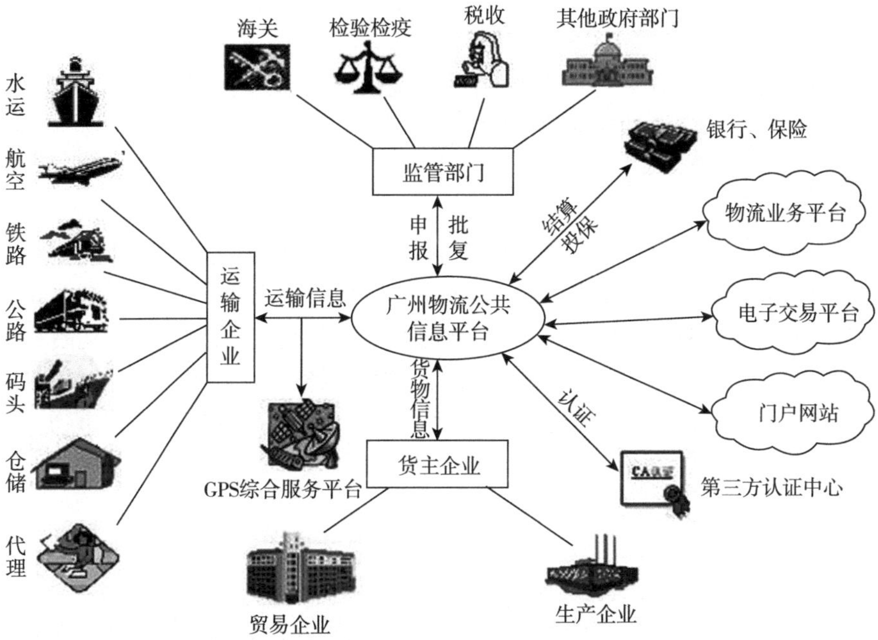

图 6-27　广州物流公共信息平台整体结构

(1)物资流通信息大动脉。广州物流公共信息平台以物流信息资源为依托，运用先进的信息技术和现代物流技术，充分整合、挖掘、利用信息资源，整合企业与社会的车辆、仓储、资金、货物、人才和信息资源，达到“库有所储，车有所载，货有所运”的物资流通目标。

(2)建立物流大通关体系。通过广州物流公共信息平台，实现与海关、商检、税务、外汇管理、外经贸、交通局等政府监管部门，与货主、货代、车队、铁路、码头、报关行、储运、机场、银行、保险等各类企业公司的联网和信息交换，实现港航、空港的电子交换业务，提供无纸贸易、无纸放行及信息的增值服务，建立物流业务大通关体系。

(3)实现五流合一。实现物资流通贸易、仓储、加工、运输、配送等企业通过广州物流公共信息平台，进行采购、销售、仓库、开票、配送和财务结算等业务的实时管理和控制，达成商流、物流、信息流、资金流和票据流的五流合一。

广州物流发展的总体目标是要以最低的社会物流系统总成本实现既定的客户服务水平，要建成以广州城市为基地、以珠江三角洲地区为依托，服务华南、辐射大西南和东南亚，面向全国和全球的世界级国际现代物流中心。广州物流公共信息平台的战略远景是提升广州市城市核心竞争力，改善社会物流系统效率，争做国际一流的物流信息平台和运营公司。

6.4.2 商业模式

广州物流公共信息平台是典型的混合服务型模式，其中包括信息资源共享、数据交换中心、物流资源交易等模式。

1. 服务对象

广州物流公共信息平台的交易对象主要是广州及周边区域的中小物流企业和制造商贸企业。中小企业有加入物流公共信息平台的需求，虽然聚集在同一区域，但它们之间的最大困境就是渠道不畅通，有车无货、有货无车和运费昂贵的困境依然存在。通过加入公平中立的第三方物流服务平台，中小企业可以打通沟通渠道获得双赢，而且中小企业管理灵活、反应迅速、容易接受新生事物，所以很适合开展物流电子商务。

2. 服务内容

1)服务产品

广州物流公共信息平台的服务产品包括信息服务、数据交换、运力交易、货物跟踪、云物流(SaaS 服务)等。

2)服务功能

广州物流公共信息平台总体服务功能设计面向企业、政府、公众三方面的服务对象，提供信息服务、管理服务、决策服务三种不同层次的服务，具体见表 6-1。

表 6-1　广州物流公共信息平台总体服务功能

层次＼对象	企业	政府	公众
信息服务	·物流资讯 ·供求信息 ·数据交换服务 ·商业统计数据 ·法律法规 ·在线业务办理指南	·运输部门道路状况信息 ·气象部门天气信息 ·交通仿真系统交通状况预测信息 ·物流园区基础数据 ·港口、机场、铁路基础数据 ·货运站场基础数据 ·仓库设施基础数据 ·城市配送基础数据	·民航信息 ·铁路信息 ·公路信息 ·港口信息 ·天气信息 ·最新公告
管理服务	·物流数据交换功能：物流公共信息平台与企业、银行、货主、货代、物流商等之间进行数据交换 ·在线电子服务：电子税务申报、电子支付、工商登记和处理、运营证件办理、网上审批 ·物流虚拟社区：港口社区系统、公路货运社区系统、航空货运社区系统 ·企业解决方案服务：货代管理、仓库管理、运输管理、配送管理、订单管理、CRM、结算管理、系统管理、车辆跟踪调度 ·电子通关：通过实时/批处理方式实现物流公共信息平台与中国电子口岸通关系统的对接	·在线电子政务受理、审批服务 ·公务员在线办公系统 ·货运站场综合管理系统 ·公路运输行业管理系统 ·水路运输行业管理系统 ·危险品运输管理系统 ·仓储行业综合管理系统 ·城市配送行业综合管理系统 ·与其他电子政务系统之间的接口系统 ·公钥基础设施与安全认证机构	·物流跟踪(根据相关单号查询) ·信息查询(对各种物流信息的查询) ·家政物流(搬家、购物配送) ·物流论坛
决策服务	·物流市场分析报告 ·企业解决方案服务中的业务数据分析与决策	·物流行业统计分析 ·政府宏观决策支持系统	—

3)服务流程

(1)价格撮合机制。广州物流公共信息平台的价格撮合机制主要是在线议价和在线招标。对于短期零散物流资源，平台为用户提供网上业务室，采取在线议价的方式。而对于大型中长期物流资源，平台采取在线招标的方式，包括单次竞价、连续循环竞价及多轮循环竞价。单次竞价是指在规定时间内投标人只可申报一次价格；连续循环竞价是指在规定时间内投标人可多次投标；多轮循环竞价是指招标人规定竞价轮次和每轮时长，投标人每轮报一次价格。

(2)流程整合。在流程整合方面，广州物流公共信息平台依托政府背景和区域优势，具有建设速度快、推广范围广及权威性高等特点。这些特点都使得平台在短时间内聚集了大量的区域物流资源，也使得平台的流程整合能力大幅增强。通过聚集和整合区域物流资源，平台合并了区域的“信息孤岛”，优化了区域供应链上下游，以及物流企业之间整体物流资源的组合，实现了社会利益的整体提高。

(3)会员制度及流程。广州物流公共信息平台最突出的服务流程就是采用会员制度的方式经营，因此这里着重介绍一下广州物流公共信息平台的会员制度。

广州物流公共信息平台采用会员制度的方式经营，企业可作为广州物流公共信息平台的会员访问物流信息。企业物流在公共信息平台上申请成为会员，会员分付费会员和免费会员两大类：①付费会员包括 VIP 企业会员、企业会员、第三方认证会员；②免费会员包括免费企业会员和个人会员。不同类型的会员享受不同程度的信息服务。

第一，VIP 企业会员。VIP 付费客户或大型广告客户(前年度广告合同达到或者超过定额)可以免费使用广州物流公共信息平台的全部开放系统。VIP 企业会员不仅可以得到大量超值广告赠送，同时还能享受优先、优惠的附加广告支持。VIP 企业会员投放的广告不仅在广州物流公共信息平台的页面上展示，还将通过广州物流公共信息平台众多的合作网站与合作媒体形成多媒体、跨平台的立体推广模式。

广州物流公共信息平台免费为 VIP 企业会员建立独具风格的网站并免费赠送以门户网站为后缀的二级域名，打造 VIP 企业会员的“数字脸孔”。网站内容包括企业简介、公司动态、产品展示、商情大全、留言本五大版块，VIP 企业会员可以自行选择增减版块。各版块的内容可由企业自行发布并上传图片，从而使得企业网站图文并茂、更加生动，并且企业可以选择更换网站模板。

VIP 企业会员可以随时在广州物流公共信息平台上发布与自身企业相关的各类信息，以找到更多合作伙伴，来扩展业务。

按照 VIP 企业会员所属的行业，在广州物流公共信息平台的门户网站首页显著位置着重推荐会员企业，通过链接到 VIP 企业会员的独立网站让网络用户方便快捷地了解 VIP 企业会员的基本信息、业务活动、联系方式等。

覆盖物流行业与物流相关行业的、最具权威性的分析报告，帮助 VIP 企业会员分析了解市场，实时把握行业动态。

VIP 企业会员可以随时在广州物流公共信息平台的门户网站上发布人才招聘信息，并随时查询广州物流公共信息平台门户网站的物流人才库。物流人才库结合了物流行业的需求特点，对物流人才进行系统全面、综合、专业的细分，让 VIP 企业会员随时找到合意的物流行业人才。

第二，企业会员。付费客户或广告客户(前年度广告合同达到或者超过定额)可以免费使用广州物流公共信息平台的部分开放系统(以企业的业务需要自行选择)，可以根据企业的自身情况选择性地使用部分 VIP 企业会员功能。

第三，第三方认证会员。注册第三方认证的会员并且通过第三方认证的企业，申请 VIP 企业会员或企业会员时可以享受优惠。

第四，免费企业。其是指注册企业信息并经过网站、电话、邮件认可信息真实性的企业。免费企业可以在广州物流公共信息平台上限量发布与自身企业相关的各类信息。

第五，个人会员。其是指注册相关个人信息，且经过网站、电话、邮件认可信息真实性的人士。个人会员可以在广州物流公共信息平台上限量发布与自身相关的各类信息。

第六，非会员(游客)。其是指不用注册的个人或者企业浏览者。非会员(游客)可以在广州物流公共信息平台浏览各类信息。

在会员申请方面，不同类型会员的申请流程不一样。

第一，企业会员申请流程如图 6-28 所示。VIP 企业会员和企业会员可以通过电话申请、邮件申请、短信申请、网页申请四种形式申请成为 VIP 企业会员或企业会员。

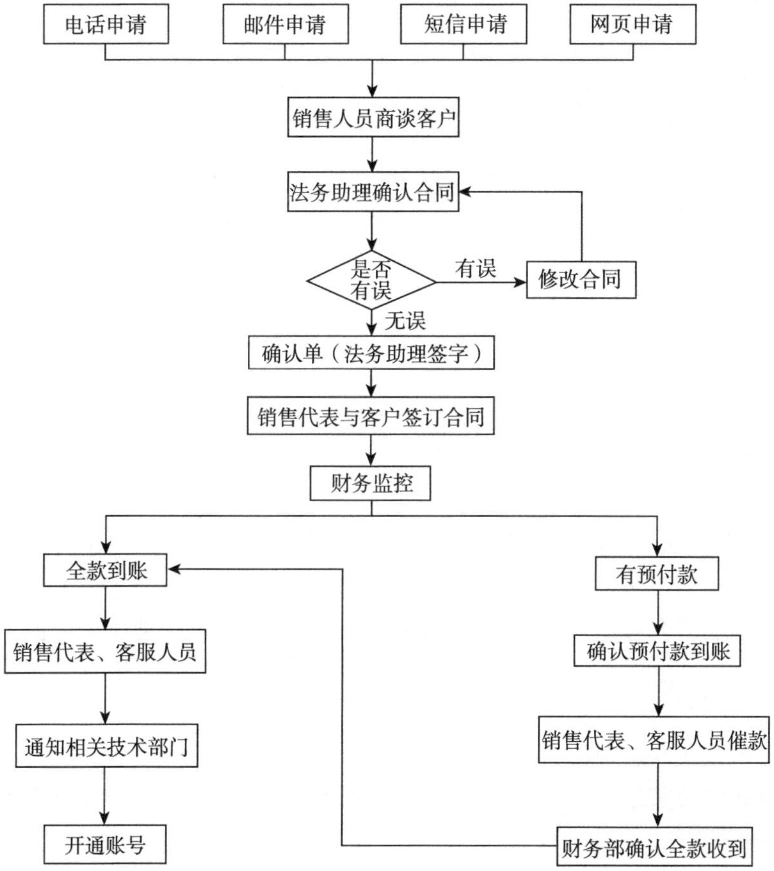

图 6-28　企业会员申请流程

第二，第三方认证会员申请。第三方认证会员除了需要像企业会员申请一样进行财务监控之外，还需要进行第三方资质的认证，只有这二者均通过后，方可成为第三方认证会员。

第三，免费企业会员申请。企业通过网页填写其注册信息，注册企业的信息经过网站、电话、邮件确认真实性后即可成为免费企业会员。

第四，个人会员申请。个人通过网页填写其注册信息，注册个人的信息经过网站、电话、邮件确认真实性后即可成为免费个人会员。

广州物流公共信息平台的会员，在广州物流公共信息平台上实现自己的物流业务管理，该平台既不属于任何一家零售商，也不和任何一家物流企业有关系，这样才能保证所有业务数据处理的安全性和公正性。分级会员制服务，不仅降低了企业初期投入的风险，保证了企业应用的个性化，而且还能保证其内部业务系统不受干扰，其具体产生的利益包括以下几个方面。

(1)节约投资。投资节约可达 30％～70％。

(2)加快速度。企业可以更迅速地实现物流业务管理，平均节约时间为 1/3～1/2。

(3)减少风险。企业实现物流业务管理常常由于投资、项目执行等因素面临大量的风险，通过会员制的方式则可以将这种风险降到最低和完全可以控制的限度。

(4)专注于核心竞争力。企业可以将稀缺的资源(资金、人员、时间)用于本企业的核心业务而非信息技术上，从而为企业创造更大的收益。

(5)享受专业技术支持和售后服务。广州物流公共信息平台具有电信级的运行环境和完善的客服管理机制，可以保证企业享受专业的技术支持和售后服务。

(6)走向联合。企业可以在广州物流公共信息平台上与其他企业共同创造规模优势，实现规模经济，如可以与其他企业一起实现物流联合，获取更大的物流优势。

(7)更有效地利用第三方服务。企业可以通过会员制的方式在广州物流公共信息平台上更为经济地利用与物流管理相关的第三方服务，如第三方认证、车辆跟踪、信息、研究等服务，获取更多的商业机会，实现物流业务的增值。

3. 盈利模式

1)运营模式/收入模式

广州物流公共信息平台的运营模式是政府、协会、企业联合运营型模式，如图 6-29 所示。

广州物流公共信息平台由政府、协会和企业联合开发，在运营过程中三者相互制约、各司其职。政府的主要职责是制定行业相关法律，为企业提供政策和资

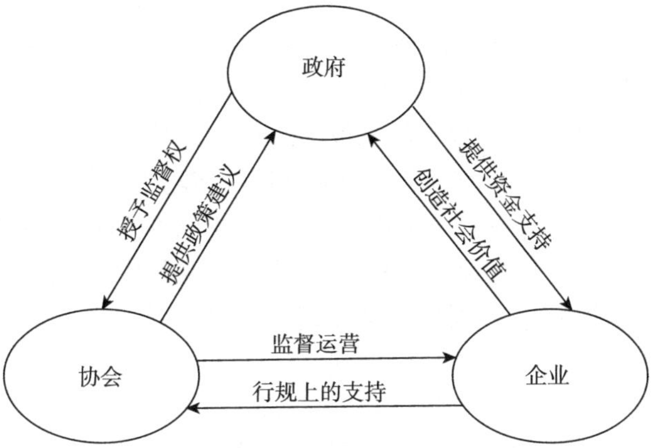

图 6-29　政府、协会、企业联合运营型模式

金支持，授予协会监督企业运营的权利；协会作为政府和企业之间联系的纽带和桥梁，主要职责是为政府提供政策和法律的制定建议，监督企业的日常运营，维护行业的有序竞争和发展；企业的主要职责是利用政府的资金，再加上自己的内部资金，以股份制形式成立公司，保证平台前期的建设进度和后期的运营管理，为社会创造价值。并且企业对平台的日常经营拥有完全决定权，同时企业可要求协会在行规行约上给予支持，维护企业的合法利益。由于有政府的牵头，平台的权威性和公益性特点明显。协会的参与使政府和企业之间的合作更加协调。由政府资金和企业资金组成的股份制公司使得企业不会过分贪婪而忽视平台的公益性，也使得政府不会过分注重公益性而无法调动企业的积极性和创新性，而且由于有了市场竞争，平台的服务水平、服务质量及服务效率都会明显提高。可以看出，这种模式集国有主导型模式和民营主导型模式的优点于一身，同时也避免了两者的缺点，所以实际操作性比较强。

和上海航运运价交易平台类似，广州物流公共信息平台属于公共基础设施，公益性较强，因此，平台为用户提供的诸如网上业务室、车辆货物监控和数据交换等信息系统大多是对用户免费开放的。免费服务使得国有主导型平台带来的社会福利要大于自身的经济利益。相应地，平台为了能持续发展，也陆续开发了很多增值服务平台，如为会员提供在线融资、在线保险等服务，但要收取相应的增值费用，这些增值服务就是平台主要的利润来源。

2)效益分析

广东省作为我国经济发达地区之一，有着广阔的物流市场，交通运输业异常发达，基础设施建设完善，多维立体交通体系已经形成。如何发挥优势，推动经济持续发展，促进物流业成为广东省新的经济增长点呢？物流公共信息平台建设将是必经之路。物流公共信息平台建设的效益包括以下几个方面。

(1)提高物流作业效率，全面提高物流服务质量。通过全程的物流信息化建设提高物流运作过程中各个环节的作业效率，包括运输作业、仓储作业、配送作业、搬运、流通加工及物流运营管理等，从而节约物流成本。

(2)促进物流资源整合，提高物流设施的利用效率。我国的物流业起步较慢，运输信息网络不畅，仓储设施陈旧且分散，运输市场上货运车辆空驶现象严重。通过本物流信息交互平台的统一规划建设，可以把零散的货源集中起来，并借助物流公共信息平台来统一调度车辆配置，降低车辆空载率，提高车辆的使用效率。也可以建设一些符合现代物流需求的仓储设施，通过统一的管理来提高仓储场地的使用效率。

(3)降低库存量，加快资金周转，降低物流成本。我国的仓储管理还存在很大的挖掘潜力，而我国仓储成本相对较高的一个重要原因是库存量居高不下，通过仓储管理软件、供应链管理软件的应用，可以有效地降低库存，节约仓储成本。

(4)改善投资环境，增强投资吸引力。外资企业与国内知名企业的投资和生产经营对物流运营的要求相对较高。物流系统的运作与发展是否符合国际惯例，当地物流是否能够支持外资企业的正常运作，已经成为跨国公司评价一个地区投资环境好坏的重要指标。物流业的发展能够在更高层次上吸引外资，而且具有持久性和竞争性。

(5)提升政府行政监管力度，简化工作程序。通过建设物流公共信息平台，特别是通关、报税、进出口商品检验检疫等系统与企业业务系统的对接，可以简化海关、工商、税务、国检等行政管理部门的工作，提高工作效率；同时，也有利于各行政管理部门对各企业的监管，有效地杜绝企业的违法行为。

(6)促进企业业务流程改造，提高供应链管理水平。物流公共信息平台的推广应用，一方面依赖于企业整体信息化水平和业务流程的优化，另一方面也将有效地促进企业改善物流管理水平和整体管理水平，特别是随着企业对ERP、供应链管理、CRM等软件的应用，将促进企业进行业务流程的优化改造，并推行供应链的管理。

6.4.3 技术实现

1. 总体架构

在“发展目标和战略远景”的建设宗旨下，广州物流公共信息平台以平台门户网站、物流业务平台、物流电子交易平台、GPS综合服务平台、物流企业管理信息化平台、第三方认证平台、数据交换平台和其他增值业务平台为核心，与企业专有系统、银行、保险、海关、税务和商检等政府政务系统接口，形成“物资流通信息大动脉”，整合商流、物流、信息流、资金流和票据流五流合一。广州物流公共信息平台总体架构如图 6-30 所示。

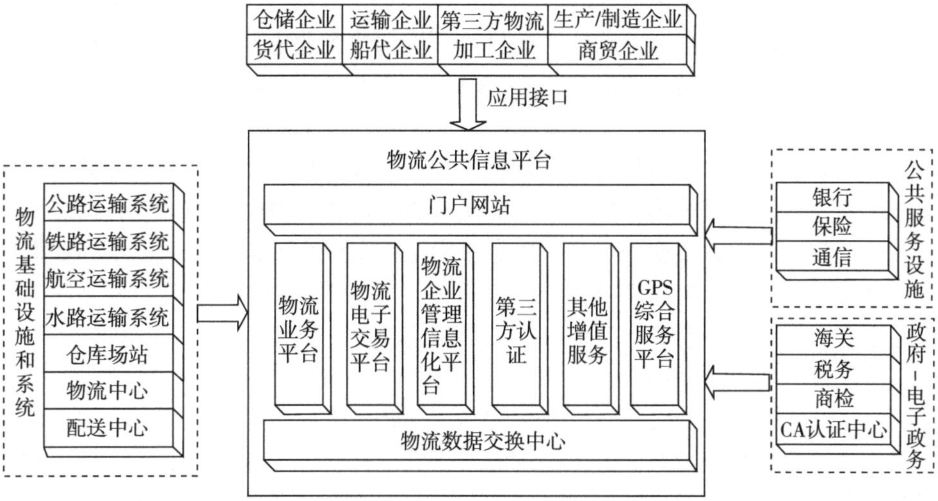

图 6-30　广州物流公共信息平台总体架构

广州物流公共信息平台功能划分主要为物流业务平台、物流电子交易平台、物流企业管理信息化平台、物流数据交换平台及门户网站平台五大部分。总体思路是为了更广泛地满足不同物流类企业的业务需要。

物流业务平台在整个物流信息平台中占有主导地位，所承载的目标是完善物流企业的信息化建设，帮助物流企业解决内部管理及业务流程规划的问题。它是面向仓储业务、配送业务、运输业务等物流行业业务管理的，采取大集中模式的信息系统。该平台将各类资源(物资、设备、人员、信息等)联系在一起，进行集中管理，实现综合优化利用。从平台具体功能上来讲，物流业务平台对物流业务的各个环节进行管理，实现对作业的全面控制和管理，同时，其强大的功能也为企业生产管理和经营决策提供了有力的支持，从而达到提高物流企业业务管理现代化水平、提升作业效率、降低管理成本的目的。其包括的仓储管理、运输配送管理，可根据企业自身的业务流程进行灵活拆分、个性重组、流程定制，来满足仓储类企业、运输类企业、第三方物流及综合类物流企业的业务需要。

物流电子交易平台整合了分散的物流信息资源，减少了信息的不对称，为物流供求双方提供了一个畅通、高效、准确的信息沟通平台；为企业观察、了解、监控物流行业，判断和分析行业趋势提供重要的参考依据；另外，物流电子交易平台还将促进商流、物流、资金流和信息流的统一，搭建公共分销和统一配送平台，带动综合物流服务业务的发展，促使传统物流向现代物流转变，其是现代物流业务的有力支撑。

物流企业管理信息化平台属于提升物流企业办公信息化的增值平台，该平台主要是在物流业务平台满足物流企业业务信息化需求的同时，满足那些希望对自身整体信息化建设提出更高要求的物流企业。它集信息公告、日程安排、资源目录、企业邮箱、短信平台等功能于一身，可以加快企业内部信息传递、提供资源共享，避免企业各部门之间形成“信息孤岛”，摆脱时间与地域的限制，实现协同工作和时间管理。

物流数据交换中心为物流企业、物流需求企业、物流相关行业、公共服务机构、政府及物流基础设施单位之间，提供实施物流作业所必需的物流数据交换功能。通过数据交换，实现物流公共信息平台上的信息在不同平台间、不同数据库间实时快速地互动交流，整合了物流信息平台内外部的资源。而门户网站则为物流行业或物流周边行业和产业提供了一个信息交流和查询的入口，并提供各种网络应用以方便用户的使用。

上述五个系统平台之间，以及它们与广州物流公共信息交互平台上的其他系统平台之间的关系，既有业务上的逻辑严密性，又有其功能应用的灵活性。在应用上既可以平行应用，也可以递进应用。正是因为所具备的灵活性让整个物流业务系统可以适用于不同物流业务成为可能。

2. 物流业务平台

物流业务平台蕴涵了先进的物流技术和管理理念，将来自于传统仓储、运输配送、货代、第三方物流企业成功的管理模式及经营之道加以提炼、融合，以支持各个物流企业日常物流业务的运作与管理。物流管理系统可以帮助不同类型的企业提升物流信息化水平，优化整合企业内部资源，促进企业商流、物流、信息流、资金流和票据流五流合一。

物流业务平台以仓储管理信息系统、运输配送管理信息系统、货代管理信息系统、安防调度跟踪管理信息系统、智能配载信息系统为主，包含标准化管理、资源管理、作业管理、统计查询各层面多个功能模块，可以由用户根据自己的业务需要进行任意的选择组合，形成符合企业需求的业务平台，实现企业业务流程和相关管理的自动化，提高工作效率，降低作业成本，加大企业内外部的信息交流与合作，推动企业业务走上信息化和标准化道路，以便企业早日与国际标准接轨，获得参与国际竞争的实力。物流业务平台结构如图 6-31 所示。

1)仓储管理信息系统

仓储管理信息系统是面向仓储业务管理的、采取大集中模式的信息系统。其通过为企业提供科学规范的业务管理、实时的生产监控调度、全面及时的统计分析、多层次的查询对账功能、包括网上查询在内的多渠道方便灵活的查询方式、新型的增值业务管理功能及与时俱进的持续升级，不仅满足了企业生产管理、经

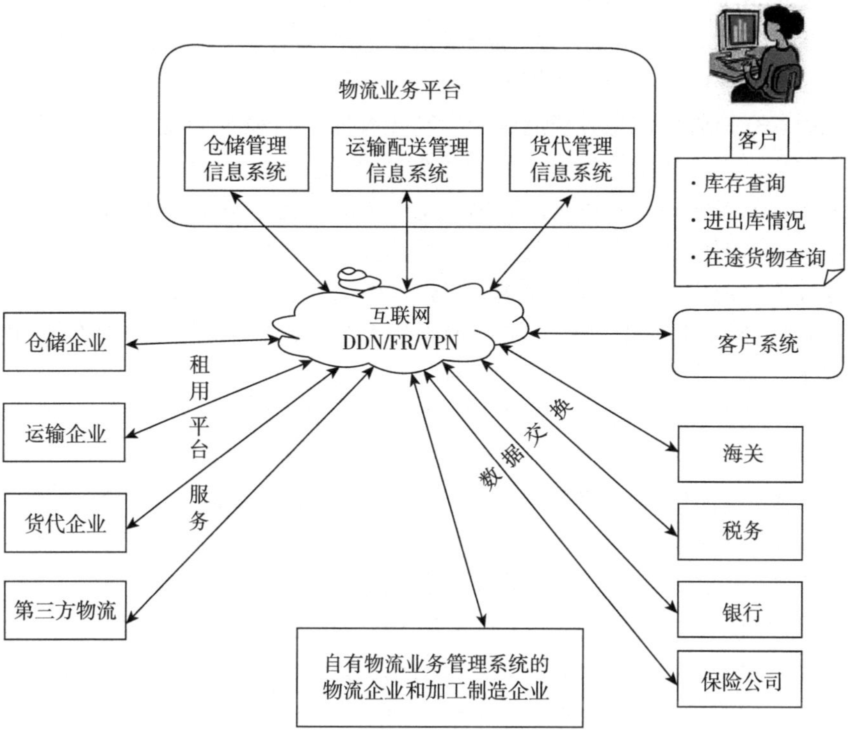

图 6-31　物流业务平台结构图

营决策的要求，而且有力地支持了仓储企业开发客户，成为仓储企业营销和发展的利器。

仓储管理信息系统的软件内容主要包括以下五大功能模块：①以仓储业务中进出库管理为主线的各岗位功能模块；②根据客户需求专门设立的查询模块；③为总部/事业部/仓库三级管理者设立的综合查询模块；④进行大客户开发和信息增值开发的客户资源模块；⑤提高内部管理水平的标准化管理模块。

仓储管理信息系统以标准业务流程规范为基础，充分发挥计算机的效能，其特点主要体现在以下几个方面。

(1)适合于仓库网络群层面的应用。由于面向全国性的、仓库遍布各地的物流企业的需求，所以开发仓储管理信息系统管理软件的目标不仅仅是解决一个仓库业务工作的电子化，因此可以说，仓储管理信息系统方案是一个全国性的仓库网络群实施信息化建设的解决方案。

(2)适合于仓储业务的生产管理监控。仓储管理信息系统的应用以仓储业务流程标准为基础，通过统一单据格式、相互间的依存关系、不同级别的权限管理等方法，明确不同岗位间的操作要求，做到每一笔进出库业务都有据可查，克服了人工处理情况下可能出现的不规范行为，既保证了仓库的收入，同时也有利于标准流程的贯彻实施。因此，仓储管理信息系统不是一个简单的仓库管理系统，而是一个典型的面向仓储业务管理的生产监控系统。

同时，仓储管理信息系统的应用有利于仓库实行科学调度、降低生产成本、提高劳动生产率。特别是目前，品种繁多、小批量、多批次、24小时不间断发货已是客户的普遍要求。系统的应用使生产调度和仓库领导能够根据实时进出库动态信息，了解生产情况，通过合理调配机械、人力、场地，充分利用现有资源，提高发货速度，保证客户需求，以最低的消耗实现最大收益。

(3)实行码单电子化管理。由于我国的商品、物资标准化工作还处在相对较低的水平，体现在不同厂家生产的同种物品在计量、验收标准上存在一定的灵活性。码单是动态表现仓储物品进出库变化的核心单据，在仓储管理工作中起着十分重要的作用。在仓储管理信息系统中，码单的电子化有助于完善理货员间的不定位发货工作制度，对提高劳动效率，保证24小时发货提供了条件。电子码单的另外一个突出作用是可以实现货主指定发货，一次结算，减少了客户过去一笔业务来回奔波的麻烦，也为开展电子商务和物流配送奠定了基础。

(4)实行仓单电子化管理。现代物流是全球经济持续发展、社会分工细化、信息技术普及的产物，传统仓储企业在向现代物流转化的过程中，将在物流内涵的扩展、过程的延伸、覆盖面的扩大等方面实现突破。在仓储管理信息系统的建设中，融入了新的技术内容，对出入库可以采用仓单管理，而且实现了仓单数据处理和银行抵押的电子化处理过程，有利于挖掘仓库结点的物资银行功能，从而实现仓库系统新型业务的开发。

2)运输配送管理信息系统

运输配送管理信息系统是面向长途运输和短途配送业务管理的、采取大集中模式的信息系统。

运输配送管理信息系统是以客户服务为中心，集订单、派车、出库、监控及签收等配送环节为一体的物流管理信息系统，为物流公司长途运输业务提供在途货物的节点控制和全程监控服务，并提供客户查询实时信息服务，对市内配送业务提供信息化管理服务。

物流企业在基于该系统的物流平台之上可以有效地进行资源整合，实施跨地域、跨企业的经营管理，从而为企业内部的高效运作、业务拓展提供强有力的管理信息处理手段。运输配送管理系统融合了先进的物流管理思想，结合应用多种现代物流管理的技术手段，支持与铁路、水运、航空运输方式的联运，提供丰富的业务功能。

(1)订单管理。对配送订单进行管理。配送订单是根据客户下达的发货指令生成的，是配送的起始环节，也是调度员派车的依据，是贯穿整个配送业务流程的重要单据。

订单管理包括订单输入、订单查询、订单打印、订单变更、变更整理、订单确认、订单配载等。

(2)货物保险。货物保险是实现对运输的货物进行投保、记录出现情况及保险理赔等方面的管理。

货物保险包括投保单输入、投保单查询、投保单打印、投保单回复、出险记录、出险定损、出险赔偿。

(3)车辆调度。根据客户订单的要求和系统管理的车辆状况，进行车辆的调度，生成派车单，司机根据派车单的指令进行运输活动。

车辆调度包括一单多车、一车多单、一单一车的派车方案选择，车辆分配，司机分配，派车单下达，派车单查询等。

(4)货物装车。司机凭配送派车单到指定装货点接货，与复核员进行实物和单据的交割，取得商品的配送装车单。

货物装车包括出库单的录入、出库单的打印、出库单的查询、运费计算、货物启运等。

(5)车辆监控。车辆运输过程的监控与信息及时回馈是客户和物流企业的共同需求。在运输过程中，需要了解和掌握车辆及司机的状况，传达道路信息或天气信息，把握车辆作业状况及装载状况，进行作业指示，传达紧急的信息等。

车辆监控包括监控计划拟定、监控计划打印、监控计划查询、在途车辆监控、出车情况分析、装载率统计等。

(6)货物签收。司机按配送派车单的要求，将商品运到指定卸货点后，以配送装车单为依据，与收货人进行实物和单据的交割，收货人确认无误后，在配送装车单的回执联上签字，生成配送签收单，由司机将配送签收单带回到交易市场的调度员处，配送业务结束。

调度员将配送签收单提交到业务人员处，业务人员将配送的全套单据存档，并将配送签收单原件交给客户，作为与客户结算的原始凭证。

货物签收包括签收单录入、签收单打印、签收单查询、缺损记录、费用明细、拒收处理、回单确认等。

3)货代管理信息系统

货代管理信息系统直接面向客户服务，不但可以支持货代业务中的各种服务项目，而且通过系统的互联，可以从业务伙伴那里获得更为全面和及时的运输、仓储和报关业务状态的信息，实现与国外代理的业务协作和信息交换功能，从而为客户提供门到门的服务。

货代管理信息系统为客户建立的信息系统覆盖业务、管理和企业战略发展三个层面，产品和解决方案面向船东、船代、货代、第三方物流企业、运输企业、仓储企业，并延伸至货主企业的物流部门(包括制造商、供应商、零售商等)，采用面向企业业务全过程的供应链物流管理的纵向平台和面向企业一体化运作的资源整合的横向平台。该模式不仅适用于企业现有的业务运作与经营管理，更可推动和适应企业向专业化、规模化的现代物流企业的转型。

货代管理信息系统的主要功能模块包括进出口业务登记(完成进出口报关单的信息录入)、进出口业务审核(对进出口报关单进行审核)、订舱/订仓管理(为进出口商品预订舱位/仓位)、进出口业务报检(对通关货物进行报检)、代客投保(对进出口货物投保)、货物装箱拆箱(货物装箱/拼箱及拆箱装箱的管理)、上机/上船与提货(货物装上飞机/轮船及从机场/码头提货的管理)、在途监控通报(监控货物在途情况，并及时通报客户)、业务查询统计(查询统计进出口业务)、询价及报价管理(对航空/船运公司询价，对客户报价)、收费结算(业务费用记录及结算管理)。

3. 物流电子交易平台

目前，我国物流行业普遍存在着需求和供给的矛盾。一方面，各生产、流通企业苦于物流需求不能得到很好的满足；另一方面，大量的物流服务企业整日为寻找客户而奔波，车辆空载率、仓库闲置率居高不下。造成这种情况的原因是多方面的，其中主要的原因之一是供需双方缺乏有效的信息沟通渠道，信息传递与共享存在障碍。

同时，广东拥有巨大的现货商品交易市场，随着电子商务的发展，现货交易将越来越依赖于信息技术，交易的电子化、网络化将成为企业的必然选择，因此，电子交易市场的发展将成为一个必然趋势。生产企业、流通企业和终端用户运用电子商务，可以弥补现有流通体制在规避风险、价格发现、交易信用缺乏等方面的不足，提高流通环节的效率。

因此，广州物流公共信息平台建立物流电子交易平台的总体建设思路是：一方面，建立物流虚拟社区，提供物流服务项目的在线洽谈、在线招标、在线拍卖等服务，从而整合分散的物流信息资源，减少信息不对称，为物流需求企业和物流企业提供一个及时、高效的信息沟通渠道，降低物流交易成本；另一方面，为了适应网络经济条件下 B2B 电子商务发展和满足广东现货市场的巨大需求，利用现有的系统优势，分期、分批建立各种不同门类商品的电子交易市场，作为可扩展的功能模块集成于物流公共信息平台之中，从而促进商流、物流、资金流和信息流的统一，搭建公共分销和统一配送平台，带动运输、配送、加工等综合物流服务业务的发展，促使传统物流向现代物流转变。

物流电子交易平台可集成多种交易模式，主要包括物流虚拟社区和电子交易市场，其中，物流虚拟社区可提供信息展示大厅、洽谈中心、即时通信工具下载、在线招标、在线拍卖等多种交易方式；电子交易市场可提供远期合同交易、专场交易、竞价交易、即期交易等不同交易模式下的自动交易撮合等。其系统结构如图 6-32 所示。

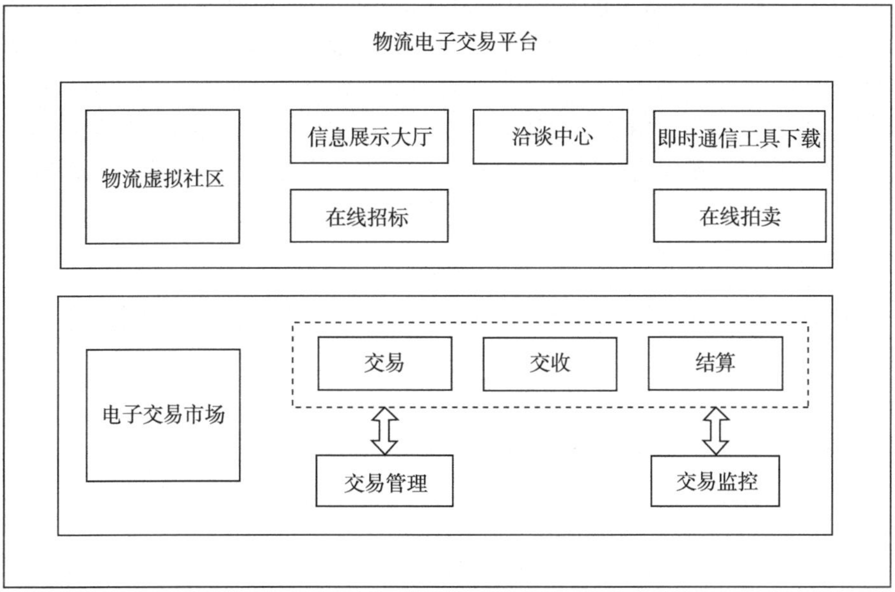

图 6-32　物流电子交易平台系统组成

1)物流虚拟社区

物流虚拟社区可以帮助会员轻松查找到各类商务信息，并且为用户提供多种可选择的交易方式，社区会员可以利用信息展示大厅、洽谈中心、即时通信工具、在线招标及在线拍卖等多种功能，发现商机、撮合交易及建立合作关系。同时，为了体现专业性并提高信息匹配的效率，物流虚拟社区提供不同主题的分社区，如公路运输社区、港口运输社区、航空运输社区、货运代理社区、第三方物流社区等。

(1)信息展示大厅。信息展示大厅是会员发布各类商务信息的集中展示平台。企业会员和个人会员可以在此发布、搜索、查看各类商务信息。当需求方(供给方)发现合适的供应信息(需求信息)之后，供需双方通过电话、传真、网络等方式进行洽谈，确定是否达成交易。

(2)洽谈中心。洽谈中心是交易平台为会员提供的网上虚拟洽谈场所。用户可进入不同主题的洽谈中心进行信息查询，与感兴趣的信息发布者进行即时文字交流，或者申请开通网络视频会议。洽谈中心既可以进行多对多的洽谈和竞价，也可以进入包间进行私聊。具有合作意向的供需双方可以通过洽谈中心下达网上订单，确定价格、服务方式及具体事宜。

(3)即时通信工具。会员和非会员均可下载即时通信工具，立即与感兴趣的企业在线沟通、洽谈。即时通信工具具有信息集成功能，能够提供各类商务信息的展示。

(4)在线招标。交易平台为注册会员提供在线招投标服务。发标会员登录系统之后可以制作并上传标书，经交易平台审核通过后发布招标信息，在指定的投标期限结束后开标，并组成专家委员会对提交的标书进行评审，确定中标企业后通过交易平台发布中标信息。投标会员在查询到招标信息后制作并提交标书，根据实际的竞标情况确定是否需要向交易平台交纳一定的投标保证金，然后等待中标通知。

在线招标流程如图 6-33 所示。

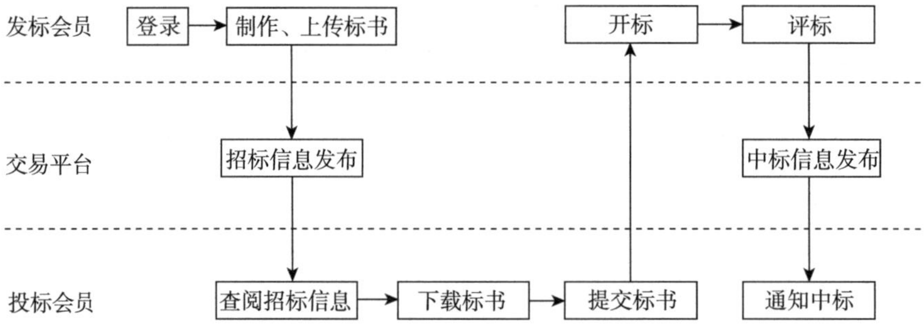

图 6-33 在线招标流程

(5)在线拍卖。交易平台为注册会员提供在线拍卖服务。卖主会员登录系统之后提交拍卖信息，经交易平台审核通过之后进行发布。买主会员在搜索到拍卖信息之后，向交易平台交纳一定的保证金，经交易平台确认后可以在平台上进行出价竞拍，在限定时间内最高竞价者成为最终买受人(也可以采取由竞卖会员根据竞买者的具体情况选择合适的最终买受人的规则)，交易平台向最终买受人发出竞买成功的信息，买主会员可以通过交易平台提供的在线支付服务进行结算。

在线拍卖流程如图 6-34 所示。

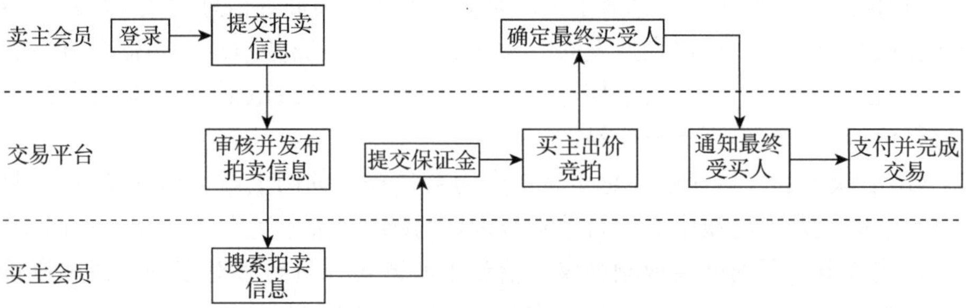

图 6-34 在线拍卖流程

2)电子交易市场

电子交易市场能够为客户提供在线远期、在线专场、在线竞拍、在线挂牌等多种灵活的交易模式，采取约期交收、提前交收、专场交收、转让或解除电子交易合同等相结合的办法，保证合同的严格、顺利执行和最终履约。

考虑到不同行业企业进行电子交易的具体业务需求各有差异，电子交易市场的设计开发充分考虑了各功能模块的可定制性和可扩展性，可根据客户的具体需求灵活组合、定制各功能模块，并为各功能模块预设扩展接口，以便于系统能够根据客户具体业务的发展变化不断完善和升级，从而使客户能够以较小的投入迅速扩展系统功能，从而获得更大的投资回报。

电子交易市场的系统架构如图 6-35 所示。

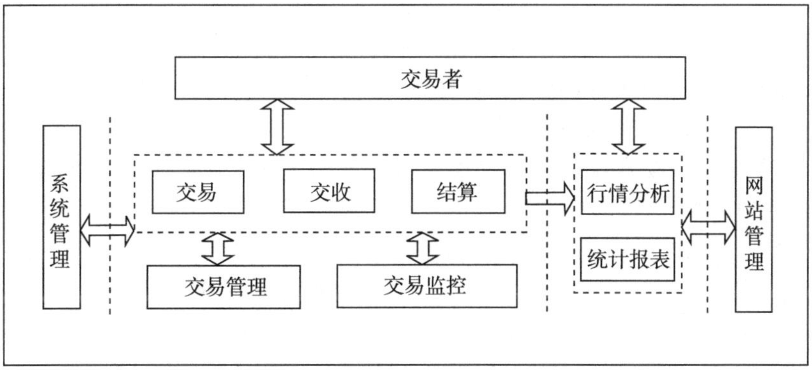

图 6-35　电子交易市场的系统架构

(1)交易管理模块。交易管理子系统包括会员管理、交易商品管理、交易模式管理、交易时间管理、合同管理等子模块。其中会员管理维护交易会员、席位、客户、经纪人的基本资料信息，可以增加、修改、注销、查询各种信息，另外也可以进行交易员管理和交易权限管理；交易商品管理维护(增加、修改、注销、查询)各种商品信息(如商品代码、名称、简称、助记码、执行标准、规格、种类、生产厂家等)；交易模式管理维护交易模式信息，可增加、修改、注销、查询各种交易模式编码；交易时间管理维护交易时间编码，可增加、修改、删除、查询交易时间段；合同管理维护各种合同信息(如合同代码、商品代码、交易模式、交易时间编码、定金率、手续费率、风险基金率、交收费率、最后交易日、最后交收日等)。

(2)交易模块。交易子系统可实现远期合同交易、专场交易、竞价交易、即期交易等，不同交易模式的下单和撤单、自动交易撮合、集合竞价撮合、实时账面盈亏计算和各种查询(如资金查询、仓单汇总查询、仓单明细查询、报单查询、当日成交查询、历史成交查询、订货查询、会员基本资料查询、客户基本资料查询等)功能。

(3)交收模块。交收子系统可实现交收申报提交与撤销、合同违约认定、交收撮合和各种查询(如会员资金查询、客户仓单明细查询、订货查询、交收匹配查询、客户基本信息查询、会员基本信息查询等)功能。

(4)结算模块。结算子系统可实现会员出入金管理、仓单管理、账户集中处理、会员资金账户管理、即期交易与远期/专场合同成交查询等功能。

(5)交易监控模块。交易监控子系统可实现各种查询、预警和强制操作，如当天即期交易、远期/专场合同报单等的查询、在线的交易员情况查询、交易中心交易状态查询、单笔最大委托单量预警、会员委托单量预警、会员成交量预警、会员总资金变动预警、单笔大成交量预警、会员合同成交量预警、会员合同订货变动预警、合同卖出订货量增量预警、会员可用资金变动预警、合同报单总量预警、合同成交总量预警、仓单有效期预警、远期合同强制转让申请与确认、专场交易强制转让申请与确认、强制撤单申请与确认、强行退出交易员申请与确认、冻结/解冻客户订货申请与确认、冻结/解冻会员资金申请与确认、交易状态控制申请与确认、交易中心公告发送、强制转让数量计算、强制定金置换仓单申请与确认等功能。

(6)行情分析和统计报表模块。行情分析子系统可以显示交易品种的K线、行情趋势线、合同的KD线、移动平均线、指数平滑异同移动平均线(moving average convergence and divergence，MACD)指标、持仓量指标、交易品种的价格指数趋势指标等。统计报表子系统为系统在指定阶段的运行提供一个汇总结果，包括款项收付清单、仓单清单、电子交易清单、合同订货清单、货物交收清单、代扣仓储费清单等。

(7)系统管理模块。系统管理子系统可实现操作员组管理、系统功能模块管理、系统监控管理、应用监控管理、系统参数管理、系统日志管理等各种管理功能。

(8)网站管理模块。系统可实现与电子邮件系统、短信服务网关、仓储管理系统的无缝接口，从而能够根据客户需要迅速扩充各种更实用的功能。

4. 物流企业管理信息化平台

物流企业管理信息化平台是一个协同的信息化办公平台，它可以推动企业管理的信息化进程，提升企业管理的信息化程度。用户可以按照自己的业务需要，选择协同办公平台的功能模块进行重组，形成符合企业需求的协同办公平台，实现企业内部办公自动化，方便部门内、部门间的信息交流共享，提高员工的办公效率。物流企业管理信息化平台的主要功能包括以下几方面。

1)信息公告

可以随时查看、第一时间了解公司信息，支持信息公告的分类和评论，可以上传文件和图片，使得信息的内容更加丰富生动。信息公告具有以下几个特点。

(1)安全性。信息公告所有的栏目、子栏目均只对有权限的用户开放，从而能够保证沟通交流的安全性。

(2)企业化。可以根据任意方式建立信息公告栏目、子栏目，并可以根据部门、项目组等不同组织方式赋予相应人员浏览的权限，从而使信息公告的栏目设置更具有企业化特点。

(3)无限级子栏目。所有信息公告栏目下均可设立子栏目和子栏目的权限。

(4)页面风格多样化。有多种信息公告展示模版可供选择。

2)日程安排

可以按天、周、月计划自己的工作内容，清楚地查看未完成、要完成、待完成的各项任务的内容和状态及时间，便于用户统筹安排工作，调整进度，及时跟进，彻底执行，确保各项工作的顺利完成。

3)企业论坛

可以自行设置分论坛和议题，为用户提供一个信息交流、思想沟通和问题讨论的空间，实现开放、平等、自由的谈论和发言，包括进行咨询、解答和收集意见等。企业论坛具有以下几个特点。

(1)安全性。论坛所有的版块、子版块均只对有权限的用户开放，从而能够保证沟通交流的安全性。

(2)企业化。可以根据部门、项目组等不同的方式建立论坛版块，并赋予相应人员浏览的权限，从而使论坛版块更具有企业化特点。

(3)无限级子版块。所有论坛版块下均可设立子版块和子版块的权限。

4)资源目录

资源目录是单位各种知识和资源的共享中心，单位可以将各种资料分门别类地存放到这里，便于日后方便地查阅；可以让组织内的成功案例、先进经验、技术方法等知识资源在这里共享，便于大家共同学习，快速提高；可以设置权限以保护机密资料的安全。

5)企业邮箱

用户可以给同事或客户发送电子邮件，消除传统信函效率低、成本高的弊端。企业邮箱支持群发，并且企业拥有自带企业域名的信箱，可以塑造和提升企业的形象。

6)通信录

通信录包括个人通信薄和公共通信薄，可以方便地存放和查找同事、客户、关联单位、政府机关等的联系资料，便于公司保留离职业务人员的客户资料，避免客户流失。

邮箱和短信均可以调用通信录中的数据，这样避免了重复录入数据，保证了信息的完整统一。

7)短信服务

可以方便地给同事、朋友、客户等群发短信，即使员工不在公司也可以保持时时沟通，并建立更加紧密的客户关系。短信服务支持群发。

5. 物流数据交换平台

物流数据交换平台主要包括节点管理功能、指令解析功能、数据寻址功能、数据交换处理引擎、数据交换处理功能、数据交换处理日志功能、通信接口模块、流量控制及计费结算功能等。其系统结构如图 6-36 所示。

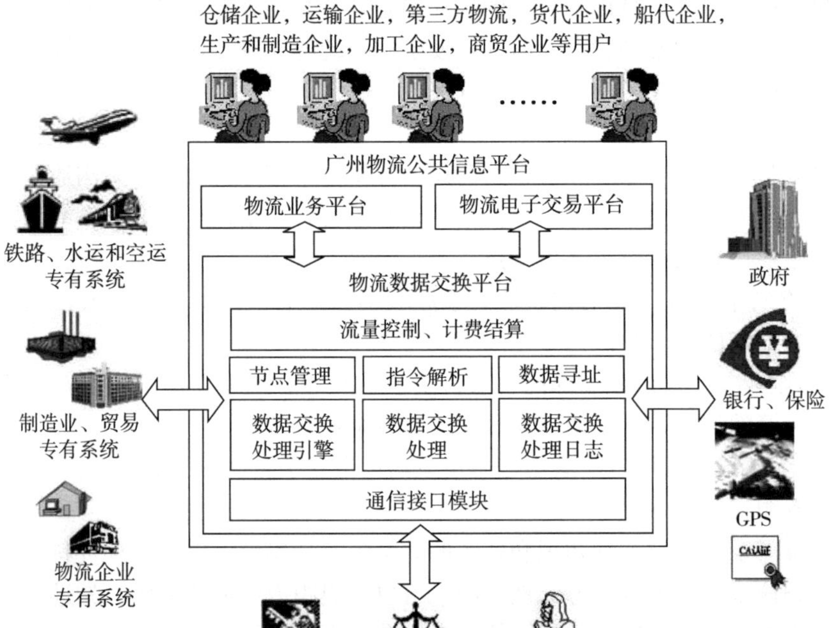

图 6-36 数据交换平台系统结构

(1)节点管理功能。任何通过远程网络(互联网、专线等)与物流数据交换平台进行数据通信的计算机系统都称为节点。节点管理功能是指记录接入物流数据交换平台的各节点(计算机系统)基本信息(节点编号、IP 地址及端口号、节点登录平台的账户/密码、平台登录节点的账户/密码等)，并进行注册、修改、编号、配置等管理功能。

(2)指令解析功能。各节点与数据交换平台通信时，需要对数据进行操作，将这些数据操作动作归纳后定义为规范的、具有固定格式的操作命令，这些操作命令称为指令。指令解析功能是指各节点与物流数据交换平台通信时，各节点均按照平台定义的指令及其指令格式向平台发出数据操作请求，物流数据交换平台接收请求后，对指令进行解释，以明确数据操作的实际动作。同时各节点也需要具有指令解析功能。

(3)数据寻址功能。任何在物流数据交换平台上进行交换的数据均存在数据“从哪里来，到哪里去”的问题，因此物流数据交换平台需要明确数据来自哪个节点，要将数据传送到哪个节点，这项功能称为数据寻址功能。同时各节点也需要具有数据寻址功能。

(4)数据交换处理引擎。数据交换处理引擎是整个数据交换的核心，由该引擎控制“数据交换处理功能模块”实施数据交换。

(5)数据交换处理功能。数据交换处理功能是按照“数据交换处理引擎”的数据交换原则实施数据格式转换和数据协议转换。

(6)数据交换处理日志功能。记录数据交换处理的操作历史。

(7)通信接口模块。通信接口模块是与物流数据交换平台的各节点间的数据接口，该通信接口模块与政府、银行、保险、海关、商检及税务等部门系统采用相应的接口协议(包括 EDI 或 Web EDI)实现数据接口，与其他专有系统，如铁路、水运、空运、制造业、贸易、物流企业等的专有系统采用物流数据交换平台定义的统一接口进行连接。

(8)流量控制及计费结算功能。由于接入节点的范围较广、数据交换量大，而硬件资源又较有限，需要对与物流数据交换平台的各节点数据交换实施有效控制，因此对于具有创造良好效益的节点可放宽网络带宽或加大数据交换量，并施以交换优先的策略，否则应紧缩带宽或缩小交换量，延迟数据交换。实现这类功能的模块为流量控制模块。

对于通过物流数据交换平台进行数据交换的节点，按照交换数据量实施计费。

6. 门户网站平台

广州物流公共信息平台的门户网站平台包括搜索功能、信息发布功能、广告管理系统、网站邮箱功能及会员管理功能等。

1)搜索功能

(1)站内搜索系统。站内搜索系统一般是指大型网站的站内检索，用户可通过关键字搜索到任何包含关键字的文章或主页(该匹配指的是完全匹配，不做模糊查询)，在 Web 中提供方便、高效的查询服务，查询可以按照分类、关键词等进行，也可以基于全文内容进行全文检索。其支持对任意字段的复杂组合检索；支持中英文混合检索；支持智能化模糊检索。

第一，能够针对不同类型的页面进行搜索，如网站频道页面内容、新闻内容、产品内容、下载内容等。

第二，搜索速度快。

第三，搜索出来的内容能够进行自动分页。

第四，能对搜索的内容进行加亮显示而不影响页面的布局。

第五，能够使用高级搜索功能，用户能够选择搜索的范围与显示的方式。

(2)搜索引擎(站外搜索)。

第一，能够按照分类进行搜索，如按图片、音乐、游戏等。

第二，用户能方便地在线寻找其他网站上所需要的信息。

第三，可接受浏览者的链接申请，浏览者填写站点名称、类型、URL 后提交即自动录入数据库，经管理员开放后即可出现在页面上。

第四，网站管理员可分类查询或根据关键字查询数据库内的所有站点，并可增加、修改、删除数据库内的站点且能自动更新。

2)信息发布功能

网站内容发布系统又称信息发布系统，是指将网页上的某些需要经常变动的信息，类似新闻、新产品发布和业界动态等更新信息集中管理，并通过信息的某些共性进行分类，最后系统化、标准化发布到网站上的一种网站应用程序。新闻信息发布系统根据用户选择的版块分类，自动发布所选的信息内容。可以使用此系统构造新闻内容页面，自动生成首页的新闻链接，同时产生历史新闻列表，提供新闻页面的管理界面，自动发布行业新闻，并且新闻内容页中支持插入图片方式和网页代码，自由设置新闻类别，自动显示信息的发布时间。

(1)政策法规。政策法规频道分类显示各类政策法规信息，方便浏览者快速查找相关政策法规。政策法规频道包括国际条约、港口法规、运输法规、航道法规、水运法规、公路法规。

(2)新闻中心。新闻中心具有以下特点。

第一，新闻可以分类别管理，类别添加简单，并且支持无限级别扩展。

第二，新闻类别支持加密、支持新闻审批，可以将新闻类别设置为加密类别与需要审批的类别，提高新闻信息的安全性。

第三，能够自由发布新闻，新闻编辑可以进行所见即所得的可视化编辑，支持图文动画混合编排；能够上传图片、动画、电影、音频文件、附件等，图片和动画可发布无限多个。

第四，已经发布的新闻能够进行新闻查看、新闻修改、新闻删除、新闻查询、优先级设定等操作。

第五，具有审批机制。

第六，能够自由地在各个频道页面中插入新闻显示条目。

第七，新闻发布简单，可设定发布的类别、标题显示字数、显示条数、是否显示时间、是否显示更多新闻链接等项。

第八，多用户管理。可以设置多用户，按照不同的类别对新闻进行增加、修改、删除、设置优先级、审批等功能。

第九，新闻采取缓存机制，发布后的新闻在被浏览一次后，即会自动生成缓存文件，即可以提高后继者的浏览速度，又能减轻数据库的压力。

第十，新闻标题支持颜色添加、加黑、斜体、下划线等样式。

第十一，新闻支持前台提交。用户可以在前台提交新闻，管理员可以设置是否需要审批。

第十二，能对频道中提交的内容进行分页，有利于对篇幅较长的文章进行处理。

第十三，增加了批量管理功能，能够对新闻进行转移。

第十四，新闻统计功能，可以按照类别和录入统计。

第十五，新闻可以定义为最新的新闻(带 new 标志)，可以定义天数。

第十六，新闻支持保护功能。在保护范围内的新闻不能被选择和被另存。

第十七，新闻发布时可以发布到多个新闻类别中。

第十八，采用灵活机动的模板机制，可以做到每个新闻类别的样式都不相同。管理员能够设置网站管理组的管理功能，包括类别管理、增加、删除、修改、查看、搜索、优先级、审批、批量管理、评论、统计。

(3)产品供求信息管理。产品供求信息系统是一个提供给广大网民进行自助交易的平台。网民通过平台可以自主地发布供求信息，内容必须经过审核才能发布到网上。产品供求信息系统分为供应信息系统和需求信息系统两个子系统，每个系统职能不同；产品供求信息发布系统是一套基于数据库的即时发布系统，可用于各类产品供求信息的实时发布，前台用户可通过页面浏览查询，后台管理可以管理产品供求等多类信息，可以添加、删除、编辑信息。供求信息发布系统可以让浏览者了解到最新的产品供求信息，丰富网站的内容，提高访问量。

产品供求信息实行分类管理，可以进行多级分类。

第一，产品供求信息管理完成产品供求信息的增加、删除、修改，可以选择产品供求信息是否发布。

第二，产品供求信息分类检索。

第三，关键字查询产品供求信息。

第四，最新产品供求信息浏览。

第五，热门产品供求信息浏览。

第六，产品供求信息详细资料显示。

第七，产品供求信息浏览次数记录与统计。

第八，客户可以发表对产品供求信息的评论。

第九，后台分级别的管理员权限。

3)广告管理系统

该系统由管理员操作投放网站广告，并对其进行管理，控制每条广告在页面上出现的时间及频率。

(1)可以为网站的广告客户提供灵活的投放方式。

(2)适合多种广告旗帜类型，支持 GIF、JPEG、BMP；支持 GIF 动画；对于广告旗帜的大小无限制，扩展性强。

(3)能够进行广告添加、删除、参数设置、修改、暂停任意正常广告，激活被暂停广告，修改失效广告的限制条件并激活成正常广告。

(4)能够进行统计显示，包括广告图片、显示广告的次数及 IP、点击广告的次数及 IP、所有正常显示的广告、暂停或失效的广告、黄金广告、非黄金广告、点击数最高的广告、点击数最低的广告。数据真实可靠，可以对统计数据进行多层次、多角度的分析。

(5)广告图片采取循环播放方式。

(6)可以通过多种条件查询系统管理的广告。

(7)当删除其中一条广告时，这条广告的所有数据也将被删除。

4)网站邮箱功能

网站邮箱功能包括以下几点。

(1)邮件收发功能——系统支持标准 SMTP、ESMTP 邮件收发协议。

(2)邮件取信功能——系统支持标准的 POP3 协议。

(3)提供扩展的 Web 方式访问功能。

(4)丰富的邮件拒绝功能，免遭攻击。

(5)邮件自动过滤功能。

(6)邮件系统设置管理功能。

(7)用户邮箱自定义文件夹管理功能。

(8)在一套邮件系统上，实现多个邮件域。

(9)确保系统安全可靠。

(10)远程系统管理。

(11)邮件用户管理/认证。

(12)通过 www 方式，申请、登录、管理邮箱，收发邮件。

5)会员管理功能

企业用户可以在网站上登记注册，选择会员的类别、查看的权限范围，成为预备会员，并提交自己的信息到用户管理数据库，待网站审核通过后成为正式会员，享有网站提供的相应服务。

(1)自由添加会员，后台中可以手动添加会员。

(2)前台能够进行用户注册，注册后的用户可以自动添加至指定组，且会员注册默认。

(3)加入组可以进行设定。

(4)修改会员所属组。会员所属组可以进行修改，同时一个用户可以同时属于不同的会员组。

(5)能够进行会员搜索。

(6)用户自定义字段。如果前台注册的用户资料不够，可以通过用户属性增加。

(7)会员信息可以选择是否必填或者下拉选择等。

(8)用户参数设置功能。可以对用户的注册等情况进行开关和参数设置。

(9)用户登录如果连续错误 5 次，在 15 分钟内将不能登录。

(10)可以设置用户权限开始日期和用户权限到期日期，到期后将不能登录网站。

(11)用户注册资料能够在后台进行修改，能够修改用户名与密码。

(12)能够设置用户注册时是否需要通过邮件进行身份验证。

(13)能够开启与关闭用户注册功能。

(14)用户注册时能够控制是否显示用户注册许可协议，能够自定义许可协议。

(15)用户拥有个人积分，能够设置用户进行登录或是其他操作时的积分值。

(16)能够对注册用户进行单一条件或多种条件的混合搜索。

(17)能够设置用户缓存的有效时间。

(18)能够添加新的会员组。

6.4.4　经验启示

广州物流公共信息平台利用广州市现有的基础和资源，高起点规划、高标准、跨越式进行全市物流信息化建设。建设过程中遵循了应用主导、面向需求和“统筹规划，分步实施；统一管理，统一标准；信息共享，安全保密”的指导原则，尤其在技术选择上，保证了信息网络技术的适度超前，特别是多方参与，共同配合，这就确保物流公共信息平台适应广州市社会经济发展现状和城市交通运输发展现状，以及未来城市交通发展的需求。总体来说，广州物流公共信息平台的建设运营具有以下特色。

(1)统筹规划，分步实施。交通信息化的建设是一项涉及面广、技术和资金密集型的系统工程，为确保系统发挥整体效益，广州物流公共信息平台在统筹规划下，各部门遵照统一的规范协同建设、共同发展。同时，各部门根据实际情况和发展需要，制订年度实施方案，分步实施。

在项目建设时，广州物流公共信息平台结合广州市社会经济和交通运输的特点，做到先示范、后推广，逐步提高广州市交通管理的智能化水平。

(2)统一管理，统一标准。交通信息化由广州市交通委员会信息化工作领导小组统一组织建设，信息网络和网络接口、业务数据，按照国家、广东省、广州市制定的统一技术标准和数据标准规范进行建设、连接和开发，避免数据格式、网络模式、技术标准的混乱和无序现象。

(3)资源共享，安全保密。在建设过程中，广州物流公共信息新平台对各部门现有的基础网络资源加以整合，建成统一的交通网络系统，强化各级交通管理部门网络中心和数据中心的建设，统一管理公共资源，根据各部门需求进行调配，避免重复建设。此外，广州物流公共信息平台遵照国家的有关安全保密法规，增强保密观念和安全意识，建立必要的规章制度，采取有效的技术措施，同步规划建设保密设施，保证网络的安全保密性，确保国家机密的安全。

6.5 本章小结

本章主要介绍了四个国内典型的物流公共信息平台案例。首先介绍了基于物流业务流程管理的、以供应链集成整合模式为核心的传化物流公路港；其次介绍了以社交网络模式为核心的易流社区平台；再次介绍了以指数交易模式为核心的上海航运运价交易平台；最后介绍了混合型模式的广州物流公共信息平台。对于每个案例，本章主要从平台简介、商业模式、技术实现、应用情况以及所带来的经验启示等几个方面分别展开介绍，不同案例各有侧重，为读者总结了不同模式的物流公共信息平台的特点和经验，为物流公共信息平台的建设与运营提供了有益借鉴。

第 7 章

物流公共信息平台发展趋势和规则

物流业作为融合运输、仓储、货代、信息等产业的复合型服务业，是现代国家的基础性、战略性产业，是市场经济发展的必要条件，越来越受到各国政府和企业的重视。在互联网文明时代，物流业的发展具备很多新的特征，面临很多新的挑战，也出现很多新的发展机遇。物流公共信息平台正是依托互联网等新技术手段建立的，为物流业提供信息支撑和信息服务的新型经济体，将成为全球物流业健康快速发展的重要推动力。

物流公共信息平台未来发展将呈现透明化、智能化、电商化、生态化、标准化、全球化六大发展趋势。

第一，物流公共信息平台的信息将进一步公开透明，信息服务将更加准确、全面、快捷、完善，实现信息透明化，物流业的信息不对称问题得到基本解决。

第二，业务创新与技术创新相互交错，共同推动物流公共信息平台向智能化方向发展。

第三，物流电子商务化日益突出，物流公共信息平台与电子商务平台将会进一步实现有效结合，逐步形成信息流、物流、资金流、服务流的四流合一。

第四，物流公共信息平台的供应链集成整合功能逐步增强，成为供应链上下游企业之间的信息枢纽，与生产型企业的 ERP 系统、贸易型企业的 CRM 系统等实现系统对接，成为供应链集成整合平台。很多专业化的物流公共信息平台有可能取代大型的生产企业和贸易企业，成为所在行业的供应链新链主。未来将围绕物流公共信息平台形成新的企业生态体系，生态化特征日益增强，生态体系各组成部分之间相互依赖、相互竞争、共同发展。

第五，随着物流行业的不断发展成熟和云物流应用的不断普及，物流公共信息平台的功能和服务将日益标准化，并且将不断“下沉”，演变为整个社会的基础设施。

第六，随着全球经济一体化，物流公共信息平台将充分发挥互联网无国界的优势，走出国门，成为全球化的服务平台，整合全球物流、供应链资源，为全球客户提供端到端的物流解决方案，“买全球”和“卖全球”将变得更加普及、顺畅和方便。

7.1 物流公共信息平台发展趋势

1. 趋势一：透明化

实现信息共享和信息透明，是物流公共信息平台最基本的功能和目标，也是物流公共信息平台赖以存在的基础。随着我国电子政务的不断发展和政务公开的推进，政府部门和大型国有企业中涉及物流业务的信息将进一步公开透明，包括物流政策法规、物流基础设施、铁路、航空、港口等物流信息在内的信息共享将更加准确高效。同时，随着社会主义市场经济体制的不断完善，社会环境不断改善，企业和个人诚信体系逐步建立，信息化技术手段不断进步。这些因素都使得物流公共信息平台的信息将进一步公开透明，信息服务将更加准确、全面、快捷、完善，物流业的信息不对称问题得到基本解决。

物流公共信息平台将来自政府、企业、金融机构等的信息资源聚集起来，实现物流信息的透明化，有效消除物流供需双方之间的信息不对称，使物流信息资源可以在相关各方之间高效流动和共享，从而带来物流业务的高效化，显著提高社会流通效率，降低社会流通成本。

2. 趋势二：智能化

物流业务创新与信息技术创新相互交错，将共同推动物流公共信息平台向智能化方向发展。尤其是互联网、移动互联网、物联网、大数据、云计算等技术的大规模成熟应用，使得物流公共信息平台变得越来越智能，使得物流公共信息平台所服务的物流业务过程的电子化、信息化、自动化、网络化、柔性化水平越来越高，系统间数据交换越来越方便快捷，各种物流业务和物流服务的集成越来越紧密无缝化。

物流公共信息平台通过统一的技术平台，集成多种物流公共服务，实现信息共享和信息服务集成，为物流行业发展提供智能化的服务。例如，通过移动监控，物联网湿度、温度控制，立体化货架和自动化控制等技术实现立体化智能仓储；利用 GPS/GIS 技术实现智能运输；利用 Web Services 技术实现物流系统间智能数据交换；利用微信等社交网络技术，实现物流人之间的智能交互；利用 RFID 等物联网技术，实现货物智能识别；利用大数据技术，实现物流数据智能分析。

无人驾驶飞机、火车、汽车，无人值守仓库，以及无人装卸设备在将来都会成为智能物流的常态。这些常态将处处体现出物流公共信息平台的智能化，把人类从烦琐的物流劳动中解放出来，让人们去进行更加颠覆性和创造性的活动。

正在兴起的 3D 打印技术，将有可能改变现有物流业的运作模式，使得物流业变得更加高效智能。物流公共信息平台与 3D 打印技术结合，将使得现有的货物运输交付变为货物原材料运输＋现场就近打印交付，将有效降低物流成本，缩短物流时间，满足消费者个性化的消费需求。

3. 趋势三：电商化

电子商务与物流的结合日趋紧密，物流公共信息平台与电子商务平台将进一步融合，出现“你中有我、我中有你”和合二为一的电商化新平台形态，终端消费企业和终端消费者将获得更好的购买和物流收货体验，物流的最后一公里问题得到基本解决。

电子物流(e-logistics)是电子商务和现代物流成套技术的集成应用，是随着电子商务在全球迅速开展和现代物流日益向纵深方向发展驱动下电子商务与现代物流发展的必然产物，电子物流已成为 21 世纪国内外电子商务和物流发展的主要趋势之一。从概念上看，电子物流就是利用电子化的手段，尤其是利用互联网技术来完成物流全过程的协调、控制和管理，实现从网络前端到最终客户端的所有中间过程服务。

电子物流融合了电子商务和现代物流的各种功能，它能够实现系统之间、企业之间，以及资金流、物流、信息流之间的无缝链接，而且这种链接同时还具备预见功能，可以在上下游企业间提供一种透明的可视化功能帮助企业最大限度地控制和管理库存；同时，由于电子物流全面应用了计算机、电话通信、互联网 、移动互联网、GPS、GIS、CRM、商业智能技术等先进的信息技术手段，以及配送优化调度、动态监控、智能交通、仓储优化配置等物流管理技术和物流模式，因此电子物流提供了一套先进的集成化信息技术手段，从而为企业建立敏捷的供应链系统提供了强大的技术支持。

物流公共信息平台的电商化发展趋势是指电子商务平台和物流公共信息平台的有效协同运作，也就是形成电子商务物流公共信息平台。

首先，电子商务物流公共信息平台使得相同产业和不同产业之间的电子商务活动和物流活动更加高效地运作，降低多样化配送和即时配送的高物流成本，形成通过电子商务物流公共信息平台协调统一运营的集中处理机制。

其次，电子商务物流公共信息平台使得流通渠道不同阶段的企业相互协调、共同合作，确保商品能够迅速从上游企业向下游企业转移。企业在电子商务物流公共信息平台上进行统一的组织与协调管理，即时掌握上游供应商和下游客户的需求和反馈信息，并快速做出反应，从而建立起与供应商和客户更加紧密的关系。

最后，电子商务物流公共信息平台运用专家系统、人工智能、仿真学、运筹学、智能商务、数据挖掘和机器人等相关技术，以及在国际上已经比较成熟的研究成果，实现了平台的智能化运作，如需求匹配、物流网络的设计与优化、运输路径的选择、每次运输的装载量选择，以及多种货物的拼装优化、运输工具的排程和调度、库存水平的确定、补货策略的选择、有限资源的调配、配送策略的选择等，解决物流的最后一公里问题。

4. 趋势四：生态化

物流公共信息平台作为平台经济在物流行业的具体应用，其供应链集成整合功能逐步增强，加强了企业内部、企业与供应商、企业与消费者、企业与政府部门的联系沟通和相互协调及相互合作，从而加快了企业供应链的形成和完善。物流公共信息平台成为供应链上下游企业之间的信息枢纽，与生产型企业的 ERP 系统、贸易型企业的 CRM 系统等实现系统对接，成为供应链集成整合平台。很多专业化的物流公共信息平台取代大型的生产企业和贸易企业，成为所在行业的供应链新链主。未来将围绕物流公共信息平台形成新的企业生态体系，物流生态化特征日益增强。

随着物流公共信息平台越来越成熟，中小型企业和普通用户接触物流公共信息平台的门槛也变得越来越低，与大型企业一起享受物流公共信息平台带来的便利。随着用户数量的不断增加，物流公共信息平台将演变成一个社会化生态体系。

物流公共信息平台的社会化生态体系其实就是一个类似于自然界的、与物流相关的一个类生物世界，物流公共信息平台内每个主体都自由地享受物流公共信息平台提供的各种服务，就像自然界的生物享受大自然带来的阳光、空气和水一样。每个主体在享受物流公共信息平台生态体系服务的同时，也为这个生态体系的运转贡献自己的资源和力量，成为这一生态体系中不可或缺的一个组成部分。

5. 趋势五：标准化

随着物流行业的不断发展成熟和云物流应用的不断普及，以及通信成本的不断下降和网络带宽的不断增加，物流公共信息平台的功能和服务将日益标准化，物流参与者使用物流公共信息平台的成本变得更加低廉，物流公共信息平台不再是大型物流企业的专利，它将不断“下沉”，逐步演变为整个社会的基础设施，就像水和电一样，成为每个物流参与者的必需品。

现代物流的基本特征之一是物流信息化，实现物流信息化的关键手段之一是建立物流公共信息平台。云计算改变了传统的信息技术应用模式，使得信息技术资源成为服务，按需使用成为可能，在信息化建设中有着成本、性能和效率优势。近年来，物流公共信息云平台的理论研究和实务应用已成为热点，并且IBM、微软等公司已经推出自己的云物流应用实例。随着物流产业的进一步发展和云计算技术的日趋成熟，基于云计算的物流公共信息平台也将拥有广阔的应用前景。

在物流公共信息平台上，物流服务的集成化、联盟化、集约化特征日益明显，其功能和服务将日益标准化。未来物流公共信息平台会下沉为基础设施，就像发电厂和自来水厂的发展过程一样，从最初每个工厂都自备发电设备，有一个庞大的发电部门，每一家都有一口水井，逐步发展到由社会上的专业化公司提供统一的专业化服务，让大众享受社会基础设施带来的即时化、低成本、标准化的便利服务。

有一本描写云计算的书籍叫做《IT 不再重要》，预言云计算技术的成熟和普及，将使得信息技术服务成为社会的基础设施，不再像现在一样，每一家公司不管从事什么业务，都需要养一个庞大的信息技术部门，买一堆复杂的信息技术设备，并负责信息技术系统的维护。到那时，信息技术将变得“不再重要”，因为所有的信息技术服务都由云端提供，企业只需要专注于自己的核心业务，这和把电力和自来水的供应外包给电力公司和自来水公司是一样的道理。

当人们都不再关注物流公共信息平台，但是却方便地享受物流公共信息平台的服务时，也就是当物流公共信息平台“不再重要”时，就标志着物流公共信息平台真正发展成熟了。

6. 趋势六：全球化

随着全球经济的一体化，物流公共信息平台将充分发挥互联网无国界的优势，走出国门，成为全球化的服务平台，整合全球物流、供应链资源，为全球客户提供端到端的物流解决方案，“买全球”和“卖全球”将变得更加普及、顺畅和方便。

全球经济一体化是当今世界发展的主流，未来中国将加速融入全球化，在国际政治、经济、文化等领域的地位不断提升，中国经济发展经验将更有影响力和案例价值。与此同时，物流公共信息平台，尤其是经过激烈竞争生存下来的优质物流公共信息平台也会随着中国的“走出去”战略实现全球化布局。远洋运输是物流全球化的发起点和主要渠道，因此，未来航运运价指数平台和港口物流公共信息平台将是平台中率先走出去的平台类型。

物流公共信息平台在全球范围内覆盖自己的服务资源，需要投入大量的人力、物力和财力。国内大型物流公共信息平台与国外大型物流公共信息平台通过业务合作和资本合作，结成跨国联盟，是未来物流公共信息平台全球化的一大趋势。国内外物流公共信息平台通过联盟的方式，使它们在世界各地的物流服务资源连成一个覆盖全球的网络，实现全球化的物流服务。

在物流公共信息平台全球化的进程中，不同国家之间的政治制度、贸易规则、贸易习惯，不同国家间的文化差异，不同国家的货币汇率和利率差异，全球核心资源的争夺，金融交易的安全等问题，将是物流公共信息平台全球化进程中可能遇到的主要问题。

7.2 物流公共信息平台发展规则

美国《连线》杂志创始主编凯文·凯利在《新经济新规则》这本书中介绍了在互联网文明时代，网络创造的新的经济秩序和经济运行的十个新规则。这十大规则是互联网大规模发展后所产生的新的经济规则，与传统的商业文明时代大家所熟悉的商业规则有着很大的不同，甚至是颠覆性的差别。

物流公共信息平台作为典型的互联网经济形态，其发展完全遵循这十大规则。利用这十大规则，可以更好地把握未来物流公共信息平台的建设和运营，使其在激烈的市场竞争中处于不败之地。

1. 规则一：蜂群比狮子重要

互联网经济的最显著特征是去中心化，物流公共信息平台的建设不能仅仅盯着那些规模巨大的企业，而是要把眼光放在那些中小型企业身上，满足中小型物流企业的需求。阿里巴巴的成功，正是因为“让天下没有难做的生意”，满足了中国几千万中小型企业做生意的需求。物流公共信息平台要勇敢地拥抱集群，面向广大中小型企业，不惧怕向大型企业“狮子”说再见，要充分认识到互联网去中心化的力量，打造扁平化的物流服务新组织形态。当一个物流公共信息平台拥有几百万、上千万的用户时，它所拥有的力量要大于任何一个单独的物流企业，这正是像蜜蜂和蚁群一样的互联网集群的魅力和威力。

2. 规则二：级数比加法重要

互联网经济是规模化的网络经济，遵循回报递增原则。物流公共信息平台的价值与物流公共信息平台所形成物流网络上用户数量的平方成正比，其价值的增长随着用户的增长呈现指数型增长趋势，而非传统的线性增长趋势，即如果物流网络中节点的数量，如物流企业用户的数量，以算数级的速度增长，则物流公共信息平台所构成的物流网络的价值就在以指数级的速度增长。因此，物流公共信息平台要抓住用户最缺失的地方，开发出让用户喜爱的产品，要迅速找到物流公共信息平台的引爆点，通过提供有竞争力的服务，快速地扩大物流公共信息平台的影响力，迅速增加物流公共信息平台的网络节点数量，即用户数量，实现物流公共信息平台价值的指数级增长，实现胜利连着胜利。

3. 规则三：普及比稀有重要

互联网经济是丰饶经济、长尾经济、数字经济、概念经济，相比于传统商品经济的稀缺型经济，互联网经济产品与服务都已变得极其丰富。在工业品领域，产能过剩的买方市场将成为常态，从大规模制造向大规模定制转变；在日常消费品领域，更是供大于求，面对种类繁多的各种商品，人们几乎有无穷多种选择。在这种背景下，传统的商品生产、销售、消费的规律已不再有效。物流公共信息平台上能够提供的物流服务与产品种类和数量越多，物流公共信息平台的价值也就越高。物流公共信息平台应保持开放的架构，允许各种不同物流系统的接入，随着物流公共信息平台接入的系统数量呈线性增长，物流公共信息平台的价值将呈指数级增长。

4. 规则四：免费比利润重要

互联网经济是礼物经济，免费成为常态。物流公共信息平台的设计要追随免费之道，唯有慷慨才能在网络中胜出，要设计出高品质的免费服务内容，如物流信息服务、物流资源交易服务、物流数据交换服务、物流社区服务等，不要急于马上获得高额利润。物流公共信息平台通过提供免费服务，吸引大量用户，聚集大量人气，再通过提供金融、广告、大数据挖掘等增值服务，获得高额的收益。

5. 规则五：网络比公司重要

互联网经济是网络经济。物流公共信息平台应优先发展网络，网络繁荣带来成员繁荣。单独的某一个网络节点是没有意义的，但是当大量的网络节点组成一个连接在一起的网络时，就会产生巨大的化学变化，产生远远大于各节点加和的效果，呈现指数级的价值增长。物流公共信息平台网络可以看做一个生态体系，而非一个公司，参与者不是通过具体的产品来竞争，而是通过建立网络来竞争。物流公共信息平台网络经济的发展生命周期大概可以分为三个阶段：非标准化阶段、标准化阶段和植入阶段。阶段越高，标准化程度越高，普及程度越高。在物流公共信息平台网络经济中，每次交易所花的精力越来越少，但建立起这些交易间的共同准则所要花费的精力则越来越多，即物流公共信息平台的构建过程变得越来越复杂。

6. 规则六：造山比登山重要

网络经济是一个快速进化的生态系统，因此，需要时刻保持自己处在进化的最佳状态。在互联网经济中，困在局部顶峰常常不可避免。很多时候，公司越好，退路越少。在山顶回退并不是反对完美，而是反对短视。物流公共信息平台在取得一定成功后，继续创新往往需要壮士断腕的勇气。想要最大的创新，就应先扩大边缘范围。很多伟大的创新，都来源于原来的边缘地带。例如，QQ 来源于电信的边缘地带，微信来源于腾讯的边缘地带。

7. 规则七：智域比疆域重要

互联网经济将人类的传统地理疆域概念扩展到智力领域，即智域。从疆域到智域，产生了巨大的差异。互联网缩短了现实的时空距离，创造了第四维空间智域。随着全球性通信技术的飞速发展，距离、地理、疆域等已经显得无关紧要。人们在现实中占有场所、疆域，但是互联网经济占据越来越多的智域(信息空间、赛百空间、网络空间)。虚拟化的物流公共信息平台将逐步取代传统的实体物流市场，以提供基于信息化的物流服务交易场所和手段。

8. 规则八：流动比平衡重要

互联网经济从改变进入到“流变”状态。互联网经济始终处在不停变化的流动中，需要寻找失衡状态中的持续性。如果一个物流公共信息平台保持和谐与平衡的状态，那么它最终会停滞。创新就是颠覆，永恒的创新即持续的颠覆。运转良好的物流公共信息平台希望达到一个目标，那就是保持永恒的失衡状态，处在混乱边缘。为了延续创新，需要追求持续的失衡。而追求持续的失衡意味着不能被颠覆吓倒，半途而废。物流公共信息平台网络经济需要自由生长，而非植入。

9. 规则九：关系比产能重要

在互联网经济中，经济规则的核心是增进联系。关系技术，始于技术，终于信任。物流公共信息平台网络的所有部分——从硬件到分布式的组织结构——都是为了提高经济中各种关系的质与量而设立的。随着生产力的重要性越来越低，建立关系成为最主要的经济活动。通信技术与全球化正在建立“超级关系”，超越了时空、距离和形式的约束。

10. 规则十：机会比效率重要

机遇优于效率，与其解决问题，不如寻求机遇。互联网上没有最快，只有更快。在互联网经济中，建立规则比遵守规则更重要，选择方向做正确的事情比正确地做事情更重要。整个互联网就是一个“机遇发电机”，每一个网页和链接都会提供一个新的机遇。物流公共信息平台就是一台“物流机遇发电机”，我们把世界越来越多的物流节点连接到物流公共信息平台网络上，就相当于在网络这个神奇的组合游戏中增添了许多新组件，可能性的数量会像爆炸一样激增。网络使得已经抓住的机会和已经创造出的发明加速传播。技术为我们带来更多的机遇。比起优化已有的东西，创造更多新机遇获益更多。

7.3 本章小结

本章主要介绍了物流公共信息平台未来的六大发展趋势和十大新的发展规则。

参考文献

陈火全，郭东强 . 2010. 发达国家和地区物流信息化平台商业模式研究 . 华中师范大学学报（人文社会科学版），(S2)：28～31.

陈佳 . 2005. 信息系统开发方法教程 . 北京：清华大学出版社 .

崔南方，刘英姿，赵振峰 . 2004. 区域公共物流信息平台系统设计 . 科技进步与对策，(8)：142～144.

方风平 . 2006. 城市物流公共信息平台规划与设计研究 . 武汉理工大学硕士学位论文 .

冯耕中 . 2003. 物流管理信息系统及其实例 . 西安：西安交通大学出版社 .

冯耕中 . 2009. 物流信息系统 . 北京：机械工业出版社 .

冯耕中，李毅学，华国伟 . 2011. 物流配送中心规划与设计 . 西安：西安交通大学出版社 .

葛禄青，刘仲英 . 2008. 物流公共信息平台的服务模式 . 现代管理科学，(5)：36～40.

李冰漪，王乃超 . 2012. 航运衍生品市场驶入快行道——专访上海航运运价交易有限公司副总裁吴笛 . 中国储运，(9)：66～67.

刘仲英，胡衍强，胡斌 . 2005. 物流公共信息平台的体系结构研究 . 管理学报，(S2)：188～190.

罗辉林 . 2011. 物流智联网 . 北京：机械工业出版社 .

逢诗铭 . 2009. 我国公路物流货运信息平台发展模式探索和设想 . 交通建设与管理，(8)：28～32.

王瑞 . 2012. 物流公共信息平台构建及运作模式研究 . 长安大学硕士学位论文 .

吴勇，冯耕中，王能民 . 2013. 我国典型物流公共信息平台商业模式的比较研究 . 商业经济与管理，(10)：15～21.

章威，谢振东，周英武，等 . 2012. 区域物流公共信息平台建设设计与实现 . 北京：人民交通出版社 .

周蕾 . 2008. 创新：传化物流基地的成功之道 . 综合运输，(12)：45～47.

朱杰，李俊韬，张方风 . 2013. 物流公共信息平台建设与运营模式 . 北京：机械工业出版社 .